# 라오스
## LAOS

비엔티안
방비엥
루앙 프라방

김준현 지음

## 작가 소개

**김준현**

다른 나라에서의 삶, 그리고 여행과 관련한 모든 것들을 체험하고 듣어보고 분석하는 일을 좋아한다. KAIST에서 산업경영을 전공하고 소프트웨어 벤처기업에서 근무했으며, 대학원에서는 사회복지학을 전공했다. 저서로는 《프렌즈 말레이시아》, 《발리 홀리데이》, 《터키 100배 즐기기》, 《중남미 100배 즐기기》가 있다.

2002년도쯤인가, 여행을 정말 좋아하는 후배가 있었다. 잠깐 안 보인다 싶으면 어디론가 여행을 다녀오곤 했다.

"이번엔 어디로 가?"
"라오스요."
"또?"
"그런가요? 이번이 세 번째이긴 하네요."
"얼마나?"
"이번엔 한 달쯤 다녀오려구요."

후배는 떠나온 지 오래된 고향에라도 돌아가는 듯 기대감으로 들뜬 표정이었다. 그리고 오랜 여행을 끝내고 일상으로 돌아온 후에도 한참동안 참 행복해보였다.

라오스에 대한 호기심은 그때 처음 생겨났던 것 같다.
여행을 그렇게 좋아하는 사람을 또다시 설레게 만들 수 있는 곳
사람의 마음을 평화롭게 만들고 다시 떠나는 여행을 꿈꾸게 하는 곳

십년도 훌쩍 넘은 시간이 지났고, 나도 그동안 여러 번 라오스에 다녀왔다.
지금은 그 당시로는 상상도 할 수 없을 만큼 수많은 사람들이 라오스로 떠난다.

시간과 속도가 전부인 세계에서, 아직 라오스에는 정반대의 삶의 흔적들이 남아 있다. 천천히 흐르는 메콩 강물에서, 새벽 탁발을 나서는 승려들의 발걸음에서 지금 당장 무엇이라도 해야 할 것처럼 나를 밀어붙이는 시간이 아니라 나를 기다려주고 나와 함께 나란히 걷는 시간을 느낄 수 있다.

이제 곧 라오스로 떠날 가장 사랑하는 친구와 마주 앉아
여행에 필요한 내용들을 하나씩 일러두는 심정으로 이 책을 만들었다.
작가가 경험한 일련의 수고로움이 여행자들의 안전과 행복에 조금이나마 도움이 되었으면 좋겠다.

※ 이 책에 사용된 사진들은 소니 RX 시리즈 카메라로 작가가 직접 촬영한 것입니다. 사용기종 RX100V, RX10IV, RX1RII

# 일러두기

이 책에 실린 정보는 2018년 8월까지 수집한 정보를 바탕으로 하고 있습니다. 현지의 물가와 여행 관련 정보는 이후에 변동이 있을 수 있습니다. 또한, 라오스에서는 교통수단과 물건의 가격이 협상에 의해 결정되는 경우가 많습니다. 책에서 제시한 가격은 어디까지나 참고용이므로 협상에 이용할 수 없습니다.

책에 나오는 지명과 인명은 영문으로 표기했습니다. 특히, 책에 소개한 3개의 도시 비엔티안, 방비엥, 루앙 프라방은 현재 가장 많이 통용되고 있는 영어식 이름을 사용했습니다. 단, 볼거리와 지역 이름은 최대한 현지의 발음을 따랐습니다. 그러나 라오어는 성조가 있기 때문에 이 책에 쓰여 있는 대로 발음을 해도 현지인이 잘 못 알아듣는 경우가 있을 수 있습니다. 본래의 이름만으로 독자가 어떤 곳인지 쉽게 알 수 없는 지명에는 뒤에 한글명을 추가했습니다.

| 라오명 | 영문 표기 | 뜻 | 예제 |
| --- | --- | --- | --- |
| 왓 | Wat | 사원 | 왓 씨 무앙 사원 |
| 딸랏 | Talat | 시장 | 딸랏 꾸아 딘 시장 |
| 남 | Nam | 분수 | 남푸 분수 |
| 탐 | Tham | 동굴 | 탐 남 동굴 |

■ 김준현 way4us@gmail.com    ■ 알에이치코리아 여행출판팀 hjko@rhk.co.kr

※ 이 책에 나온 숙소와 식당은 모두 작가가 직접 비용을 지불하고 체험한 곳입니다. 숙박해 보지 않고 조사만 한 숙소나 먹어보지 않고 추천한 식당은 없습니다. 공정한 평가를 위해 일체의 협찬은 받지 않았습니다.

## 본문 보는 방법

- '어떤 곳일까?'에서는 여행지에 대한 개괄적인 설명과 함께 대표 볼거리, 즐길거리, 먹을거리를 콕 찍어서 알려줍니다.

• '가는 방법과 시내 교통'에서는 여행자들이 현지에서 헤매지 않고 편하게 다닐 수 있도록 다양한 교통 정보를 상세하게 안내합니다.

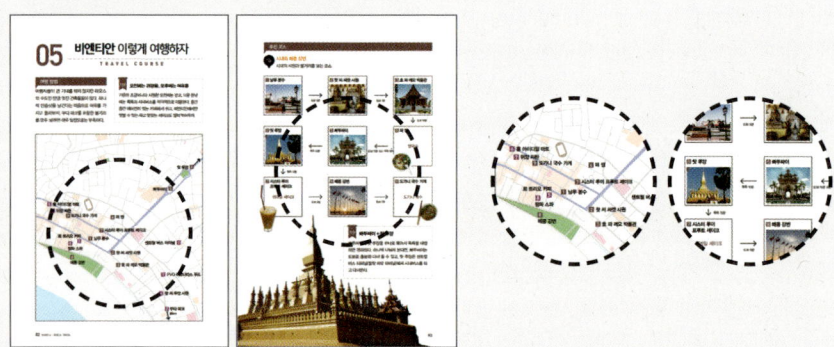

• '이렇게 여행하자'에서는 가장 효율적으로 여행지를 둘러볼 수 있는 최적의 코스를 간단한 동선 지도와 사진으로 알기 쉽게 소개합니다.

• 본문 제목 앞에는 어떤 장소인지 쉽게 구분할 수 있도록 아이콘을 넣었습니다. 또한, 조금 더 설명이 필요한 부분은 팁과 줌인 박스를 이용하여 더욱 풍성한 정보를 실었습니다.

- 본문에서 미처 다루지 못한 특별한 볼거리, 먹을거리, 즐길거리 등은 '스페셜'에서 조금 더 자세하게 소개합니다.

## 지도 보는 방법

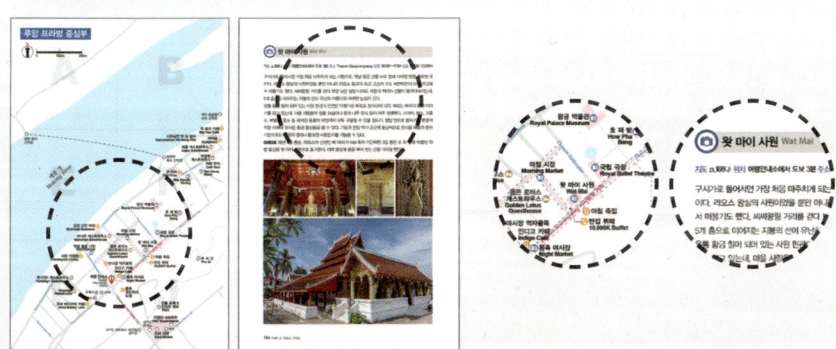

- 해당 도시 앞부분에 지도를 배치하고, 스폿과 페이지를 연동하여 쉽고 빠르게 찾아볼 수 있습니다.

- 이 책의 지도에는 다음과 같은 기호를 사용하고 있습니다.

| 볼거리 | 숙소 | 버스 터미널 | 병원 |
| 맛집 | 여행 안내소 | 버스 정류장 | 우체국 |
| 쇼핑 | 여행사 | 공항 | 자전거 · 오토바이 대여점 |
| 엔터테인먼트 | 은행 · 환전소 · ATM | 선착장 | 텔레콤 서비스 센터 |

# CONTENTS

002 작가 소개
003 일러두기

## PART 1
### 인사이드 라오스

018 라오스 볼거리 베스트 10
022 라오스의 액티비티
024 라오스의 불교
026 라오스의 음식 베스트 10
028 라오스의 요리
030 라오스의 과일
031 라오스의 술
032 라오스의 커피
034 베스트 쇼핑 아이템
036 도시 간 교통수단
037 시내 교통수단
038 라오스 베스트 코스

## PART 2
### 라오스 FAQ 10

044 ❶ 라오스는 언제 가는 게 제일 좋나요?
045 ❷ 예산은 얼마나 잡아야 하나요?
046 ❸ 환전은 어떻게 할까요?
047 ❹ 어떤 항공권을 사는 게 좋을까요?
048 ❺ 숙소 예약은 어떻게 하나요?
049 ❻ 챙겨야 할 여행준비물은?
050 ❼ 스마트폰은 로밍해야 할까요?
051 ❽ 라오스는 안전한가요?
052 ❾ 영어는 잘 통하나요?
053 ❿ 서바이벌 라오스어

## PART 3
### 여행 시작하기

056 우리나라 공항 안내
058 우리나라에서 출국하기
059 라오스 입국하기
060 라오스에서 출국하기
061 라오스에 대한 기본 상식

## PART 4
### 라오스 가이드

**CITY1 비엔티안** 064

- 086 SPECIAL 비엔티안의 랜드 마크
- 104 SPECIAL 비엔티안의 국수 가게
- 112 SPECIAL 라오스에서 자라는 특별한 커피

**CITY2 방비엥** 126

- 146 SPECIAL 방비엥 액티비티 100배 즐기기
- 152 SPECIAL 방비엥 샌드위치

**CITY3 루앙 프라방** 170

- 190 SPECIAL 루앙 프라방의 아침식사
- 198 SPECIAL 루앙 프라방의 전통 공연
- 202 SPECIAL 명물 국수 가게
- 216 SPECIAL 루앙 프라방 야시장의 먹을거리
- 226 SPECIAL 라오스 쿠킹 클래스
- 232 SPECIAL 루앙 프라방의 강변 전망 카페

## PART 5
### 여행 준비하기

- 244 여행 정보 수집
- 245 여권과 비자
- 246 여행자 보험 가입하기
- 247 면세점 이용하기
- 248 라오스 여행 주의사항 TOP 12
- 250 찾아보기

Prayer Room, Vientiane

Kuang Si Watrafall, Luang Prabang

라오스 볼거리 베스트 10

라오스의 액티비티

라오스의 불교

라오스의 음식 베스트 10

라오스의 요리

라오스의 과일

라오스의 술

라오스의 커피

베스트 쇼핑 아이템

도시 간 교통수단

시내 교통수단

라오스 베스트 코스

**PART 1**

# 인사이드 라오스

## INSIDE LAOS

# INSIDE LAOS

### SIGHTSEEING 01
## 라오스 볼거리 베스트 10

**1 빠뚜싸이 Patuxai** (p.88)
라오스의 수도 비엔티안의 랜드 마크다. 프랑스의 개선문과 비슷하게 생긴 기념탑을 힌두교와 불교의 온갖 이미지들로 장식했다. 전망대에서 바라보는 시내 풍경은 비엔티안 관광의 핵심!

## 2 부다 파크 (p.98)

어찌 보면 평화롭고 어찌 보면 기괴한 조각들이 가득한 공원이다. 깨달음의 미소를 간직한 부처와 힌두교 신화 속의 악마와 동물들이 공존한다. 잠시 비엔티안 시내를 벗어나 나들이하듯 다녀오기 좋은 곳.

## 3 메콩 강변의 일몰 (p.93)

뜨거웠던 해가 메콩 강 너머로 지는 순간은 모두에게 축복! 시민들은 한가롭게 산책을 즐기고, 어린 연인은 달콤한 밀어를 나누고, 여행자들은 하루의 추억을 되새긴다. 왁자지껄한 야시장은 덤이다.

## 4 블루 라군 (p.140)

방비엥에서 가장 즐거운 기억은 블루 라군의 에메랄드 빛 물 위에 새겨진다. 연신 나무 위에서 뛰어내리며 물보라를 일으키는 세계 각국의 칭찬들. 커다란 박수 소리가 모험심 가득한 또 다른 여행자를 부추긴다.

## INSIDE LAOS

### 5 탐짱 동굴 (p.145)
방비엥 마을을 벗어나 시골 흙길을 트레킹하듯 걸어가면 나타나는 동굴이다. 아기자기한 종유석과 전망대의 멋진 풍경이 기다리고 있다.

### 6 탐 남 동굴 (p.142)
물이 절반쯤 들어찬 어두운 동굴 속을 튜브 위에 둥둥 떠서 탐험한다. 앞서 들어간 사람들의 비명에 가까운 웃음소리를 들으면 심장이 두근두근! 얼음장처럼 차가운 물속에 내내 엉덩이를 담그고 있으면 더위도 싹 날아간다.

### 7 꽝 씨 폭포 (p.210)
하늘에서 선녀가 내려와 목욕할 장소를 찾는다면 분명 이곳을 골랐을 것이다. 석회암 지대를 흐르는 에메랄드 빛 물웅덩이는 더위에 지친 여행자를 위한 환상적인 놀이터. 폭포를 둘러싼 숲 속에서 녹색 기운이 뿜어져 나온다.

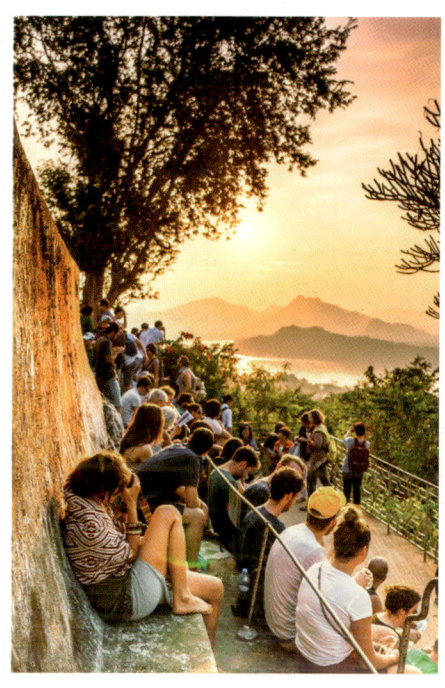

## 8 푸 씨 산의 일몰 (p.204)

세상의 중심이라 여겨지는 산 위에서 어머니의 강으로 지는 해를 기다린다. 일몰의 순간보다 기다리는 시간이 더 아름답다. 루앙 프라방에서 꿈결 같은 하루를 마무리하는 시간이다.

## 9 탁발 (p.187)

아직 잠이 덜 깬 새벽, 오늘 하루의 행복과 안녕을 기원하며 거리로 나서는 사람들이 있다. 공양을 하는 사람과 공양을 받는 사람이 같은 마음으로 만나는 순간, 소리 없는 주황색 물결이 가슴을 울린다.

## 10 몽족 야시장 (p.207)

매일 저녁 같은 시간마다 도로를 가로막고 좌판들이 늘어선다. 손으로 만든 알록달록한 지갑에서 라오스라고 큼지막하게 인쇄된 티셔츠까지. 쇼핑도 즐겁게 흥정도 즐겁게, 세상에서 가장 흥미진진한 야시장이다.

# INSIDE LAOS

**SIGHTSEEING 02**

# 라오스의 액티비티

짜릿한 액티비티의 천국 라오스, 그 중에서도 액티비티의 메카라 불릴 만큼 다양한 방비엥의 액티비티를 소개한다.

### ❶ 튜빙 Tubing
하늘과 강, 그리고 나. 유유히 흐르는 강물 위에 몸을 싣고 한없이 떠내려간다. 도중에는 잠시 머물다 갈 수 있는 강변의 멋진 바가 기다리고 있다.

### ❷ 카약킹 Kayaking
튜빙을 제치고 방비엥 최고의 액티비티로 등극했다. 강물이 잔잔해 보인다고 마음을 놓지는 말 것. 강물 곳곳에 카약을 뒤집을 함정들이 기다리고 있다. 홀랑 강물에 빠져도 안전한 놀이라 더욱 인기가 있다.

### ❸ 짚라인 Zip Line
놀이공원의 스릴은 저리 가라 할 만큼 짜릿한 액티비티. 나무 위를 날아다니는 기분은 말로 표현할 수 없이 상쾌하다. 줄 하나를 탈 때마다 점점 가야 할 줄이 길어진다. 마지막에는 나무 위에서 수직 하강하는 것이 포인트!

### ❹ 버기 카 Buggy Car
매일매일 버기 카들이 마을 주변을 신나게 달린다. 차에 탄 사람들마다 잔뜩 흙먼지를 뒤집어쓰고 있지만, 얼굴에는 온통 즐거움이 가득하다. 부릉부릉 시끄러운 소음만큼 짜릿함도 커진다.

### ❺ 모터보트 Motorboat
물에 몸을 적시지 않고도 쏨 강을 누빌 수 있는 방법. 시원하게 물살을 가르며 달리는 모터보트만의 묘미가 있다. 해가 뜰 무렵이나 질 무렵에 타는 것이 제일 즐겁다.

### ❻ 파라모터 Paramotor
아침부터 잠을 깨우는 소리가 하늘에서 들린다면 범인은 바로 파라모터. 패러글라이딩처럼 산 위로 올라갈 필요 없이, 마을 뒤편의 활주로에서 비행기처럼 이륙하고 착륙하는 것이 장점이다.

### ❼ 열기구 Balloon
안전상의 문제 때문에 추천하지는 않지만, 방비에의 돌산 위로 둥둥 떠다니는 열기구의 풍경은 그림 같다.

## INSIDE LAOS

**SIGHTSEEING 03**

# 라오스의 불교

국민의 70%가 불교를 믿는 라오스. 라오스를 여행하는 것은 라오스의 불교를 만나는 것과도 같다. 매 순간 옷깃을 가다듬게 되는 사원에 라오스 사람들은 삼시세끼 밥을 먹듯 들른다. 그 소박하고 간절한 기원에 잠시 마음을 보태본다.

### ❶ 라오스 불교의 기원

13세기 말에서 14세기 초, 정치적인 싸움을 피해 크메르 제국(현 캄보디아)에서 자란 파 눔 Fa Ngum 왕이 라오스로 돌아오면서, 최초의 왕국 란쌍 왕국을 세운다. 이때 그와 결혼한 크메르 제국의 공주가 라오스에 불교를 들여왔다. 장인이 준 불상인 파 방(혹은 프라방)을 모시기 위해 루앙프라방에 최초의 사원을 건설한다.

### ❷ 라오스의 승려

라오스에는 현재 약 2,800개의 사원이 있고, 약 20,000명의 승려들이 수행을 하고 있다. 라오스의 모든 남자들은 일생에 한 번은 출가해서 승려가 된다. 출가는 20세 전에 하는 경우가 대부분이며 보통 3개월 정도 사원에 머문다. 최소 일주일간 머무는 경우도 있다.

> **TIP 사원에서의 주의사항**
>
>
>
> 법당 안으로 들어갈 때는 반드시 신발을 벗는다. 노출이 심한 옷을 입었을 경우 입구에서 싸롱을 빌려서 몸에 걸쳐야 한다. 여성 여행자는 절대 승려와 신체적인 접촉을 해서는 안 된다.

## ❸ 라오스 사원의 구조

라오스어로 사원을 왓(Wat 또는 Vat)이라고 부른다. 승려들은 사원에서 학업과 수행을 하며 의식주를 해결한다. 모든 사원의 구조는 아래와 같다.

### ▸ 법당

라오스어로는 씸 Sim. 우리나라 사찰의 대웅전에 해당한다. 사원의 가운데 자리를 차지하고 있으며 가장 규모가 크고 화려하다. 중앙의 큰 불상 주변에는 작은 불상들이 있는데, 라오스의 법당에는 모시고 있는 불상의 수가 매우 많은 편이다.

**가장 아름다운 사원** ▶ 루앙 프라방의 왓 씨양 통

### ▸ 종고루

북이 있는 곳이다. 반달이 뜨는 기간에 해질 무렵이 되면 북 치는 소리를 들을 수 있다.

### ▸ 탑

라오스어로는 탓 That. 보통 부처의 사리를 보관하기 위해 만든다. 보통 원뿔이나 사각뿔 모양인 경우가 많다. 기단은 땅, 몸통은 물, 상단 원뿔은 불, 뚜껑은 공기, 탑 내부는 우주를 상징한다.

**가장 유명한 탑** ▶ 비엔티안의 탓 루앙

### ▸ 승방

승려들이 생활하는 장소다. 법당에 비해 현대적인 건물인 경우가 많다. 승방 앞 나무 그늘에서 공부하고 있는 젊은 승려들을 흔히 볼 수 있다.

### ▸ 납골탑

라오스어로는 탓 까둑 That Kaduk. 불자들을 화장한 후 그 재를 안치한 탑이다. 보통 사원 입구나 벽 쪽에 있다.

Inside Laos

EATING 01

# 라오스의 음식 베스트 10

뜨끈한 국수와 푸짐한 샌드위치를 먹지 않고서 라오스에 왔다고 할 수는 없다. 각 도시마다 놓치지 말아야 할 베스트 음식을 소개한다.

### 카오 삐약 쎈 Khao Piak Sen
**찾아갈 곳** 루앙 프라방의 씨양 통 누들 수프(p.202)
쌀가루와 타피오카 가루를 섞은 반죽을 칼국수처럼 잘라 만든 국수다. 호로록 입에 감기는 쫄깃한 맛. 밀가루나 쌀가루로만 만든 칼국수와는 비교가 안 된다.

### 카오 쏘이 Khao Soi
**찾아갈 곳** 루앙 프라방의 사칼린 국수 가게(p.203)
일명 된장 국수라는 별명으로 더 널리 알려진 라오스 북부 지방의 국수다. 특제 소스에 콩, 고기, 토마토가 들어가 풍미를 더한다. 동남아의 쌀국수가 식상해졌다면 꼭 먹어볼 것.

### 바게트 샌드위치 Baquette Sandwich
**찾아갈 곳** 방비엥의 샌드위치 노점(p.152)
이 가격에 이런 샌드위치는 세상에 없다. 커다란 바게트 빵 안에 계란, 베이컨, 닭고기 등 온갖 재료들을 잔뜩 넣는데, 크기도 맛도 폭탄 같다. 다른 도시에도 있지만 방비엥이 가성비 갑!

### 돼지 볼살 구이
**찾아갈 곳** 방비엥의 돼지 볼살 구이집(p.155)
돼지고기는 역시 삼겹살이라고? 방비엥에서는 돼지 볼살 구이가 으뜸이다. 숯불에 바짝 구워 쫀득쫀득 고소하다. 삼겹살에 소주가 있다면 돼지 볼살 구이에는 비어라오가 있다.

### 도가니 국수
**찾아갈 곳** 비엔티안의 도가니 국수 가게(p.104)

쌀국수는 다 똑같다고 생각했다면 그건 오산. 쫄깃한 도가니가 듬뿍 들어간 쌀국수의 신세계를 맛볼 수 있다.

### 생과일 셰이크 Fruit Shake
**찾아갈 곳** 비엔티안의 시스터 누이(p.111)

걸쭉한 생과일 셰이크야 말로 라오스에 찾아 온 보람이다. 특히, 비엔티안에 있을 때 많이 먹어두자.

### 신닷 까올리 Sindat Kaoli
**찾아갈 곳** 루앙 프라방의 강변 신닷 뷔페(p.220)

불고기와 샤브샤브를 한 번에 먹을 수 있는 신통방통한 음식이다. 뷔페식으로 무제한 먹을 수 있는 루앙 프라방 강변 신닷 뷔페가 최고.

### 만오천킵 뷔페
**찾아갈 곳** 루앙 프라방의 야시장 먹자골목(p.218)

단돈 3,000원으로 저녁을 해결할 수 있는 서민형 뷔페다. 딱 한 접시만 담을 수 있으니 높이 쌓는 사람이 승자다.

### 삥 빠 Ping Pa
**찾아갈 곳** 루앙 프라방의 야시장 먹자골목(p.216)

숯불 생선구이. 흔히 꼬치에 꽂아서 굽는데, 돼지고기, 닭고기 등 다양한 고기, 다양한 부위를 구워 먹는다.

### 키오 찌 Khao Chee
**찾아갈 곳** 루앙 프라방의 아침 시장(p.189)

마치 아이스바처럼 생긴 모양. 찹쌀밥에 막대를 꽂고 계란물을 발라서 숯불에 굽는다. 장터에서 빠지지 않는 인기 간식거리.

INSIDE LAOS

**EATING 02**

# 라오스의 요리

찰진 찹쌀밥에 반찬을 놓고 먹는 라오스의 식생활은 우리나라와 비슷한 면이 많다. 익숙하지 않은 어려운 이름들이 무색할 만큼 입맛 당기는 라오스의 요리를 소개한다.

**TIP 고수를 빼주세요!**

고수는 라오스에서 아주 흔한 향신채로 쌀국수를 비롯, 샐러드, 샌드위치, 각종 고기요리에서 쉽게 발견할 수 있다. 아직 고수 향기에 익숙하지 않은 사람들은 "버 싸이 팍치"라고 말할 것.

### 찹쌀밥
### 카오 니아오 Kao Niao

우리에게 쌀밥이 있다면 라오스에는 찹쌀밥이 있다. 대나무 소쿠리에 넣어 증기로 찐 밥이다. 보통 대나무로 만든 밥통에 담겨 나온다. 찹쌀 품종이 많아서 색깔도 다양하다. 손으로 조금씩 떼어서 반찬과 함께 먹는다.

### 그린 파파야 샐러드
### 땀막훙 Tam Mak Hung

태국의 대표 샐러드인 쏨땀의 라오스 버전. 아삭한 그린 파파야에 라임의 새콤함과 피시 소스의 감칠맛이 더해진다. 색깔은 맵지 않아 보이지만 쥐똥 고추를 넣어서 알싸하게 맵다.

### 다진 돼지고기 샐러드
# 랍 무 Laab Mu

곱게 다져서 익힌 돼지고기에 채 썬 채소와 각종 향신료들을 섞는다. 채소 반 고기 반인 샐러드를 찹쌀밥과 함께 먹으면 다른 반찬이 필요 없다.

### 판단 잎 치킨구이
# 까이 호 바이 떠이 Kai Ho Bai Toei

판단 잎으로 닭을 돌돌 말아서 숯불에 굽는다. 기름기가 적당히 빠진 닭고기에 은은한 판단 잎의 향기가 스며들어 고급스러운 맛이 난다.

### 루앙 프라방 소시지
# 싸이 우아 Sai Ua

라오스 북부 지방의 소시지인데 일명 루앙 프라방 소시지라고 알려져 있다. 허브가 많이 들어가서 질감은 거친 편. 피시 소스가 들어가서 감칠맛이 강하다.

### 바나나 잎 생선찜
# 목 빠 Mok Pa

바나나 잎으로 싸서 찐 생선요리. 바나나 잎과 각종 채소의 향이 어우러진 덕분에 비린내가 나지 않는다. 닭고기를 넣은 버전은 목 까이 Mok Kai라고 한다.

### 라오스 북부식 찌개
# 오 람 Or Lam

라오스 북부 지방에서 주로 먹는 요리로 우리나라의 걸쭉한 찌개에 가깝다. 레몬그라스와 타마린드의 향이 강해서 동남아시아 허브를 좋아하는 사람에게 추천한다.

### 말린 해조류
# 카이 팬 Khai Paen

메콩 강에서 채취한 해조류를 얇게 말린 것이다. 깨를 잔뜩 뿌려서 고소한 맛에 먹는다. 매운 페이스트인 째우 Jaew를 찍어 먹으면 환상적이다. 맥주 안주로는 최고.

## INSIDE LAOS

### EATING 03

# 라오스의 과일

한국에서는 없어서 못 먹고 비싸서 못 먹는 열대 과일을 라오스에서는 맘 놓고 먹을 수 있다. 눈에 띌 때마다 적극적으로 공략해야 할 과일들이다.

**코코넛 Coconut**
딱딱한 껍질 안에 코코넛 주스가 가득, 하얀 과육까지 긁어 먹어야 제맛.

**용과 Dragon Fruit**
선인장의 열매. 울퉁불퉁한 겉과는 달리 부드러운 속살은 키위와 무를 섞은 듯한 맛이다.

**망고 Mango**
덜 익은 녹색 망고는 새콤하고 아삭한 맛, 잘 익은 노란 망고는 달콤하고 농후한 맛.

**람부탄 Ramputan**
우둘투둘하게 털이 난 껍질을 벗기면 투명하고 달콤한 과육이 나온다. 차게 해서 먹으면 더 맛있다.

**파파야 Papaya**
크림처럼 부드러운 질감에 달콤한 맛. 콜럼버스가 천사의 과일이라고 표현했을 정도로 맛이 좋다.

**스타 푸르트 Star Fruit**
자른 단면이 별 모양이라 붙은 이름. 사각사각 채소 같은 질감에 담백한 배 맛이 난다.

**두리안 Durian**
마늘과 양파가 썩은 것 같은 냄새, 하지만 달콤하고 농후한 맛은 중독성이 매우 강하다. 과일의 왕.

**잭푸르트 Jackfruit**
섬유질이 많은 과육은 달콤하고 진한 맛이다. 통조림으로도 즐겨 먹는다.

**망고스틴 Mangosteen**
약간 새콤하면서도 달콤한 맛. 두꺼운 껍질을 벗겨내고 마늘 모양의 과육만 먹는다. 과일의 여왕!

**패션 프루트 Passion Fruit**
개구리알 같은 모양의 과육을 수저로 퍼먹는다. 단맛과 신맛이 강해 음료로 먹는 것이 좋다.

# INSIDE LAOS

EATING 04

# 라오스의 술

라오스에 도착하는 순간 우리나라 소주와 맥주는 생각나지도 않는다. 라오스를 떠나는 비행기 안에서부터 그리워질 라오스의 술들을 소개한다.

## 비어라오 Beerlao

시장점유율 98%를 자랑하는 라오스 맥주의 절대강자다. 라오스 정부와 칼스버그사의 합작으로 생산하며, 2004년 〈타임스〉가 선정한 '아시아 최고 맥주'라는 타이틀도 얻었다. 씁쓸하지 않고 고소하면서도 부드러운 맛이라 식탁에 곁들이는 맥주로는 나무랄 데가 없다. 부드럽게 넘어가는 맥주 맛의 비밀은 바로 향긋한 풍미가 있는 재스민 쌀. 라오스에서 보리가 나지 않기 때문에 대신 쌀을 이용한 것이 특징이 되었다. 알코올 도수 5%.

### 비어라오 다크
**Beerlao Dark**

비어라오의 흑맥주 버전. 독일제 블랙 몰트를 사용해서 만든다. 밝은 갈색에 가까운 빛깔을 띠는 흑맥주이며, 일반적인 흑맥주에 비하면 맛이 가벼운 편이다. 비어라오보다는 쌉쌀한 맛이 강해서 무거운 안주요리와 잘 어울린다. 알코올 도수 6.5%.

### 비어라오 골드
**Beerlao Gold**

카오 까이 노이 Khao Kai Noy라는 품종의 쌀을 이용해서 만든다. 적당한 거품과 탄산을 가지고 있는 풍부한 황금빛의 맥주. 일반 비어라오보다 더 부드러우면서 은은한 향이 있다. 쌉쌀함 때문에 맥주를 싫어하는 사람이라도 좋아할 만한 맥주다. 알코올 도수 5%.

### 남콩 비어
**Namkhong Beer**

하이네켄과 라오스 정부의 합작회사가 생산하는 라오스 제2의 맥주 브랜드다. 맥주 거품이 적은 편이고 가볍고 깨끗한 맛이다. 뭐니 뭐니 해도 최고의 장점은 가성비! 비어라오에 비하면 거의 절반 가격으로 마실 수 있다. 알코올 도수 5%.

### 남콩 비어 스페셜
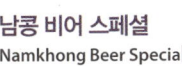
**Namkhong Beer Special**

라오스의 흑미를 이용해서 만든 맥주다. 첫 맛에서 새콤한 산미가 느껴지는 것이 특징이다. 흔히 볼 수는 없으니, 술에 호기심 많은 사람이라면 남콩 비어 간판이 보일 때 꼭 마셔볼 것. 알코올 도수 5%.

### 라오 라오
**Lao Lao**

쌀로 만든 라오스의 증류주다. 알코올 도수가 매우 높고 가격도 아주 저렴하다. 청주와 안동 소주를 섞어서 먹는 듯한 느낌. 코브라나 전갈 등을 담아서 먹기도 한다. 제일 유명한 브랜드는 녹색 배경에 하얀색 짬파 꽃이 그려진 것이다. 알코올 도수 45%.

### 타이거 위스키

**Tiger whiskey**

라오스에서 생산한 위스키. 가격이 너무나도 저렴해서 일부 바에서는 콜라나 스프라이트를 타서 선심 쓰듯이 공짜로 나눠주기도 한다. 알코올 도수 40%.

## EATING 05

# 라오스의 커피

라오스를 여행하다 보면 생각보다 많은 카페와 품질 좋은 커피에 깜짝 놀라게 된다. 베트남 커피 부럽지 않은 라오스의 커피를 만나보자.

### ❶ 라오스 커피의 특징
라오스는 세계 25위의 커피 생산국이다. 커피 원두는 로부스타와 아라비카 두 종류를 생산하는데, 현재 생산량의 3/4 이상이 로부스타 종이다. 최근에는 고급 에스프레소 수요층을 위해 아라비카 생산을 늘리는 추세다.

커피를 마시기 위해 연유를 첨가해 먹는 것이 일반적이다. 얼음을 넣어서 차갑게 만드는 커피의 경우 연유의 양이 더 늘어난다.

### ❷ 커피를 생산하게 된 이유는?
라오스에 처음 커피를 들여온 건 1915년 프랑스의 지배 시기였다. 프랑스인들은 토질이 좋고 기후가 시원한 라오스 남부의 볼라벤 고원 Bolaven Plateau이 커피 생산에 최적임을 알게 되었다. 현재 공업이 발달하지 않은 라오스에서 커피 산업은 매우 중요한 역할을 하고 있다.

### ❸ 어떻게 마실까?
현지인들이 마시는 커피는 대부분 로부스타 종이다. 체에다 커피 가루를 넣고 물에 계속 우려내는 방식이라 맛이 무겁고 진하다. 블랙으로 마실 때에도 물을 첨가하며, 그보다는 부드럽고 달콤한

#### 라오스의 커피 용어
- 커피 | 카페 | Café
- 연유 커피 | 카페 놈 | Café Nom
- 뜨거운 연유 커피
  카페 놈 혼 | Café Nom Hon
- 차가운 연유 커피
  카페 놈 옌 | Café Nom Yen

연유 커피

### ❹ 어디서 마시면 좋을까?

기회가 된다면 현지인들과 함께 시장이나 노점에서 커피를 마셔보자. 뜨거운 커피보다는 아이스 커피 종류가 조금 더 비싸다. 테이크 아웃을 하면 비닐봉지에 담아서 준다. 비엔티안, 방비엥, 루앙 프라방마다 각각 개성 넘치는 카페들이 여행자들에게 인기를 끌고 있다.

## 라오스 커피를 접하기 좋은 곳

### 르 트리오 커피
**Le Trio Coffee** (p.113)

프랑스인 바리스타가 운영하는 작은 카페. 100% 라오스 산 아라비카 종과 로부스타 종을 블랜딩해서 직접 로스팅한다. 에스프레소에서 콜드 브루까지 라오스 최고 수준의 커피를 만날 수 있다.

### 카페 씨눅
**Cafe Sinouk** (p.112)

라오스 볼라벤 고원에서 자란 커피만을 사용한다. 커피 캡슐을 구입할 수 있는 것이 장점. 5가지 스타일로 로스팅하는데, 아라비카 종만을 쓴 가장 연한 로스팅을 코리아 로스팅이라고 부른다.

### 다오 커피
**Dao Coffee** (p.113)

슈퍼마켓에서 가장 쉽게 접할 수 있는 라오스의 커피 브랜드다. 특히, 믹스 커피가 우리나라 입맛에 잘 맞는다. 커피 맛이 강한 믹스 커피를 원하면 터보 Turbo를 구입할 것.

뜨거운 연유 커피, 카페 놈 혼

## SHOPPING

# 베스트 쇼핑아이템

하나같이 부담 없는 가격이라 친구들에게 나눠 줄 가벼운 여행 선물로도 제격! 캐리어에 남은 공간만 있다면 가득 채워오고 싶은 라오스의 기념품들을 소개한다.

### ○ 다오 믹스 커피
간편하게 마실 수 있는 라오스산 믹스 커피. 우리나라의 커피 믹스보다 단 편이라 아이스 커피로 마셔도 좋다. 대형 포장 600g 27,000K~

### ○ 바나나 카스텔라
고급스러운 맛은 아닌데도 먹다 보면 어느새 빈 봉지만 남아 있는 미니 크림 카스텔라. 누구나 좋아하는 바나나 맛이 제일 인기다. 대형 포장 26개 18,000K~

### ○ 다오 믹스 과일 칩
첨가물 없이 그대로 튀겨서 만든 천연 과일 칩. 강한 단맛을 원하는 이들에게는 심심하다는 평도 듣는다. 100g 20,000K~

### ○ 냉장고 자석
여행 기념품에 냉장고 자석이 빠질 수 없다. 가는 도시마다 독특한 냉장고 자석을 모으는 마니아들이 많은데, 라오스에서는 승려의 모습을 그린 것이 제일 인기! 1개 20,000K

### ○ 여성용 원피스
가볍고 하늘하늘한 원피스는 여성 여행자들에게 인기 만점. 간편하게 입을 수 있어서 다음 번 리조트 여행용으로 챙겨두는 사람도 많다. 30,000K~

## 말린 바나나

그저 바나나를 말린 것이라는데 내가 알던 그 바나나 맛이 아니다. 쫀득쫀득하고 농후한 바나나 맛의 대변신! 초콜릿에 푹 담근 것은 더 고급스러운 맛이다. 1팩 15,000K

## 비어라오 티셔츠

라오스에는 바리바리 무겁게 옷을 싸 들고 갈 필요가 없다. 부담 없는 가격으로 구입해 신나게 입다가 여행 기념품으로 들고 돌아오면 끝! 시원하게 입을 수 있는 민소매 티셔츠는 20,000K~

## 코끼리 바지

라오스 여행 동안 최고의 친구가 되어 줄 헐렁하고 편안한 바지. 한국에 돌아와서는 '나는 라오스 다녀온 여행자다'라고 마구마구 티도 낼 수 있는 필수 아이템이다. 긴 바지는 35,000K~

**주의** 라오스에서 파는 옷들은 대부분 물 빠짐이 심한 편이다. 처음 빨래할 때 주의할 것!

## 코끼리 동전지갑

코끼리 그림이 그려져 있어서 더욱 귀여운 동전 지갑. 크기에 따라서 5,000K~

## 다용도 주머니

패턴 디자인도 다양하고, 활용성도 높고, 무엇보다도 가격이 저렴한 다용도 주머니. 1개 15,000K

## 흑생강

사포닌이 많이 들어 있어 라오스 산삼으로 불린다. 왕족들의 건강상비약으로 이용했다고 전해진다. 끓는 물에 달여 마신다. 200g 98,000K

## 방수팩

유난히 물놀이가 많은 라오스에서는 필수 아이템! 한국에서 안 가져 간 사람들은 적극 활용해보자 2L, 5L, 10L 크기도 다양하다. 2L 25,000K~

# INSIDE LAOS

**TRANSPORTATION 01**

# 도시 간 교통수단

라오스는 도로 사정이 좋지 않고 교통수단이 발달하지 않은 국가이다. 각 도시를 이동할 수 있는 방법을 알아본다.

### ❶ 항공기

라오스는 남북으로 965km에 달하는 기다란 국가다. 철도가 발달하지 않아서 국내선 항공편이 그 역할을 대신하고 있다. 수도인 비엔티안을 중심으로 북부의 루앙 프라방, 남부의 팍세 등을 왕복하는 노선이 있다. 여행자들이 선호하는 도시인 방비엥으로 가는 항공편은 없다. 제트기 외에 프로펠러기를 사용하는 노선도 있다. 도로 사정 역시 좋지 않은 편이기 때문에 시간을 단축하고자 한다면 국내선 항공편이 유일한 방법이다.

| 도시 | 운항 횟수 | 소요시간 |
| --- | --- | --- |
| 비엔티안 – 루앙 프라방 | 1일 4~5회 | 45~50분 |

### ❷ 열차

라오스는 국내 도시를 연결하는 열차가 없다. 태국의 농 까이 Nong Kai와 비엔티안 남쪽의 타날렝 Thanaleng을 연결하는 국제 열차가 있다.

### ❸ 버스

라오스는 도시 간 버스 노선이 발달되어 있는 편이다. 하지만, 도로와 버스 시설은 낙후되어 있다.

현지인들이 이용하는 버스는 에어컨이 없는 구형 버스가 대부분이다. 에어컨이 있는 버스는 VIP 버스라고 부른다. 라오스는 산악지대가 많기 때문에 구불구불한 도로가 많고, 도로가 포장이 되어 있는 경우에도 움푹 파인 곳들이 많다. 때문에 승차감이 좋지 않으므로 장시간 버스를 탈 경우 미리 고려할 것.

### ❹ 미니밴 & 미니버스

여행자들은 버스 터미널을 오가는 버스보다, 여행사가 직접 운영하는 여행자 전용 교통편을 더 선호한다. 대부분 숙소까지 픽업을 오기 때문에 터미널까지 이동하지 않아도 되고, 가격도 일반 버스와 비교했을 때 합리적이다. 비엔티안 – 방비엥 – 루앙 프라방 구간은 미니밴이나 미니버스로 이동할 수 있다. 여행사나 숙소에서 예약하며, 요금은 예약하는 곳에 따라 차이가 난다.

| 도시 | 운항 횟수 | 소요시간 |
| --- | --- | --- |
| 비엔티안 – 방비엥 | 1일 1~2회 | 4~5시간 |
| 방비엥 – 루앙 프라방 | 1일 4~5회 | 5~6시간 |
| 비엔티안 – 루앙 프라방 | 1일 1~2회 | 8~9시간 |

# INSIDE LAOS

## TRANSPORTATION 02

# 시내 교통수단

라오스의 일반적인 도시에서는 시내버스나 택시를 거의 볼 수가 없다. 뚝뚝이나 쏭태우가 그 역할을 대신하고 있다. 운전에 자신이 있으면 자전거나 오토바이를 대여하면 편리하다.

### ❶ 시내버스

시내버스는 수도인 비엔티안에서만 볼 수 있다. 일본 구호단체 자이카 JICA가 원조한 버스를 사용하는데, 버스 내부가 깨끗하고 에어컨도 있다. 배차 간격이 긴 편이지만 현재 버스의 위치를 웹사이트와 어플리케이션을 통해 실시간으로 확인할 수 있어서 편리하다. 요금은 3,000~8,000K 정도로 저렴하다.

### ❷ 쏭태우

작은 트럭을 개조한 교통수단이다. 도시에 따라서 일정한 노선을 다니며 버스나 합승 택시처럼 운영한다. 뚝뚝처럼 개별적으로 대절할 수도 있다.

### ❸ 뚝뚝

오토바이를 개조한 교통수단으로, 거의 모든 도시에서 택시처럼 이용한다. 거리에 따라서 요금을 받지만 정해진 요금은 따로 없다. 특히, 외국인 여행자들에게는 부풀린 요금을 부르기 때문에 현지인 요금으로 이용하는 건 거의 불가능하다. 반드시 타기 전에 흥정을 해야 한다. 편도 기준 1km에 10,000K 정도를 넘지 않는 선으로 흥정에 임할 것.

### ❹ 오토바이

오토바이 운전에 익숙한 여행자라면, 라오스를 여행할 때 가장 편리한 교통수단이다. 헬멧은 반드시 착용해야 한다. 대여 시 여권을 보증금 대신 보관하는 경우가 많다. 기종에 따라서 다르지만 대여 요금은 1일 50,000K부터.

### ❺ 자전거

무엇보다도 저렴한 가격이 장점. 비엔티안, 방비엥, 루앙 프라방 등 여행자들이 많이 가는 도시에서 1일 10,000K 정도의 요금으로 빌릴 수 있다.

INSIDE LAOS

---

### BEST COURSE

# 라오스 베스트 코스

---

라오스의 수도 비엔티안, 액티비티의 천국 방비엥, 불교문화의 정수 루앙 프라방. 이 세 곳이 라오스에서 꼭 들러봐야 할 핵심 도시들이다. 한정된 일정 동안 최대의 만족감을 얻을 수 있는 여행 코스를 소개한다.

## Course 1 | 4박 6일 | 비엔티안 – 루앙 프라방 – 방비엥 코스

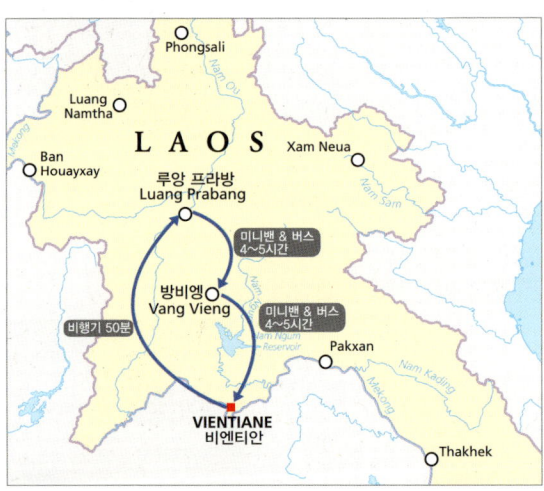

3개의 핵심 도시를 모두 방문하면서 이동 시간도 최소화 하는 방법이다. 비엔티안에서 가장 먼 도시인 루앙 프라방으로 이동할 때는 국내선 비행기를 이용하는 것이 최선이다. 방비엥 투어는 대부분 아침에 출발하기 때문에 최소 2박이 필요하다. 비엔티안으로 돌아올 때는 미니 밴이나 버스로 이동하는데, 방비엥에 들렀다 오기 때문에 장시간 버스를 탈 필요가 없어서 좋다.

| 1일 | 인천(부산) ▶ 비엔티안 |
|---|---|
| 저녁 | 비행기로 비엔티안 이동 |
| 밤 | 숙소 도착 |

| 2일 | 비엔티안 ▶ 루앙 프라방 |
|---|---|
| 오전 | 비행기로 루앙 프라방 이동 |
| 오후 | 꽝 씨 폭포 다녀오기 |

| 3일 | 루앙 프라방 ▶ 방비엥 |
|---|---|
| 오전 | 탁발, 사원 구경 |
| 오후 | 버스로 방비엥 이동 |

| 4일 | 방비엥 |
|---|---|
| 오전/오후 | 액티비티 |
| 저녁 | 바 클러빙 |

| 5일 | 방비엥 ▶ 비엔티안 ▶ 인천(부산) |
|---|---|
| 오전 | 버스로 비엔티안 이동 |
| 오후 | 시내 구경, 쇼핑 |
| 밤 | 비행기로 인천(부산) 이동 |

| 6일 | 인천(부산) 도착 |
|---|---|

## Course 2　4박 6일　비엔티안 – 방비엥 – 루앙 프라방 코스

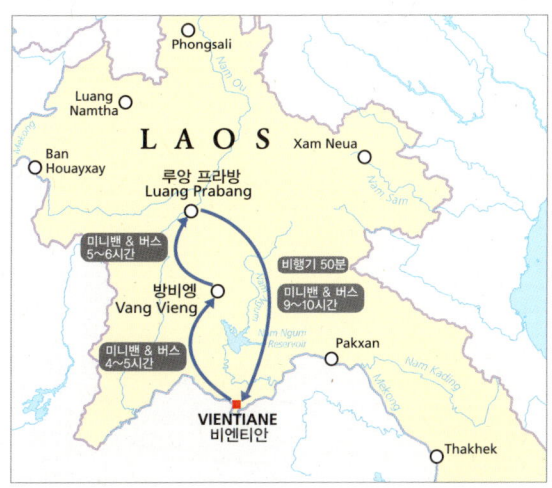

비엔티안에서 방비엥부터 먼저 가는 여행코스다. 이 코스의 장점은 비엔티안에 도착한 날 곧바로 방비엥으로 이동하기 때문에, 매력적인 방비엥과 루앙 프라방에서 각각 2박씩 머물 수 있다는 점이다. 특히, 한국에서 출발 시간이 빠른 라오항공을 이용하면 비엔티안 공항 도착 후 훨씬 여유 있게 방비엥으로 이동할 수 있다.

| 1일 | 인천(부산) ▶ 비엔티안 ▶ 방비엥 |
|---|---|
| 오전 | 인천(부산) 출발(라오항공 이용) |
| 오후 | 미니밴, 버스로 방비엥 이동 |

| 2일 | 방비엥 |
|---|---|
| 오전/오후 | 액티비티 |
| 저녁 | 바 클러빙 |

| 3일 | 방비엥 ▶ 루앙 프라방 |
|---|---|
| 오전 | 버스로 방비엥 이동 |
| 저녁 | 푸 씨 산 일몰, 몽족 야시장 투어 |

| 4일 | 루앙 프라방 |
|---|---|
| 새벽/오전 | 탁발, 사원 국경 |
| 오후 | 꽝 씨 폭포 다녀오기 |

| 5일 | 루앙 프라방 ▶ 비엔티안 ▶ 인천(부산) |
|---|---|
| 오전 | 비행기로 비엔티안 이동 |
| 오후 | 시내 구경, 쇼핑 |
| 밤 | 비행기로 인천(부산) 이동 |

| 6일 | 인천(부산) 도착 |
|---|---|

**TIP　비엔티안 공항에서 방비엥으로 바로 가기**

한인 여행 업체들이 제공하는 픽업 서비스를 이용하면 비엔티안 공항에서 방비엥으로 바로 갈 수 있다. 특히, 저가항공으로 야간에 도착해도 이용 가능하다.

**한인 업체 픽업 서비스**
폰 트래블　www.laokim.com
트래블 라오　www.travellao.com

# INSIDE LAOS

## Course 3 | 6박 8일 | 각 도시마다 이틀씩 보내는 코스

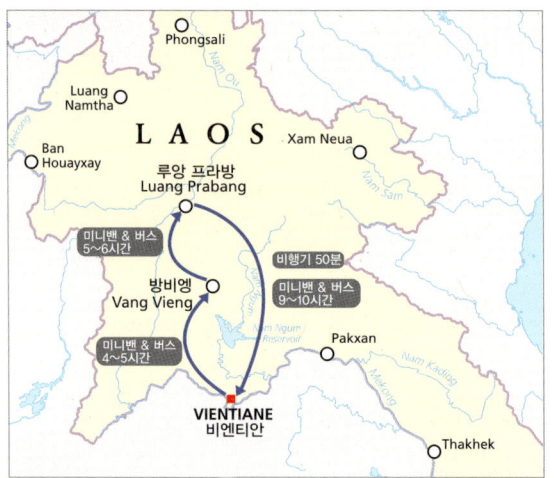

4박 6일 일정의 단점은 방비엥과 루앙 프라방에서 온전하게 보낼 수 있는 시간이 각각 하루씩 밖에 없다는 것이다. 또한, 수도인 비엔티안은 제대로 돌아 볼 시간도 없다. 전체 일정에 이틀을 더 추가하면, 원하는 도시에서 보내는 시간을 더 늘릴 수 있다. 아래 예시는 비엔티안과 루앙 프라방에서 1박씩 더 추가하는 코스다.

| 1일 | 인천(부산) ▶ 비엔티안 |
|---|---|
| 저녁 | 비행기로 비엔티안 이동 |
| 밤 | 숙소 도착 |

| 2일 | 비엔티안 |
|---|---|
| 오전 | 부다 파크 다녀오기 |
| 오후 | 시내 구경 및 카페 휴식 |

| 3일 | 비엔티안 ▶ 방비엥 |
|---|---|
| 오전 | 미니밴, 버스로 방비엥 이동 |
| 오후 | 블루 라군 다녀오기 |

| 4일 | 방비엥 |
|---|---|
| 오전/오후 | 액티비티 |
| 저녁 | 바 클러빙 |

| 5일 | 방비엥 ▶ 루앙 프라방 |
|---|---|
| 오전 | 미니밴, 버스로 루앙 프라방 이동 |
| 저녁 | 푸 씨 산 일몰, 몽족 야시장 투어 |

| 6일 | 루앙 프라방 |
|---|---|
| 새벽/오전 | 탁발, 사원 국경 |
| 오후 | 꽝 씨 폭포 다녀오기 |

| 7일 | 루앙 프라방 ▶ 비엔티안 ▶ 인천(부산) |
|---|---|
| 오전 | 비행기로 비엔티안 이동 |
| 오후 | 시내 구경, 쇼핑 |
| 밤 | 비행기로 인천(부산) 이동 |

| 8일 | 인천(부산) 도착 |
|---|---|

## Course 4   4박 6일   비엔티안 + 방비엥 코스

오직 액티비티만을 위한 일정. 한국인들에게 제일 유명한 여행지인 방비엥에서 다양한 액티비티를 즐기는 것이 주목적이다. 하루에 몰아서 끝낼 수도 있지만 하루에 하나씩 즐기면 만족도가 더 높아진다. 루앙 프라방까지 가기 위해서 라오스 국내선 항공기를 타거나 9시간 동안 버스를 타는 것이 부담스러운 사람을 위한 일정이다.

| | |
|---|---|
| 1일   인천(부산) ▶ 비엔티안 | 4일   방비엥 블루 라군 |
| 2일   비엔티안 ▶ 방비엥 | 5일   방비엥 ▶ 비엔티안 ▶ 인천(부산) |
| 3일   방비엥 카약킹 투어 | 6일   인천(부산) 도착 |

## Course 5   4박 6일   비엔티안+루앙 프라방 코스

액티비티보다는 라오스의 불교문화를 접하며 조용한 휴식을 원하는 사람을 위한 코스다. 루앙 프라방은 여행자들이 하루라도 더 묵고 싶어 할 만큼 로맨틱하고 매력적인 도시. 루앙 프라방 하나만 보기 위해서 라오스행 비행기 티켓을 끊는다 해도 결코 아깝지 않다. 왕복 20시간의 버스 보다는 국내선 항공편을 이용하는 것이 몸과 마음을 위해 좋다.

| | |
|---|---|
| 1일   인천(부산) ▶ 비엔티안 | 4일   루앙 프라방 시외 볼거리 |
| 2일   비엔티안 ▶ 루앙 프라방 | 5일   루앙 프라방 ▶ 비엔티안 ▶ 인천(부산) |
| 3일   루앙 프라방 구시가 순례 | 6일   인천(부산) 도착 |

라오스는 언제 가는 게 제일 좋나요?
예산은 얼마나 잡아야 하나요?
환전은 어떻게 할까요?
어떤 항공권을 사는 게 좋을까요?
숙소 예약은 어떻게 하나요?
챙겨야 할 여행 준비물은?
스마트폰은 로밍해야 할까요?
라오스는 안전한가요?
영어는 잘 통하나요?
서바이벌 라오스어

**PART 2**

# 라오스 FAQ 10

## LAOS FAQ 10

# 01 라오스는 언제 가는 게 제일 좋나요?

### 1 언제나 더운 기후
라오스는 1년 평균 기온이 30도 정도로 연중 내내 덥고 습한 열대몬순기후이다. 기후 특징에 따라 3개의 시기로 나눌 수 있다. 11월에서 2월은 건기에 해당하는데, 우리나라의 더운 가을 날씨를 연상하면 된다. 3월에서 5월은 우리나라의 여름과 같은 날씨로 최고 기온이 40도가 넘을 때도 있다. 6월부터 10월까지는 우기로, 낮에는 1~2시간 집중되는 스콜이 내리며 주로 밤에 비가 많이 오는 편이다.

### 2 건기와 우기의 장단점을 확인하자.
여행하기에 가장 좋은 시기는 건기에 해당하는 11월에서 2월 사이다. 최고 온도도 30도 이내고 아침저녁에는 선선한 바람이 분다. 그만큼 사람들도 많이 몰려서 숙소 가격도 올라가고 예약 경쟁도 치열해진다. 우기에는 습도가 올라가는 대신 비 오는 동안에는 시원한 것이 장점. 비수기의 숙소 가격 인하를 누리며 한적한 여행을 즐기는 것도 방법이다.

### 3 4, 5월은 피할 것
기온이 많이 올라가는 4, 5월은 가장 여행하기 힘든 시기다. 라오스는 대중교통이 발달하지 않아서 걷거나 자전거를 이용하는 경우가 많기 때문에 높은 기온은 여행하는 데 큰 장애가 된다. 단, 4월에는 라오스의 신년 축제인 삐 마이 축제가 열리므로, 이 기간 동안에는 시원한 물 축제를 즐길 수 있다.

### 4 남과 북의 기온 차이가 크다
라오스는 인도차이나 반도에 남북으로 길게 위치하고 있어서 지역 간의 기온 차이가 크다. 또한 산악지대와 저지대 간의 차이도 있다. 건기 때 북쪽 도시인 루앙 프라방의 경우 아침 기온이 15도까지 떨어지기도 한다. 아침저녁으로 걸칠 수 있는 점퍼와 긴 바지 등을 준비하는 것이 좋다.

## 02 예산은 얼마나 잡아야 하나요?

● 전체 예산 = 하루 예산(숙박비+식비+입장료+시내 교통비)X여행 일수+
　　　　　　항공 요금 + 도시 간 교통비 + 투어 비용 + 쇼핑 + 비상금

### 1 항공 요금

인천-비엔티안, 부산-비엔티안 간 직항노선이 있는 라오항공의 경우 왕복 40~60만 원 선으로 구할 수 있다. 인천-비엔티안 구간을 운행하는 저가항공사 항공권은 30만 원 선이며, 일정이 급박할수록 가격이 올라간다. 저가항공은 특가 할인 프로모션을 노리면 좀 더 가격이 저렴해진다.

### 2 숙박비

각자 선택하는 숙소 수준에 따라 비용 차이가 난다. 배낭여행자들이 묵는 호스텔의 도미토리는 보통 1인당 8,000원 정도. 에어컨이 없거나 창문이 없는 숙소는 더블룸 기준 하루 20,000원대이며, 25,000원 이상이면 에어컨이 있는 더블룸을 구할 수 있다. 고급 숙소들은 더블 룸 기준 60,000원 이상 줘야 한다. 단, 성수기에는 가격이 오른다.

### 3 식비

현지인들처럼 노점에서 판매하는 국수나 죽을 먹으면 1,500원~3,000원 정도로 한 끼를 해결할 수 있다. 일반 식당에서는 볶음밥이나 국수 등 저렴한 메뉴가 3,000~4,000원대, 육류로 만든 메인 요리는 6,000원 이상, 관광객용 식당의 일반 메뉴들은 7,000원 정도이다. 커피는 길거리에서 포장해서 마시면 1,500원 이하, 카페에 앉아서 마시면 아메리카노가 2,000원 정도. 얼음이 들어간 찬 음료는 뜨거운 음료보다 비싸다.

### 4 교통비

도시 간 이동은 대부분 미니밴이나 버스를 이용한다. 미니밴 요금은 거리가 짧은 비엔티안-방비엥은 6,000원 정도부터, 방비엥-루앙 프라방은 12,000원 정도부터 시작한다. 에어컨이 있는 VIP 버스는 미니밴 가격과 비슷하거나 좀 더 높다. 미니밴과 VIP 버스는 구입하는 곳에 따라 가격 차이가 나므로 많이 알아본 만큼 절약할 수 있다. 비엔티안-루앙 프라방 구간은 국내선 항공편을 이용할 수 있는데, 편도 60,000원부터 시작한다. 자전거는 1,500원 정도로 하루 종일 대여할 수 있다.

### 5 입장료

라오스에서 가장 자주 방문하게 되는 사원은 대부분 입장료를 받는다. 보통 1,500원 정도. 박물관은 입장료 5,000원을 넘는 경우가 없다. 특이한 점은 다리 사용료를 받는 곳이 많다는 것이다. 보통 800원 정도 받는다.

### 6 투어 비용

방비엥의 경우 각종 액티비티로 인해 투어 비용의 비중이 높다. 방비엥에서 제일 인기 있는 액티비티인 짚라인, 물 동굴, 카약킹을 하루에 몰아서 할 경우 30,000원 정도 든다.

### 7 비상금

다치거나 아파서 병원을 간다거나 예상 못한 지출이 생기는 경우, 또 도난을 당했을 경우에 대비해 총 경비이 10% 정도는 따로 챙겨두거나 현금카드 혹은 신용카드를 준비한다.

# 03 환전은 어떻게 할까요?

## 1 라오스의 화폐는 킵

현지 화폐는 킵(KIP)이며 동전이 없고 모두 지폐를 사용한다.

- 통화 킵(KIP) 총 8종
  500K, 1,000K, 2,000K, 5,000K,
  10,000K, 20,000K, 50,000K, 100,000K
- 환율 1USD ≒ 8,480K
- 10,000K ≒ 1,320원 (2018년 8월 기준)

## 2 한국에서 달러화로 환전해 간다.

한국 화폐는 거의 환전이 되지 않기 때문에, 한국에서 달러화로 환전해 간 후 라오스에서 다시 킵으로 바꿔야 한다. 그래도 식당이나 숙소, 여행사에서 달러화를 사용할 수 있어서 편리한 편이다. 단, 은행이나 환전소의 환율보다 좋지 않을 때가 많으니 계산이 필요하다. 준비한 달러화의 80% 정도만 킵으로 환전하면 된다.

**CHECK** 일부 환전소에서는 100달러짜리 화폐일수록 좋은 환율이 적용된다. 참고로, 태국 바트화도 환전하지 않고 그대로 사용할 수 있다.

## 3 사설 환전소도 환율이 좋은 곳이 있다.

여행자들이 많이 방문하는 비엔티안, 방비엥, 루앙 프라방의 거리에는 은행과 사설 환전소가 매우 많다. 은행도 건물 바깥에 따로 환전소를 둔 경우가 많아서 편리하게 이용할 수 있다. 도시에 따라서 은행과 사설 환전소 중 환율이 유리한 곳이 다르므로 환전하기 전에 확인하는 것이 좋다.

## 4 비상용 현금카드를 준비한다.

전체 금액을 달러화로 준비하되, 비상용으로 국제현금카드 하나 정도는 준비하는 것이 좋다. 단, 라오스 은행에서는 ATM 사용 시 수수료를 부과한다. 국내에서 인출 수수료가 부과되지 않는다고 선전하는 국제현금카드에도 부과된다. 은행마다 수수료에 차이가 있는데, BCEL 은행의 경우 1,500,000K 인출에 20,000K의 수수료가 나온다.

## 5 신용카드는 안 쓰는 것이 좋다.

라오스에서는 신용카드 사용이 일상적이지 않다. 저가형 숙소에서는 신용카드를 받지 않는 경우가 많으며, **신용카드 결제 시 최소 3%의 별도 수수료를 부과**한다. 식당과 기념품 가게에서는 신용카드 사용을 위한 최소 금액이 정해진 경우가 많고, 마찬가지로 수수료는 별도로 부과될 수 있다.

# 04 어떤 항공권을 사는 게 좋을까요?

### 1 직항 항공사
한국에서 라오스까지는 비행기로 5시간 30분 정도 소요된다. 다양한 항공사가 운행하고 있지만, 한국과 라오스 간 직항 노선을 가지고 있는 항공사는 **라오항공, 티웨이, 진에어, 제주항공, 에어부산 총 5개 항공사다.**

### 2 비싸도 시간대가 좋은 라오항공
라오항공은 라오스의 국영 항공사다. 국영 항공사인 만큼 티웨이나 진에어보다 항공권 가격이 비싼데, 구입 시기에 따라서 2배 이상 차이가 나기도 한다. 대신 확실한 기내식이 제공되며, 무엇보다도 운행 시간대가 좋다. 인천에서 오전에 출발해서 라오스에는 오후에 도착하며, 돌아올 때는 심야 출발, 아침 도착으로 일정을 최대한 여유 있게 이용할 수 있다.

### 3 저렴한 대신 도착 시간대가 안 좋은 저가항공사
저가항공사인 티웨이와 진에어, 제주항공은 모두 인천에서 저녁에 출발해서 비엔티안에 밤 10시경 도착한다. 간혹 연착이라도 하면 심야에 도착하는 경우도 있다. 돌아올 때는 심야에 출발해서 아침에 도착한다. 무료 위탁수하물은 15kg까지 가능하며, 기내식은 진에어만 간단하게 제공한다. 무엇보다도 저가항공사는 예약 변경과 환불 규정이 까다롭다는 점을 잊지 말자.

### 4 부산 출발은 라오항공과 에어부산
라오항공, 에어부산 2개의 항공사가 부산-비엔티안 간 항공노선을 운영한다. 두 노선 모두 아침 9시경에 출발하며 돌아오는 비행기는 오후 1시경에 출발. 가격은 에어부산이 좀 더 저렴하며 운항 요일도 더 많다.

### 5 경유 항공사는 각자의 일정에 따라서
경유 항공편을 이용하는 방법도 있다. 베트남항공과 타이항공이 경유 노선을 운영하는데, 베트남항공의 경우 하노이를 경유하여 비엔티안 외에도 루앙 프라방으로 들어갈 수 있는 것이 장점. 탑승 클래스에 따라서 대한항공 마일리지 적립도 가능하다. 에어아시아를 통해서 태국 방콕이나 말레이시아의 쿠알라룸푸르를 경유한 후 비엔티안 또는 루앙 프라방으로 들어가는 방법도 있다.

# 05 숙소 예약은 어떻게 하나요?

## 1 인터넷으로 편리하게 예약하자
현재 인터넷과 휴대폰 어플리케이션으로 나와 있는 호텔 예약 서비스를 이용하면 편리하다. 인터넷 예약의 장점은 일정에 미리 맞춰서 원하는 숙소를 잡을 수 있다는 것이다. 숙소의 위치, 요금, 리뷰, 조건 등을 자세히 살펴본 뒤 신용카드로 결제한다. 호텔 정책에 따라서 예약 시 전체 요금을 미리 계산하거나, 현지에서 직접 계산하는 경우도 있다.

**호텔 예약 사이트 & 어플리케이션**

부킹닷컴 www.booking.com  아고다 www.adoga.com  호텔스닷컴 www.hotels.com

## 2 인터넷에 없는 숙소도 많다.

루앙 프라방의 저가 게스트하우스

라오스는 인근 동남아시아 국가들에 비해서 인터넷으로 예약할 수 있는 숙소가 적은 편이다. 다만, 직접 찾아갈 경우 인터넷에서 볼 수 있는 숙소보다 더 싸고 좋은 옵션들이 많이 있다. 일정에 여유가 있고 비수기인 경우, 각 도시의 첫날 숙소만 인터넷으로 예약한 후 나머지 숙소들은 직접 찾아보는 것도 좋다.

### TIP 라오스 숙소의 특징

**① 샤워는 전기 온수기로**

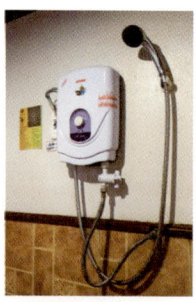

라오스에서는 많은 숙소가 전기 온수기를 사용한다. 더운 물은 빨리 나오는 편이지만 건기, 북부 지방에서는 물이 차가운 만큼 시간이 걸리거나 충분히 뜨겁지 않을 수도 있다. 사용하기 전에 전원 스위치가 On으로 되어 있는지 확인하고, 온도 조절 스위치를 돌려서 물 온도를 맞춘다.

**② 짐 보관 시 자물쇠 체크**

일찍 체크인을 하거나, 체크아웃 후 다른 곳으로 이동할 때까지 시간이 남았을 경우 숙소에서 짐을 보관해준다. 하지만, 최고급 호텔을 제외하고 보관 시설을 제대로 갖춘 곳은 많지 않다. 대부분 로비 구석에 두는 경우가 많으므로 별도로 안전장치를 하는 것이 좋다.

# 06 챙겨야 할 여행 준비물은?

## 1 꼭 챙겨야 할 기본 여행 준비물

| | |
|---|---|
| 여권 | 사진이 있는 부분을 복사해서 2~3장 따로 보관해두고, 여권용 사진도 몇 장 챙긴다. |
| 항공권 | 전자티켓을 미리 출력해둔다. 웹 체크인을 했다면 보딩 패스도 출력 |
| 여행 경비 | 환전한 달러, 신용카드, 현금카드 등을 빠짐없이 준비 |
| 각종 증명서 | 국제운전면허증&국내운전면허증, 국제학생증, 여행자보험 등 |
| 가이드북 | 정보가 없으면 여행이 힘들어진다. |
| 여행 가방 | 선호하는 스타일에 따라서 배낭과 캐리어 중 선택한다. |
| 보조 가방 | 가볍게 들고 다닐 수 있는 작은 가방도 별도로 준비한다. |
| 자물쇠 | 가방 크기와 종류에 맞춰서 자물쇠를 준비한다. 와이어도 유용 |
| 옷&신발 | 라오스의 더운 기후에 맞춰서 옷과 신발을 고른다. |
| 속옷&양말 | 더우니까 속옷은 넉넉히, 일정에 맞춘 분량을 준비한다. |
| 전대(복대) | 여권과 현금 보관용으로 준비한다. |
| 의류팩&워시팩 | 옷과 세면도구를 깔끔하게 정리할 수 있다. |
| 수영복 | 방비엥과 루앙 프라방의 워터 액티비티용 필수품. |
| 세면도구 | 어메니티가 없는 숙소가 많으므로 샴푸, 샤워젤, 비누, 치약 등을 필요한 양만큼 챙긴다. |
| 화장품 | 꼭 필요한 만큼 작은 용기에 담아서 가져갈 것. |
| 스마트폰 | 손에서 떨어지지 않게 고리를 달면 좋다. |
| 카메라 | 메모리 카드와 배터리 충전기가 잘 작동하는지 출발 전 확인한다. |
| 방수팩 | 방비엥과 루앙 프라방의 워터 액티비티용 필수품! 휴대폰용 소형 방수팩은 국내에서 사는 것이 품질이 더 좋다. |

## 2 라오스 여행을 위한 추가 준비물

| | |
|---|---|
| 모자 | 햇빛을 막는데 유용하다. |
| 자외선 차단제 | 햇빛이 강렬하기 때문에 피부가 쉽게 그을린다. 귀찮다고 건너뛰면 나중에 후회한다. |
| 선글라스 | 강한 햇빛에서 눈을 보호하기 위해서 필요하다. |
| 우산 또는 양산 | 해를 가리고 걷는데 유용하다. |
| 가방용 커버 | 가방도 보호하고, 패션 아이템도 된다. 우기에 여행할 때 매우 유용하다. |
| 생리용품 | 라오스에는 공산품이 다양하지 않다. |
| 비상약품 | 감기약, 멀미제, 소화제, 진통제, 지사제, 반창고, 연고 등 기본적인 약품 준비. |
| 물티슈 | 작은 것으로 준비하면 급할 때 쓸 일이 생긴다. |

> **TIP 트래블메이트 Travelmate**
>
> 해외여행에 필요한 모든 준비물들을 원스톱 쇼핑할 수 있는 곳. 각 백화점의 오프라인 매장에서 직접 물건을 보고 구입할 수 있다. 인천국제공항에도 매장이 있어서 마지막까지 빼놓은 물건들을 챙길 수 있다.
>
> **위치** 인천국제공항 3층 출국장 G열 쇼핑 구역 **홈피** www.travelmate.co.kr

# 07 스마트폰은 로밍해야 할까요?

## 1 현지에서 심카드를 구입할 수 있다.

라오스 통신사의 선불형 심카드를 구입하면 가장 저렴하게 데이터를 사용할 수 있다. **라오스 2대 통신 회사인 라오 텔레콤 Lao Telecom과 유니텔 Unitel**의 서비스를 이용하면 무난하다. 기본 통화와 데이터 용량에 따라 다양한 조합의 상품들이 있다. 공항이나 시내에 있는 각 통신사 대리점에서 구입할 수 있다.

**CHECK** 심카드를 교체하면 한국에서 사용하던 번호가 아닌 새로운 현지 번호로 등록이 된다. 단, 카카오톡 등 인터넷 메신저는 로그인하면 그대로 사용할 수 있다.

### 라오스 통신 회사

라오 텔레콤 www.laotel.com 유니텔 www.unitel.com.la

### 사용 방법

데이터만 사용할 수 있는 심카드를 '넷심 Netsim'이라고 부른다. 넷심 구입 비용은 10,000K이다. 여기에 이용 금액을 충전해야 하는데, 금액별 충전 쿠폰을 사서 해당 코드를 휴대폰에 입력하면 된다. 이후 충전된 금액을 데이터 사용이 가능한 패키지로 전환하면 끝. 가장 많이 이용하는 패키지는 7일 동안 1.5기가의 데이터를 사용하는 것으로 10,000K에 이용할 수 있다.

이 부분을 벗기면 금액을 충전할 수 있는 쿠폰 코드가 나온다.

- 쿠폰 코드 입력 → *121*쿠폰코드# 통화버튼
- 데이터 패키지 선택 (1주일, 1.5기가의 경우) → *131*10# 통화버튼
- 남은 데이터 용량 확인 → *123# 통화버튼

**CHECK** 공항에 있는 대리점은 이용하기에는 편리하지만, 충전 금액이 시중에 비해 2배 정도 비싸다.

## 2 제일 편리한 데이터 로밍

여행 기간이 짧고 한국과 긴밀하게 전화를 주고받아야 한다면 데이터 로밍을 신청한다. 무료 와이파이를 찾아다닐 필요 없이 언제 어디서나 편안하게 인터넷을 사용할 수 있다. 하루 10,000원 정도로 데이터를 무제한으로 사용할 수 있는 국내 통신사의 데이터 로밍 요금제를 이용한다.

## 3 숙소와 식당 와이파이 사용

무조건 저렴하게 여행하려면 데이터 로밍을 차단하고 무료 와이파이만 이용한다. 라오스에서는 대부분의 숙소와 일부 식당에서 무료 와이파이를 사용할 수 있다. 현지에 도착하기 전에 스마트폰 설정 화면에서 데이터 로밍을 비활성화한다.

## 08 라오스는 안전한가요?

### 1 혼자 다녀도 괜찮은 치안 상태
사회주의 국가인 라오스는 동남아시아 지역에서 제일 안전하다고 손꼽힐 정도로 치안 상태가 좋다. 혼자 움직이는 여행자, 여성 여행자나 가족 여행자 모두 안심하고 여행을 할 수 있다. 단, 관광객들의 돈을 노리는 소소한 사건들은 라오스에서도 발생한다. 지나치게 자유로운 분위기를 즐기다가 발생하는 사고들도 주의할 부분이다.

### 2 환전소, ATM에서는 날치기 주의
라오스에서 제일 주의할 부분은 돈과 관련된 것들이다. 비엔티안의 거리 환전소 근처에서 오토바이를 이용한 날치기 사건이 종종 보고된다. 루앙 프라방에서는 자전거의 바구니에 짐을 넣어 두었다가 날치기를 당하는 경우도 있다. 환전 시 좌우를 살피고 중요한 짐들은 항상 몸 가까이에 두는 것을 권한다.

### 3 숙소에 돈을 두지 말 것
숙소에서 돈을 분실하는 경우도 자주 발생한다. 숙소의 등급과 상관없이 발생할 수 있으며, 숙소를 떠난 후에야 발견하는 경우가 많아서 분실 금액을 돌려받기 힘들다. 객실 안이라도 쉽게 눈에 띄는 곳에 지갑이나 돈을 두지 말고, 방을 나설 때는 배낭이나 캐리어를 꼭 잠가 놓는다. 객실 안에 안전금고가 있다면 귀중품 보관에 이용하도록 한다.

### 4 VIP 버스를 탈 경우 귀중품은 직접 들고 탈 것
에어컨이 있는 VIP 버스를 타면 큰 짐은 짐칸에 두게 된다. 이때 짐칸을 뒤지는 물품 도난 사건이 발생하기도 한다. 노트북, 태블릿, 카메라 등 귀중품은 반드시 직접 들고 버스에 타도록 한다.

> **TIP 사건 사고 대처 방법**
>
> ❶ 여권을 잃어버리면
> 라오스에서는 절대 여권을 잃어버리지 않는 것이 좋다. 영사과에서 여행증명서를 발급받은 것 외에도 출국을 위해서는 이민국과 영사국에 신고하는 절차를 거쳐야 한다. **분실 처리 후 출국까지 5일에서 10일의 기간이 소요**되기 때문에 항공권을 연장해야하는 경우가 생긴다. 이때 총 6~8장의 증명사진이 필요하다. 구체적인 절차는 주 라오스 한국 대사관에 문의(021-255-770~1)하거나 홈페이지(http://lao.mofa.go.kr)에서 확인하면 된다.
>
> ❷ 소지품을 잃어버리면
> 소지품을 도난당했다면 경찰서에 방문해 도난 증명서를 작성한 후 보험사에 보상을 신청한다. 증명서에는 도난당한 물건의 모델명까지 상세하게 기입하는 것이 좋다. 현금 역시 보상 대상에서 제외된다.
>
> ❸ 병원을 이용할 경우
> 여행을 떠나기 전 여행자 보험에 가입한다. 현지에서 병원을 이용해야 할 경우를 대비해 의료비 보상 범위를 따져볼 것. 병원을 이용한 경우 병원 진단서와 처방전, 병원비 및 약품 구입비 영수증 등을 꼼꼼하게 첨부해 보험회사에 제출한다.

# 09 영어는 잘 통하나요?

## 1 영어는 관광지에서만 통용

라오어를 공용으로 사용하며 각 소수민족들의 고유 언어도 살아 있다. 비엔티안, 방비엥, 루앙프라방처럼 외국인 여행자들이 많이 가는 도시의 숙소와 식당에서는 기본적인 영어 소통이 가능하다. 하지만, 이들 도시에서도 관광지를 조금만 벗어나 현지인이 사는 지역으로 가면 영어가 거의 통하지 않는다.
**CHECK** 뚝뚝 기사들이 호텔, 지역 이름을 모르거나 기초적인 영어 단어도 통하지 않을 수 있다. 가고자 하는 지역이나 건물의 라오스 이름을 알아두면 매우 편리하다.

## 2 표지판, 메뉴는 영어로 표기된 것도 많다.

길거리의 표지판은 대부분 영어로 표기되어 있어서 지명을 읽는데 큰 문제가 없다. 여행자들이 많이 가는 식당들은 영어 메뉴판을 별도로 준비한다.

## 3 라오스어의 영어 표기는 제각각

라오스어를 영어로 표기하다 보니 여러 가지 철자를 사용하는 경우가 많다. 라오스 명칭의 발음을 영어로 옮기다 보니 발생하는 문제다. 또한, 프랑스의 지배를 받을 당시 라오스식 이름을 프랑스어로 표기했는데, 이렇게 만들어진 이름을 다시 영어식으로 읽으면서 표기가 다양해졌다.

### TIP 음식으로 배우는 라오스어

**재료**
생선 – 빠  닭 – 까이  돼지 – 무
소 – 씬응우아  계란 – 카이  채소 – 팍

**양념**
고수 – 팍홈  고추 – 막펫  라임 – 막나우
피시 소스 – 남빠  소금 – 끄아  설탕 – 남딴

**요리법**
튀김 – 텃  구이 – 삥  찜 – 능
국 – 똠  볶음 – 팟

# 10 서바이벌 라오스어

### ● 숫자

| 0 | 쑨 | 7 | 쨋 |
|---|---|---|---|
| 1 | 능 | 8 | 뺏 |
| 2 | 썽 | 9 | 까우 |
| 3 | 쌈 | 10 | 씹 |
| 4 | 씨 | 20 | 싸오 |
| 5 | 하 | 50 | 하씹 |
| 6 | 혹 | 100 | 허이 |

### ● 화폐 관련 숫자

| 500 | 하러이 | 20,000 | 싸오판 |
|---|---|---|---|
| 1,000 | 판 | 50,000 | 하씹판 |
| 2,000 | 썽판 | 100,000 | 쎈 |
| 5,000 | 하판 | 200,000 | 쏭쎈 |
| 10,000 | 씹판 | 1,000,000 | 란 |

### ● 볼거리 관련

| 사원 | 왓 Wat |
|---|---|
| 탑 | 탓 That |
| 시장 | 딸랏 Talat |
| 마을 | 반 Ban |
| 동굴 | 탐 Tham |
| 산 | 푸 Phu |

### ● 인사

| 안녕하세요 | 싸바이디 |
|---|---|
| 고맙습니다 | 컵짜이 |
| 정말 고맙습니다 | 컵짜이 라이 |
| 실례합니다. | 커톳 |
| 안녕히 가세요 | 라껀 |
| 행운을 빕니다 | 쏙디 |
| 괜찮습니다. | 보뺀냥 |

### ● 장소 관련

| 공항 | 싸남빈 | 병원 | 홍머 |
|---|---|---|---|
| 버스 터미널 | 싸타니 롯메(키우롯) | 약국 | 한 카이야 |
| 선착장 | 타 흐아 | 경찰서 | 싸타니 땀루엇 |
| 은행 | 타나칸 | 대사관 | 싸탄툿 |

### ● 유용한 말

| 이거 얼마예요? | 니 타오다이? | 화장실 | 호옹남 |
|---|---|---|---|
| 너무 비싸요 | 팽 라이 | 화장실 어디에요? | 호옹남 유싸이? |
| 좀 깎아주세요 | 커 룻 너이 | 도와주세요 | 쑤어이 두어이 |
| 팍치 넣지 마세요 | 버 싸이 팍홈 | 한국(인) | (콘)까올리 |
| 더워요 | 커이 헌 | 네 이름이 뭐니? | 짜오 쓰 냥? |
| 추워요 | 커이 나오 | 내 이름은 김이야 | 코이 쓰 김 |

우리나라 공항 안내

우리나라에서 출국하기

라오스 입국하기

라오스에서 출국하기

라오스에 대한 기본 상식

# PART 3

# 여 행
# 시작하기

## TRAVEL START

# 우리나라 공항 안내

여행을 시작하는 첫날은 여행 기간 동안의 컨디션과 기분을 좌우한다. 낯선 곳으로 향하는 첫날, 설레는 마음 때문에 중요한 물건을 빠뜨리기도 하고 어이없는 실수를 하기도 한다. 우리나라를 떠나는 출국 과정과 라오스로 들어가는 입국 과정은 해외여행의 첫 관문. 출입국관리소와 세관의 공식 절차들이 이어지는 날인 만큼 차분한 마음을 유지하자.

## 인천국제공항

라오스로 가는 국제선은 대부분 인천국제공항에서 출발한다. 인천광역시 중구에 위치한 인천국제공항은 규모가 크고 수많은 노선이 다니기 때문에, 출발 3시간 전에는 도착해야 여유 있게 출국 수속을 밟을 수 있다. 특히, 휴가철 성수기나 연휴 기간에는 출국 수속을 하는 사람들로 장사진을 이루기 때문에 평소보다 더 긴 대기시간을 예상해야 한다.

**주소** 인천광역시 중구 공항로 272 **홈피** www.airport.kr

**CHECK** 다른 물건은 현지에서 얼마든지 대체할 수 있지만 여권만큼은 대체할 방법이 없다. 생각보다 많은 사람들이 여권을 깜박하거나 여권의 남은 유효기간을 확인하지 않아서 낭패를 본다. 6개월 이상 유효기간이 남은 여권을 가방 안에 챙겨 놓았는지 다시 한 번 확인하자.

## 인천국제공항 가는 법

### 1 리무진 버스

인천국제공항까지 가는 대표적인 교통수단이다. 서울, 경기 지역은 물론 지방에서도 인천국제공항행 리무진 버스를 운행하고 있다. 요금과 정류장 시간표 배차 간격 등은 공항 홈페이지나 공항 리무진 홈페이지를 참고한다.

**홈피** www.airportlimousine.co.kr

> **TIP** 인천국제공항의 긴급여권 발급 서비스
>
> 여권 재봉선이 분리되거나 신원정보지가 이탈되는 등 여권 자체에 결함이 있거나 여권 사무기관의 행정 착오로 여권이 잘못 발급된 사실을 출국 당시에 발견한 경우. 또는 국외의 가족 또는 친인척의 사건 사고로 긴급히 출국해야 하거나 기타 인도적, 사업적 사유가 인정되는 경우에는 긴급여권 발급 서비스를 이용할 수 있다. 단, 5년 이내 2회 이상 여권 분실자, 거주여권 소지자, ESTA 승인을 통해 미국을 여행해야 하는 경우 등은 이용할 수 없다.
>
> **외교부 인천국제공항 영사민원서비스 센터** **위치** 인천국제공항 3층 출국장 F카운터 쪽 **오픈** 09:00~18:00 **휴무** 법정 공휴일 **전화** 032-740-2777~8

## 2 공항철도

서울역에서 출발하는 공항철도는 공덕역, 홍대입구역, 디지털미디어시티역, 김포공항역 등을 거쳐 인천국제공항까지 연결된다. 배차 간격은 10분 전후이며, 서울역 기준으로 05:20부터 23:38까지 운행된다. 서울역에서 인천국제공항까지 논스톱으로 가는 직통열차는 오전 06:00부터 오후 10:20까지 운행되며, 코레일 열차를 이용한 경우 연계승차권 할인을 받을 수 있다. 자세한 내용은 공항철도 홈페이지를 참고한다.

홈피 www.arex.or.kr

### TIP 도심공항터미널 이용하기

서울시 강남구 삼성동에 있는 도심공항터미널이나 서울역 도심공항터미널에서 미리 탑승 수속, 수하물 보내기, 출국 심사를 할 수 있다. 이곳에서 체크인을 하면 무거운 짐을 들고 공항으로 이동할 필요가 없고, 인천국제공항에서는 전용 출국 통로를 통해 빠르게 출국할 수 있다. 사람들로 붐비는 성수기에 특히 유용하다.

단, 자신이 탑승하는 항공편이 도심공항터미널에서 탑승 수속이 가능한 항공편인지 여부는 미리 확인해 볼 것. 외국계 항공사인 경우 체크인할 때 다소 대기시간이 긴 편이다. 서울역 도심공항터미널은 인천공항 직통공항철도 이용 고객에 한해 수속 서비스를 진행한다.

주소 서울특별시 강남구 테헤란로87길22 전화 02-551-0077~8 홈피 www.kcat.co.kr

## 김해공항

라오항공과 에어부산은 부산-비엔티안을 왕복하는 직항 노선을 운영하고 있다. 부산 김해 경전철을 이용해 공항으로 이동할 수 있다. 경전철은 부산 메트로 2호선과 사상역에서 환승이 된다. 공항 리무진 버스는 2개의 노선이 있다.

주소 부산광역시 강서구 공항진입로108 전화 1661-2626 홈피 www.airport.co.kr/gimhae

# 우리나라에서 출국하기

공항에 무사히 도착했다면 아래의 출국 과정에 따라 비행기에 탑승하는 일만 남았다. 체크인 카운터로 가기 전에 기내 반입 불가 물품들은 미리 위탁수하물 안에 집어넣어 둘 것. 여권과 전자항공권, 면세품 인도증 등은 위탁수하물과 분리해 따로 보관하도록 하자.

### Step 1  카운터 확인

공항에 도착하면 출국장에 있는 운항 정보 안내 모니터에서 본인이 탑승할 항공사와 탑승 수속 카운터를 확인한 후, 해당 카운터로 이동한다.

### Step 2  탑승 수속

해당 항공사의 카운터에 여권과 항공예약번호나 전자항공권을 제시하고 위탁수하물을 부친다. 탑승권인 보딩 패스 Bording Pass와 짐표 Baggage Tag를 받은 다음, 탑승권에 적힌 게이트 번호와 탑승 시간을 확인한다.

**CHECK** 100ml 이상의 액체류와 맥가이버칼 등 기내 반입 금지 물품들은 반드시 위탁수하물 안에 넣어서 보내야 한다. 액체류를 기내에 반입하려면 100ml 이하의 개별 용기에 담아 1L짜리 투명 비닐 지퍼백 안에 넣어야 한다.

또한, 분리된 형태의 보조 배터리 및 휴대용 리튬이온 배터리(스마트폰, 노트북, 카메라 등에 사용하는 배터리)는 위탁수하물로 반입할 수 없다. 각 항공사에 따라 기내수하물로 반입 가능한 배터리의 개수와 용량의 제한 규정도 달라진다. 탑승하는 항공사에 사전에 문의할 것.

### Step 3.  세관 신고

여행 시 가지고 나가는 고가의 물건이 있다면 세관에 미리 신고하는 게 좋다. 출국하기 전에 '휴대 물품 반출신고 확인서'를 받아야만 입국 시 면세를 받을 수 있다. 출국 전에 신고를 하지 않은 경우, 해당 물건을 가지고 다시 입국할 때 세금을 내야 하는 일이 생길 수도 있다. 미화 10,000달러를 초과하는 외화 또는 원화도 신고 대상이다.

### Step 4  보안 검색

검색 요원의 안내에 따라 휴대한 가방과 소지품들을 바구니에 담아 검색대 위에 올려놓는다. 노트북은 휴대한 가방과는 별도로 바구니에 담아서 올려놓아야 한다. 두꺼운 외투나 모자도 벗어야 하며, 상황에 따라 벨트와 신발을 벗어야 하는 경우도 있다.

### Step 5  출국 심사

출국 심사대 앞에서 줄을 서서 기다리다가 차례가 되면 출국 심사를 받는다. 모자나 선글라스를 반드시 벗어야 하며, 여권과 탑승권을 제시한다.

**CHECK** 자동 출입국 심사를 이용하면 빠르고 편리하게 출국 심사대를 통과할 수 있다. 기존에는 등록 센터에서 여권, 지문 등을 사전에 등록해야 했지만, 2017년 3월부터는 등록 절차가 폐지되어 더욱 편리하게 이용할 수 있게 되었다. 단, 만 7세~18세 또는 인적사항 정보가 변경된 사람은 사전 등록이 필요하다. 자세한 정보는 홈페이지(www.ses.go.kr)를 확인한다.

### Step 6  탑승 게이트로 이동

탑승권에 적혀 있는 출발 게이트로 이동한다. 가는 길에 면세점 등 공항 시설을 이용할 수 있으며, 출발 시간 30~40분 전(보딩 타임 10분 전)에는 출발 게이트에 도착해 있도록 하자.

# 라오스 입국하기

좁은 기내 안에서 약 5시간 30분이 지나면 라오스에 도착한다. 동그란 창문 밖으로 낯선 도시를 내려다보고 있으면 오랜 비행의 피로가 싹 가신다. 비행기에서 내릴 때는 잊은 물건이 없는지 다시 확인하자.

### Step 1  출입국 카드 작성하기

출입국 카드

비행기 내에서 나눠준 출입국 카드를 작성한다. 모든 기재 사항은 영문으로 적는다. 라오스 내 체류지 란에는 도착하는 호텔 이름과 전화번호를 적으면 된다.

### Step 2  입국장으로 이동

기내에서 빠뜨린 짐은 없는지 다시 한 번 확인한 뒤 비행기에서 내린다. 특히, 좌석 앞 포켓과 머리 위 짐칸에 남아 있는 물건이 없는지 체크. 비행기를 나와서 'Arrival'이라고 적힌 표지판을 따라 이동한다.

### Step 3  입국 심사

통로 끝에 입국 심사대 Passport Control가 나타난다. **여권과 출입국 카드**를 가지고 줄을 선다. 모자와 선글라스는 착용하지 않는다. 대부분 특별한 질문 없이 입국 스탬프를 찍어서 돌려준다.

### Step 4  수하물 찾기

입국 심사대를 통과했다면 'Baggage Claim'이라 적힌 안내판을 따라 이동한다. 이동 후 자신이 타고 온 항공사의 노선명이 나와 있는 곳에서 짐을 기다린 후 찾으면 된다.

### Step 5  세관 심사

특별히 신고해야 할 물품이 없는 사람들은 'Nothing to Declare'라고 적힌 녹색 안내판이 있는 출구로 나가면 된다.

### Step 6  환전 및 심카드 구입

공항 밖으로 나가는 길에 은행과 환전소가 있다. 시내에 환율이 좋은 사설환전소들이 있으므로 당장 필요한 만큼만 환전한다. 심카드 역시 공항 지점보다 시내가 더 저렴하다.

입국 심사대 입구

### TIP  짐이 나오지 않는 경우

경유편 항공을 이용할 경우 수하물이 오지 않는 경우가 있다. 짐이 나오지 않는다면, 수하물 찾는 곳의 배기지 서비스 Baggage Services에 짐표 baggage Tag를 보여주며 문의한다. 공항이나 항공사의 잘못으로 짐이 늦게 도착하는 거라면 짐을 찾는 대로 호텔까지 보내 준다. 분실이나 파손된 경우는 항공사의 관련 규약에 따라서 보상을 받게 된다.

# 라오스에서 출국하기

일반적으로 비행기 출발 2시간 전까지 공항에 도착해 수속을 밟으면 된다. 공항에 도착했다면, 모니터를 보고 본인이 탑승할 항공사의 체크인 카운터를 확인한 후 수속 카운터로 간다.

### Step 1  공항으로 이동하기

여행을 마치고 공항으로 이동할 때는 툭툭과 택시를 이용할 수 있다. 택시는 비엔티안에서만 볼 수 있는데 길거리에서 잡는 것은 힘들며, 숙소에 요청해서 미리 예약을 하는 것이 좋다. 툭툭은 길거리에 매우 많지만 요금을 높게 부르기 때문에 흥정이 필요하다.

### Step 2  탑승 수속

항공사의 카운터로 가서 탑승 수속을 밟는다. 공항이 작기 때문에 자신의 항공사 카운터를 찾는 것은 어렵지 않다.

### Step 3  보안 검색 및 출국 심사

비엔티안 국제공항은 출국 심사대 Passport Control이 2층에 있다. 간단하게 여권과 항공권을 검사한 후 출국 심사를 받는다. 심사가 끝나면 기내에 들고 탈 짐을 검색대에 올려 검사를 받는다.

**CHECK** 출국 심사 때 가장 많이 문제가 되는 경우가, **출국 카드를 잃어버린 경우**이다. 처리에 시간이 걸리므로 여행 중 절대 분실하는 일이 없도록 한다. 분실했을 경우 출국 심사대에 줄을 서기 전에 주변의 직원에게 문의한다.

### Step 4  비행기 탑승하기

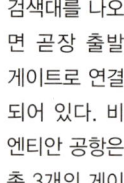

검색대를 나오면 곧장 출발 게이트로 연결되어 있다. 비엔티안 공항은 총 3개의 게이트 밖에 없기 때문에 항공기가 함께 출발할 경우 매우 혼잡하다. 게이트 앞에는 카페와 면세점, 화장실이 있다. 면세점은 라오스 커피와 말린 과일, 비어라오 등 마지막으로 기념품을 살 수 있는 곳이다. 단, 시내 마트에 비해서 가격이 2배 이상 비싼 품목이 많다.

### Step 5  귀국하기

공항에 도착하기 전에 세관 신고서와 건강상태 질문서를 작성한다. 두 문서 모두 허위로 작성한 것이 발견되었을 때 처벌이나 벌금이 있을 수 있으므로 솔직하게 작성하도록 한다.

건강 상태 질문서

# 라오스에 대한 기본 상식

### 라오스는?
인도차이나 반도에 위치한 동남아시아 국가로, 바다가 없는 내륙 국가이다. 동쪽으로는 베트남, 서쪽으로는 태국, 남쪽으로는 캄보디아, 북쪽으로는 중국과 국경을 마주하고 있다. 정식 국가 명칭은 라오스 인민 민주 공화국 Lao People's Democratic Republic이다.

### 수도는?
비엔티안 Vientiane, 라오스어로는 위앙짠이라고 부른다.

### 크기는?
약 236,800km²로 대한민국의 약 2.2배 크기다. 수도 비엔티안을 포함한 1개의 도와 17개의 주로 나뉘어져 있다.

### 인구는?
2017년 기준 680만 명 정도로 추산된다. 약 48개 민족으로 구성되어 있으며, 그 중 지배 족은 인구의 55%를 차지하는 라오족이다. 크무족, 몽족 등 다양한 소수민족들이 있는 것이 특징이다.

### 언어는?
공용어는 라오어다. 프랑스의 지배로 인해 일부는 프랑스어를 사용할 수 있으며, 방송의 영향으로 태국어도 통용된다. 소수민족들은 각기 다른 고유의 민족 언어를 사용한다.

### 종교는?
70% 이상의 인구가 소승 불교를 믿는다.

### 경제는?
1인당 명목 GDP 약 2,000달러 정도의 후진국이다. 광업과 농업이 큰 비중을 차지하고 있으며 관광업이 빠르게 성장하고 있다.

### 통화는?
라오스 킵(Kip), 공식적으로는 LAK이라고 표기한다. 미국 달러화와 태국 바트화도 통용된다. 2018년 7월 기준 10,000K이 약 1,340원 정도

### 비자는?
한국 여권 소지자는 30일 동안 무비자로 입국할 수 있다(2018년 9월 1일부터 시행). 단, 여권 유효기간이 입국 시점을 기준으로 6개월 이상 남아 있어야 한다.

### 시차는?
한국과는 2시간 차이가 난다. 한국이 10:00일 때 라오스는 2시간이 빠른 08:00이다.

### 전압은?
우리나라와 비슷한 230V, 50hz로, 한국에서 가져간 플러그를 그대로 사용할 수 있다.

### 전화는?
국가번호 +856. 현지 심카드를 구입해서 데이터와 통화 모두 사용할 수 있다.

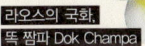
라오스의 국화, 똑 짬파 Dok Champa

비엔티안
방비엥
루앙 프라방

PART 4

# 라오스 가이드

LAOS GUIDE

CITY
**1**

라오스의 수도
# 비엔티안

VIENTIANE

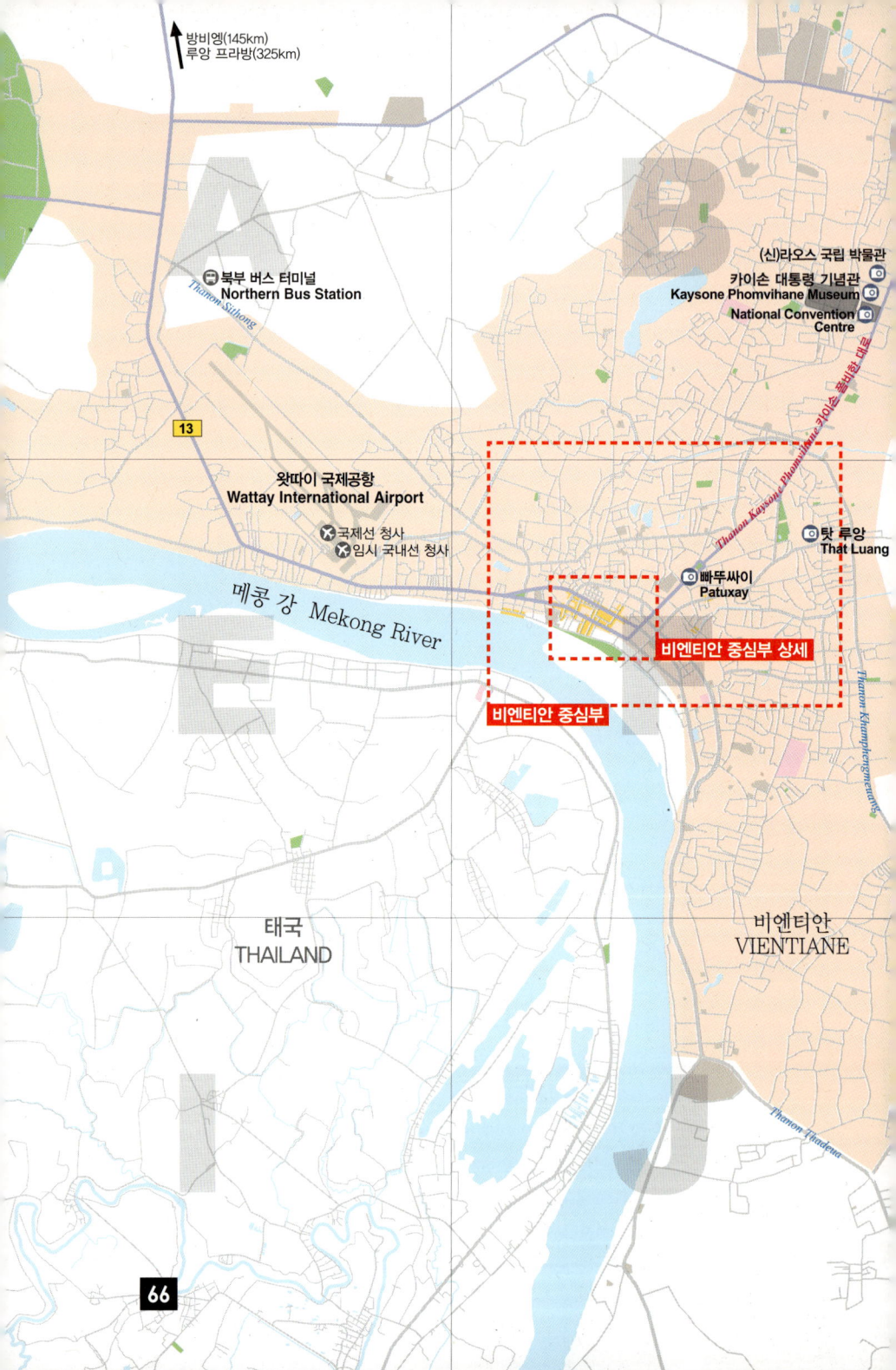

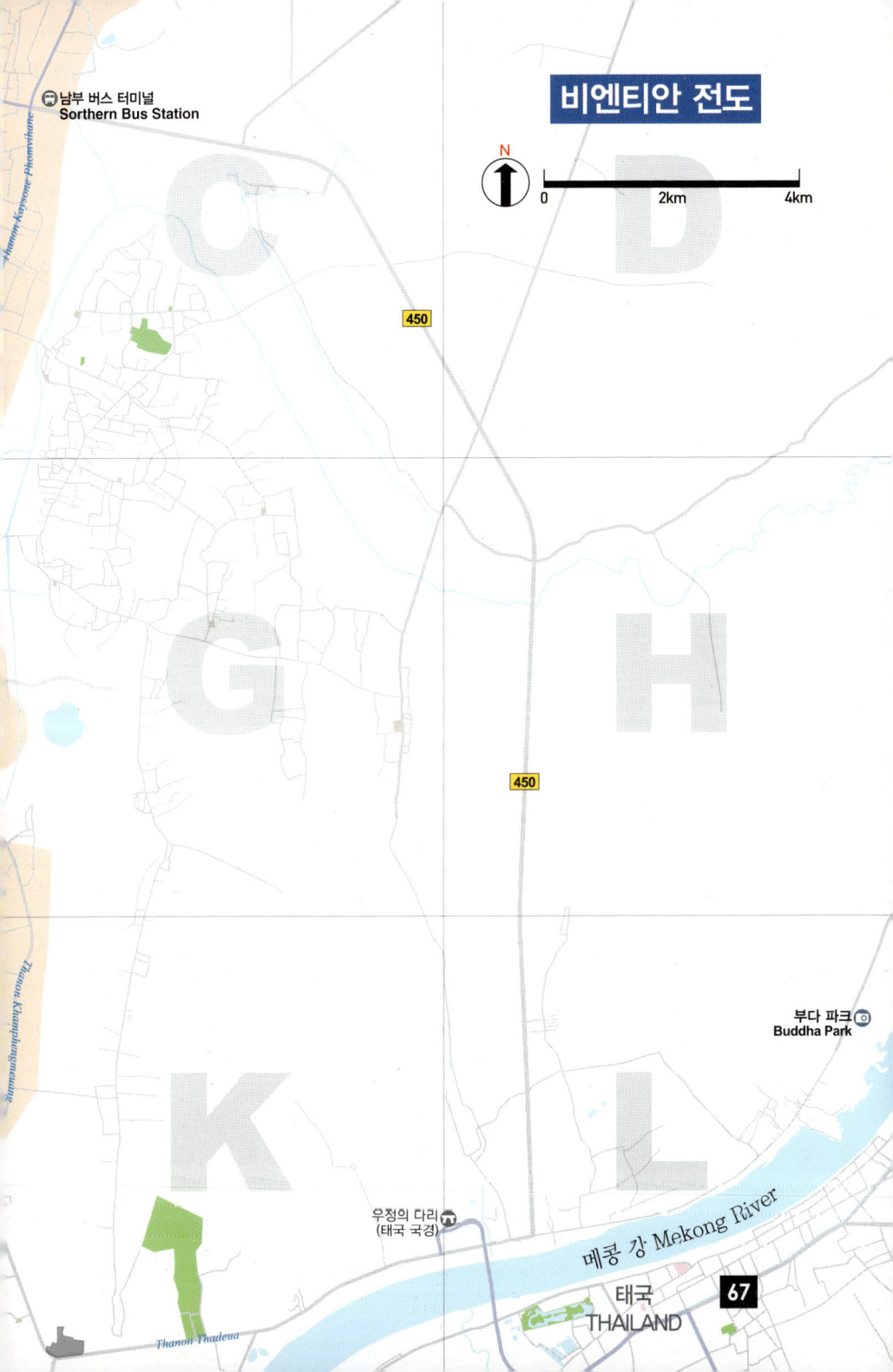

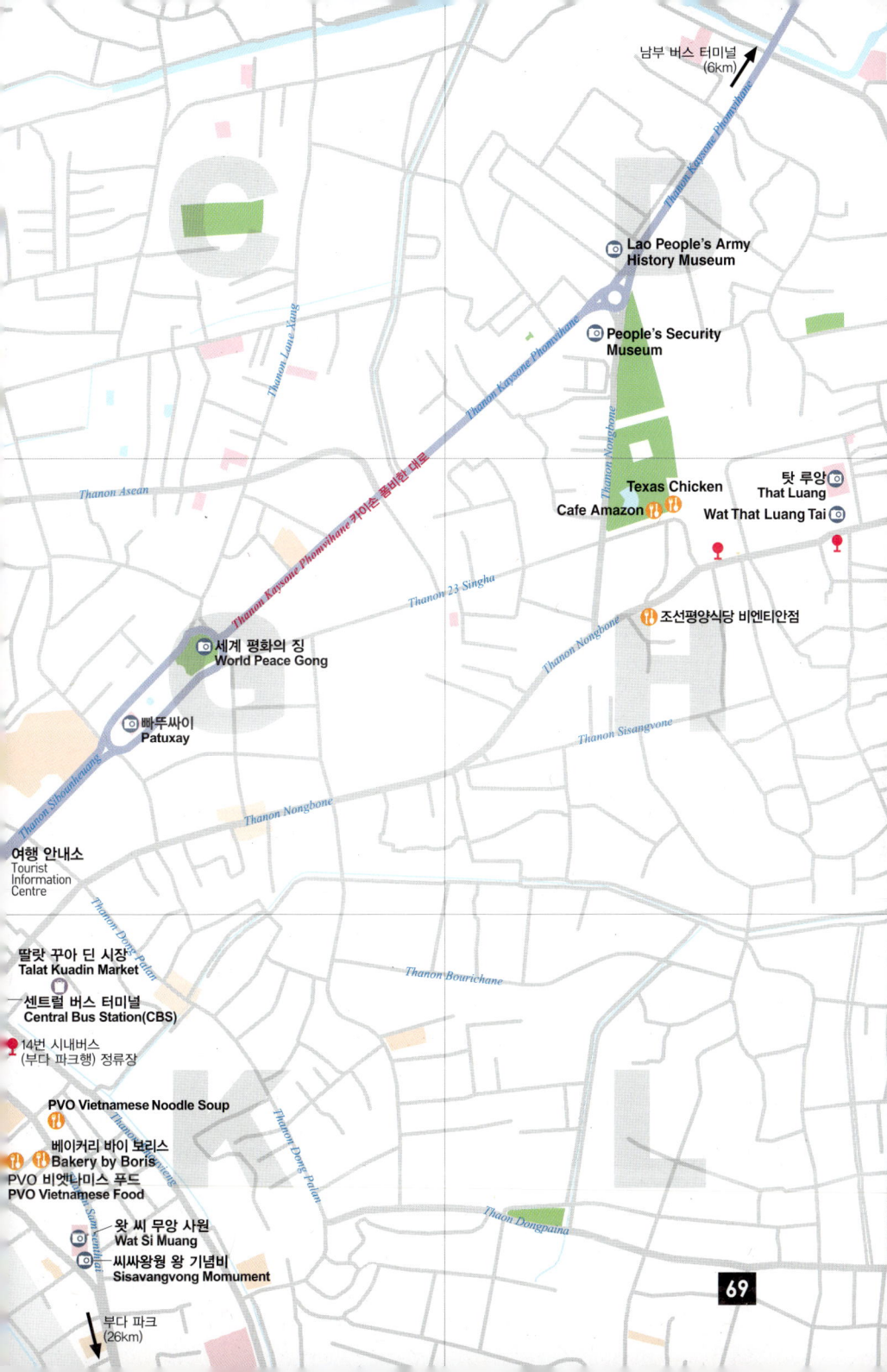

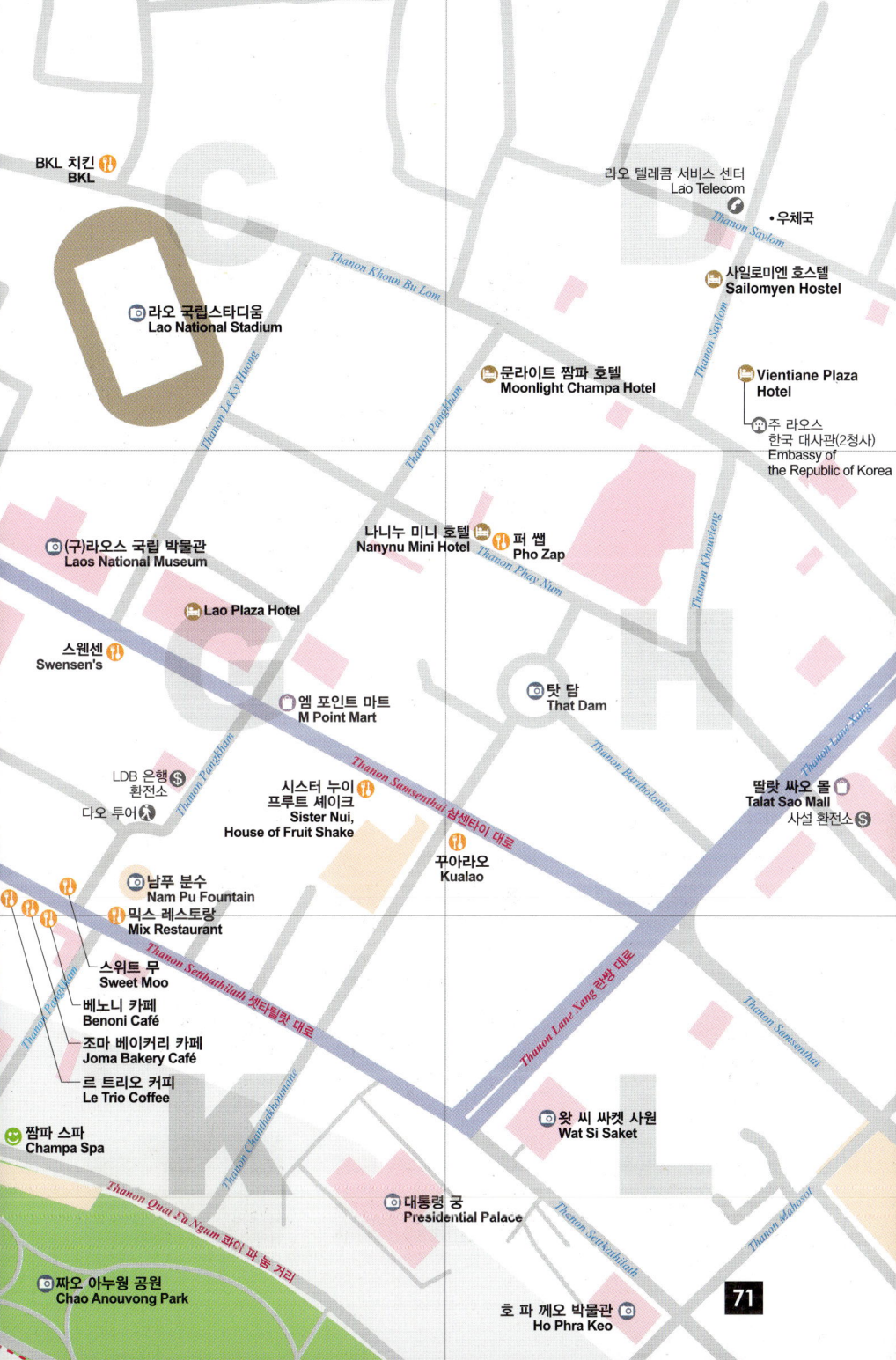

# 01 비엔티안은 어떤 곳일까?
## ABOUT VIENTIANE

**작지만 우아한 라오스의 수도**

전 세계 수도 중에서 가장 조용하고 한적하다고 느낄 만큼 작은 규모로 라오스 최대의 도시임에도 인구는 80만 명이 채 되지 않는다. 메콩 강을 사이에 두고 태국과 국경을 마주하고 있으며, 과거 태국에 점령당했던 아픈 기억도 가지고 있다. 비엔티안이라는 명칭 역시 '**위앙짠('달의 도시'라는 뜻)**'이라는 본래 이름이 프랑스의 통치 기간 동안 프랑스식으로 표기하는 과정에서 변질된 것이다.

넓은 대로에 늠름하게 서 있는 개선문과 라오스에서 제일 거대한 황금빛 불탑은 오직 수도인 비엔티안에서만 볼 수 있는 볼거리다. 또한, 비엔티안의 박물관에서는 사회주의 국가로서의 라오스의 일면도 구경할 수 있다. 여행을 끝내고 나면 메콩 강변으로 떨어지는 아름다운 일몰과 함께 활기차게 살아가는 비엔티안 사람들의 모습이 내내 기억에 남을 것이다.

## 비엔티안 BEST

### BEST TO SEE

빠뚜싸이 ▶p.88

탓 루앙 ▶p.90

부다 파크 ▶p.98

### BEST TO ENJOY

메콩 강변 석양 ▶p.93

기념품 쇼핑 ▶p.118

저렴한 마사지 ▶p.116

### BEST TO EAT

도가니 국수 ▶p.104

라오스 커피 ▶p.112

생과일 셰이크 ▶p.111

# 02 비엔티안 가는 방법
## HOW TO GO

라오스의 수도인 비엔티안은 한국에서 라오스로 들어가는 관문이다. 방비엥에서는 버스와 미니밴으로 이동할 수 있으며, 거리가 먼 루앙 프라방에서는 국내선 항공편을 이용하는 것이 가장 빠르다.
※ 교통 정보는 운영사의 사정에 따라 변경될 수 있습니다.

### 인천, 부산에서 가기

라오항공, 티웨이항공, 진에어, 제주항공이 인천 출발 비엔티안 도착 직항 노선을 운영한다. 비행시간은 5시간 30분 정도 소요된다. 라오항공과 에어부산은 부산에서 출발하는 노선도 있다.

**CHECK** 인천국제공항에서 티웨이항공이나 제주항공, 진에어를 이용할 경우 오후에 출발해 밤에 도착한다. 특히, 저가 항공사들은 연착이 잦은 편이므로 밤늦은 시간에 도착할 가능성을 염두에 둘 것.

**인천 ➡ 비엔티안 항공편 정보**

| 항공편 | 요금(왕복 기준) | 운항 편수 | 무료 위탁수하물 |
| --- | --- | --- | --- |
| 라오항공 | 45만 원~ | 1일 1회(월, 화, 목, 금, 토 10:40) | 20kg |
| 티웨이항공 | 35만 원~ | 1일 1회(매일 17:30) | 15kg |
| 진에어 | 30만 원~ | 1일 1회(매일 19:40) | 15kg |
| 제주항공 | 35만 원~ | 1회(매일 19:45) | 15kg |

**부산 ➡ 비엔티안 항공편 정보**

| 항공편 | 요금(왕복 기준) | 운항 편수 | 무료 위탁 수하물 |
| --- | --- | --- | --- |
| 라오항공 | 45만 원~ | 1일 1회(화, 목, 토 08:30) | 20kg |
| 에어부산 | 35만 원~ | 1일 1회(일, 월, 수, 목, 금, 토 09:05) | 15kg |

※저가항공사 특가 운임의 경우 무료 위탁 수하물이 없을 수 있다.

### TIP 주변 국가에서 비엔티안으로 가기

비엔티안은 라오스의 수도인 만큼 동남아시아의 주변 국가들과 항공 노선으로 원활하게 연결된다. 특히, 방콕과 쿠알라룸푸르는 저가 항공사인 에어아시아를 이용하면 편도 5~6만 원 정도로 항공권을 구할 수 있다.

**각 도시별 운항사**
- 태국 방콕 | 라오항공, 에어아시아
- 베트남 하노이 | 라오항공, 베트남항공
- 캄보디아 프놈펜 | 라오항공, 베트남항공
- 말레이시아 쿠알라룸푸르 | 에어아시아

## 방비엥에서 가기

비엔티안은 방비엥에서 남쪽으로 160km 정도 떨어져 있다. 방비엥에서 출발하는 미니밴과 에어컨이 있는 VIP 버스를 이용할 수 있는데, 이동하는 도로의 절반가량은 구불구불한 산악도로다. 휴게소에 한 번 들러 쉬는 시간을 포함해 4시간 정도 소요되며, 티켓은 방비엥의 여행사나 숙소에서 구입할 수 있다. 미니밴은 숙소까지 직접 픽업을 오며, VIP 버스는 버스 터미널까지 뚝뚝으로 픽업 서비스를 제공한다.

방비엥에서 출발하는 미니버스

**CHECK** 티켓을 구입할 때는 물론 운전기사에게도 **비엔티안의 도착 장소를 다시 한 번 확인할 것**. 방비엥에서 출발하는 미니밴과 버스 대부분이 비엔티안의 여행자 거리와 가까운 라오 국립 스타디움 근처 도로에 내려준다. 하지만, 일부 버스는 북부 버스 터미널로 도착하며, 이럴 경우 뚝뚝을 타고 여행자 거리까지 와야 한다. 뚝뚝 비용은 20,000K~

### 방비엥 ➡ 비엔티안 교통편 정보

| 교통편 | 요금(편도 기준) | 운행 편수 | 소요시간 |
|---|---|---|---|
| 미니밴 & 미니버스 | 40,000K~ | 1일 2회(09:00, 13:00) | 4시간 |
| VIP 버스 | 40,000K~ | 1일 2회(10:00, 13:30) | 4시간 30분 |

## 루앙 프라방에서 가기

국내선 항공편을 이용하는 것이 가장 빠르다. 라오항공과 라오 스카이웨이, 2개 항공사가 운항하며, 50분 정도 소요된다. 미니밴이나 버스를 타면 산악 도로를 이용해 9시간 이상 걸린다. 미니밴과 버스 티켓은 루앙 프라방의 여행사와 숙소에서 구입할 수 있다. 루앙 프라방 시내 남쪽의 남부 버스 터미널이나 미니밴 전용 터미널까지 뚝뚝으로 픽업해준다.

라오항공 국내선

**CHECK** 누워서 갈 수 있는 야간버스도 있지만, 시간이 더 걸릴 뿐만 아니라 우기에는 사고 위험 때문에 추천하지 않는다.

### 루앙 프라방 ➡ 비엔티안 교통편 정보

| 교통편 | 요금(편도 기준) | 운행 편수 | 소요시간 |
|---|---|---|---|
| 라오항공 | 103달러 | 1일 3~4회 | 45분 |
| 라오 스카이웨이 | 399,000K~ | 1일 1회(13:30) | 50분 |
| 미니밴 | 170,000K~ | 1일 3회(07:30, 08:30, 17:00) | 8시간~ |
| VIP 버스 | 115,000K~ | 1일 9회(07:00~19:30) | 9시간~ |
| 야간버스 | 150,000K~ | 1일 2회(20:00, 20:30) | 10시간~ |

## 왓따이 국제공항 Wattay International Airport

왓따이 국제공항은 라오스를 대표하는 비엔티안의 국제공항이다. 우리나라를 비롯해 인근 국가인 태국, 베트남, 캄보디아, 중국 등과 연결하는 항공편이 있다. 국제공항이지만 공항 청사가 크지는 않다. 입국장과 출

국제선 청사

임시 국내선 청사

국장이 모두 1층에 있으며 건물 밖 통로로 연결되어 있다. 입국장을 빠져 나오자마자 정면에 출구가 보이고, 그 왼쪽으로 유심 판매대와 택시 쿠폰 카운터가 있다.

**CHECK** 국내선은 국제선 건물 옆의 임시 청사를 사용하고 있다. 국제선 건물과는 도보 1분 거리에 있다.

● 왓따이 국제공항 Wattay International Airport

공항 코드 VTE  지도 p.66ⓔ  주소 Thanon Setthathilath  전화 020-5560-8955  홈피 www.vientianeairport.com

● 시내 들어가기

비엔티안 공항은 여행자 숙소가 모여 있는 시내 중심가에서 4km 정도 떨어져 있다. 공항택시를 타는 것이 가장 빠르고 편리하다. 출구 옆 택시 카운터에서 쿠폰을

공항택시

택시 카운터

끊어서 이용하며, 시내에 있는 호텔 이름을 말하면 바로 데려다 준다. 비용은 시내 중심가의 경우 4인승 승용차는 7달러 혹은 57,000K, 5인 이상 탈 수 있는 밴은 8달러 혹은 66,000K. 쿠폰을 끊은 다음 기사와 함께 대기 중인 택시를 타면 된다. 한국 비행기가 도착하는 심야에도 이용 가능하다.

공항 셔틀버스를 타는 것도 저렴하게 시내로 이동할 수 있는 방법이다. 입국장 건물 밖으로 나간 후 왼편 출국장 방향으로 걸어가면 버스 정류장이 보인다. 공항과 시내 중심의 센트럴 버스 터미널(CBS, 딸랏 싸오 버스 터미널) 사이를 왕복하는데, 시내 대부분의 숙소가 셔틀버스 정류장에서 가까운 편이라 이동하기 편리하다.

공항 셔틀버스 노선 왓따이 국제공항 → 셋타틸랏 대로 → 센트럴 버스 터미널(CBS, 딸랏 싸오 버스 터미널) → 삼센타이 대로 → 왓따이 국제공항 운영 공항 출발 09:00~22:30, 약 35~40분 간격, 시내까지 약 20분 소요 요금 15,000 K 혹은 2달러 홈피 www.vientianebus.org.la

공항 버스

**TIP** 공항 셔틀버스 노선·정류장 위치 확인

인터넷을 통해 공항 셔틀버스 노선과 정류장 위치를 확인할 수 있다.
❶ 휴대폰의 웹브라우저를 이용해 다음 주소로 접속. Lao.busnavi.asia
❷ 우측 상단에서 English 탭 누르기
❸ 상단 버스 선택 메뉴에서 CBS-AIRPORT SHUTTLE(WATTAY INTERNATIONAL AIRPORT) 선택

## ⊕ ZOOM IN

### 왓따이 국제공항의 주요 시설

#### 📍 은행 & 환전소

국제 청사 1층, 출국장과 입국장 안에 3개의 은행 및 환전소가 있다. 환율은 시내의 은행과 크게 차이가 없다. 운영 시간은 09:00~20:30. 은행 옆에는 국제 현금카드를 사용할 수 있는 ATM도 있다. ATM는 24시간 운영하며 인출 시 20,000K~50,000K의 출금 수수료를 부과한다. **CHECK** 녹색 부스의 Phongsavanh 은행에서 남은 라오스 돈을 달러로 환전할 수 있다.

#### 📍 심카드 판매소

라오스의 통신회사인 라오 텔레콤과 유니텔에서 운영한다. 택시 카운터 옆에 있는 유니텔 판매대는 마지막 비행기가 도착하는 시간까지 문을 연다. 심카드 구입 비용 10,000K, 데이터 충전(1.5기가 데이터, 7일 사용 가능)에 20,000K로 시내 통신사를 방문할 때보다 조금 더 비싸다.

#### 📍 카페

1층에 4개의 카페와 1개의 아이스크림 전문점이 있다.

#### 📍 출국 게이트 앞 기념품 판매점

출국 게이트 앞 대기 장소에 카페와 기념품 판매점이 있다. 비어라오, 커피, 화장품 등의 가격은 시내 마트에 비해 2~3배 비싸다.

---

**TIP 출국 전 라오스 돈 환전하기**

출국 전 공항 내 은행에서 라오스 돈을 달러로 다시 환전할 수 있다. 항공사 카운터에서 체크인을 한 후 은행으로 가 여권과 항공권을 제시한다. 출국장의 Phongsavanh 은행은 20:00에 문을 닫으므로 이후에는 도보 3분 거리의 입국장 BCEL 은행을 이용한다.

## 북부 버스 터미널 Northern Bus Station

방비엥, 루앙 프라방 등 비엔티안의 북쪽 도시로 가는 버스들이 출발한다. 또한, 방비엥에서 출발하는 일부 미니밴과 미니버스도 시내가 아닌 이곳에 도착한다. 현지인들은 '**싸이 느아**'라고 부른다. 버스 터미널은 시내 중심에서 북서쪽으로 8Km 정도 떨어져 있다. 여행사들이 두 도시로 가는 미니밴과 미니버스를 직접 운영하기 때문에 최근에는 갈 일이 많지 않다. VIP 버스 티켓을 여행사에서 사는 경우 터미널에서 사는 것보다 조금 비싼 대신 픽업 서비스가 제공된다. 08번 시내버스가 30분 간격으로 시내 중심가와 버스 터미널 사이를 오간다. 요금은 5,000K.

<u>지도</u> p.66Ⓐ <u>위치</u> 시내 중심가에서 북서쪽으로 8km <u>주소</u> Thanon Sithong

## 남부 버스 터미널 Southern Bus Station

현지인들은 '**싸이 따이**'라고 부른다. 팍세, 시판돈 등 비엔티안의 남쪽 도시로 가는 버스가 출발한다. 베트남 하노이나 다낭으로 가는 버스도 있다. 이름은 남부 버스 터미널이지만 시내 중심에서 북쪽으로 10km 정도 떨어진 곳에 있다. 29번 시내버스가 약 30분 간격으로 시내 중심가와 버스 터미널 사이를 오간다. 요금은 3,000K.

<u>지도</u> p.67Ⓒ <u>위치</u> 시내 중심가에서 북쪽으로 10km <u>전화</u> 021-740-522

# 03 비엔티안 시내 교통
## CITY TRANSPORT

여행자들의 관심사와 볼거리들은 대부분 메콩 강변 근처의 대통령 궁 주변에 모여 있다. 시내를 다닐 수 있는 교통수단이 다양한데 각자 장단점이 명확하다. 이동 목적에 따라서 다른 교통수단을 이용하는 것이 좋다.

### 시내버스 BUS

노선이 많지는 않지만 비엔티안 도심을 다니는 시내버스가 있다. 일본 구호단체 JICA가 지원한 에어컨 버스를 사용한다. 여행자들은 주로 부다 파크(p.98)나 태국 국경을 오갈 때 이용한다. 버스 정류장이 아니더라도 손을 흔들어 세울 수 있고, 원하는 곳에서 내릴 수 있다. 요금은 버스 기사나 차장에게 직접 낸다. 딸랏 싸오 쇼핑몰 뒤편에 있는 센트럴 버스 터미널(일명 딸랏 싸오 버스 터미널)이 종점이자 출발점이다.

**주의** 버스 번호는 차량 앞 유리창에만 붙어 있으며, 차량 옆이나 뒷면의 숫자는 버스 번호가 아니다. 가끔 번호 없이 라오스어로 목적지만 적어둔 버스도 있으니 주의하도록 하자.

### TIP 시내버스 위치 확인하는 법

인터넷을 통해 시내버스 위치를 실시간으로 확인할 수 있다. 번호 별로 다른 색깔을 사용한 버스 노선이 구글 지도 위에 그려져 있고, 그 위에 현재 버스 위치가 표시된다. 다음 주소로 접속하거나, 어플리케이션을 다운받는다

**홈피** Lao.busnavi.asia

**어플리케이션** Lao Bus Navi

시내버스는 실시간으로 위치를 알 수 있다.

### 시내버스 운행 정보

| 버스 번호 | 목적지 | 운행 시간 | 요금 |
|---|---|---|---|
| 14번 | 우정의 다리(태국 국경), 부다파크 | 05:50~24:00(15분 간격) | 8,000K |
| 20번, Lao ITECC-CBS | 탓 루앙 | 06:00~17:20(30~40분 간격) | 4,000K |
| 29번 | 빠뚜싸이, 카이손 기념관, 남부 버스 터미널 | 06:30~18:00(15~20분 간격) | 3,000K |
| 08번 | 북부 버스 터미널 | 06:00~17:00(30분 간격) | 5,000K |
| 공항 셔틀버스 | 왓따이 국제공항 | 07:55~21:40(40분 간격) | 15,000K |

● **센트럴 버스 터미널(딸랏 싸오 버스 터미널)**
**Central Bus Station(CBS)**

비엔티안의 모든 시내버스와 태국으로 가는 국제 버스가 함께 사용한다. 딸랏 싸오 쇼핑몰 근처에 있으며, 일명 딸랏 싸오 버스 터미널이라고 부른다.
**CHECK** 버스가 출발하는 정류장은 버스 번호에 따라서 터미널 건물 앞이나 터미널 건너편 골목에 나뉘어 배치되어 있다. 특히, **부다 파크행 14번 버스는 터미널 건너편의 골목 안쪽(지도 p.69Ⓚ)에서 출발**한다.

지도 p.68Ⓙ 위치 남푸 분수에서 도보 12분 주소 Thanon Khouvieng

### 뚝뚝 TUK TUK

오토바이를 개조한 소형 이동수단이다. 택시가 거의 없는 비엔티안에서 자주 이용하게 된다. 숙소 주변, 골목 모퉁이마다 몇 대씩 대기하고 있다. 비엔티안의 볼거리와 공항, 터미널 등으로 가는 요금표를 가지고 있지만, 외국인 전용으로 부풀려진 가격이다. 타기 전에 흥정을 해야 하는데, 기사가 제시한 요금의 절반 정도에서 흥정을 시작하는 것이 좋다. 여행자를 기다리고 있는 뚝뚝보다는 지나가는 뚝뚝을 잡는 게 더 유리하지만, 장소에 따라서 잡기가 쉽지 않은 곳도 있다.

### 쏭태우 SONGTHAEW

트럭을 개조한 교통수단이다. 주로 일반 시민들이 버스나 택시 대신 이용하는데, 지나가는 쏭태우를 손을 흔들어 세우고 목적지에 따라서 요금을 낸다. 단, 목적지가 쓰여 있지 않거나 라오스어로 되어 있고 영어도 잘 통하지 않아서, 라오스에 처음 온 여행자가 이용하기는 힘들다.

### 자전거 & 오토바이 대여

비엔티안은 방비엥과 루앙 프라방에 비해서 도로에 교통량이 많은 편이다. 도로 사정에 익숙하지 않은 여행자가 자전거와 오토바이를 타기는 쉽지 않다. 그래도 근거리를 이동할 목적이라면 가격이 저렴한 자전거를 추천한다. 전문 대여점과 숙소에서 대여할 수 있다. 자전거는 1일 10,000K, 오토바이는 70,000K.

# 04 비엔티안 실용 정보
## USEFUL INFORMATION

**여행안내소** Tourist Information Center

친절한 직원들이 필요한 여행정보를 잘 알려주고, 여행사처럼 다른 도시로 가는 버스표 예매도 할 수 있다. 넓은 실내 공간에 에어컨이 잘 나와서 시원하다. 비엔티안뿐만 아니라 방비엥, 루앙 프라방, 팍세까지 그려진 한국어 지도를 받을 수 있다. 빠뚜싸이와 탈랏 사오 몰 사이에 있으며 시내 중심에서 조금 떨어져 있다.

<u>지도</u> p.68Ⓕ <u>위치</u> 남푸 분수에서 도보 12분 <u>오픈</u> 월~금 08:30~12:00, 13:30~16:00 <u>주소</u> Thanon Lan Xang <u>휴무</u> 토, 일요일 <u>전화</u> 021-212-251

**심카드**

통신회사 라오 텔레콤과 유니텔에서 데이터를 사용할 수 있는 심카드를 판매한다. 비엔티안 공항에서 편하게 살 수 있지만 가격은 가장 비싸다. 시내 휴대폰 매장이나 통신사 서비스 센터에서 구입할 경우 요금은 심카드 10,000K, 데이터 충전 10,000K(1.5기가 데이터, 7일 사용 가능) 정도다.

● **라오 텔레콤 서비스 센터** Lao Telecom Service Center

<u>지도</u> p.71Ⓓ <u>위치</u> 남푸 분수에서 도보 13분 <u>주소</u> Tahnon Saylom <u>오픈</u> 월~금 08:00~17:00, 토 08:00~15:00 <u>휴무</u> 일요일 <u>전화</u> 020-5672-4679 <u>홈피</u> www.laotel.com

**은행 & 환전**

수도의 중심부인 만큼 은행이 많다. 일부 은행은 건물 외부에 따로 환전소를 두고 있어서 이를 이용하는 것이 편리하다(은행 내부에서 환전하면 환전 증명서에 본인의 인적사항을 적어야 한다). LDB 은행 환전소(지도 p.70Ⓕ, p.71Ⓖ)가 편리한 위치에 있다. 은행 환전소는 월~금 08:30~17:00, 토·일 08:00~16:00까지 운영한다.

<u>주의</u> 건물 외부 환전소에서 환전할 경우 주위를 항상 살피고, 특히, 오토바이 날치기에 주의한다.

**ATM**

국제 현금카드를 사용할 수 있는 ATM이 시내 곳곳에 있다. 단, 은행마다 수수료 차이가 있다. BCEL 은행 ATM의 경우 최대 1,500,000K까지 인출 가능하고 수수료는 1회 20,000K이다.

> **TIP 환율 좋은 환전소**
>
> 여행안내소 옆 환전소(지도 p.68Ⓕ)와 딸랏 싸오 몰 주차장 건물 1층 안쪽의 환전소(지도 p.71Ⓗ)가 은행보다 환율이 조금 더 좋다. 16:00까지 운영.

### 엠 포인트 마트 M Point Mart

우리나라의 편의점과 비슷한 가게. 음료, 과자, 생필품을 정가로 판매하며, 시내 곳곳에서 발견할 수 있다. 심카드 데이터가 부족할 때 필요한 충전 쿠폰도 판매한다.

오픈 06:00~24:00

### 주 라오스 한국 대사관 Embassy of the Republic of Korea

비엔티안에 2개의 청사가 있으며, 여권, 사증, 사건사고 관련은 제2청사에 있는 영사과에서 담당한다. 비엔티안 플라자 호텔 7층에 있다.

● 제2청사

지도 p.71ⓓ 위치 남푸 분수에서 도보 11분 주소 Vientiane Plaza Hotel 7F, Sailom Road, Ban Hatsady Neua, Chanthabouly District 오픈 월~금 08:30~12:00, 14:00~17:00 전화 021-255-770~1(긴급 연락처 020-5552-7765) 홈피 http://lao.mofa.go.kr

### 여행사

시내 여행사에서 방비엥, 루앙 프라방으로 가는 교통편 및 투어를 예약할 수 있다. 특히, 한국 교민들이 운영하는 여행사들이 있어서 한국어로 편하게 문의할 수 있다.

● 라오스 등대(한인 업체)

무료 짐 보관이 가능하며, 항공권, 버스 및 방비엥 투어를 예약할 수 있다. 자체 숙소도 운영한다.

지도 p.70ⓔ 위치 남푸 분수에서 도보 8분 주소 Thanon Inpeng 카카오톡/라인 아이디 lhatlao 홈피 cafe.naver.com/lighthouseatlaos

● 폰 트래블(한인 업체) Phone Travel

방비엥에도 사무실이 있는 한국 여행사이다. 14년의 역사를 가지고 있으며 방비엥의 블루 라군 3와 짚라인을 직접 운영한다.

지도 p.70ⓕ 위치 남푸 분수에서 도보 10분 주소 Thanon Chao Anou 오픈 월~금 09:00~17:00, 토 09:00~12:00 전화 021-244-386 홈피 www.laokim.com

● 쏫 짜이 트래블 Sout Chai Travel

방비엥과 루앙 프라방으로 가는 미니밴과 미니버스를 직접 운영한다. 시내 숙소에서 미니밴을 예약하면 이 회사 버스를 타게 될 확률이 높다. 방비엥 중심가에도 사무실이 있다.

지도 p.70ⓙ 위치 남푸 분수에서 도보 6분 주소 Thanon Nokeokoummane 전화 021-254-512 홈피 soutchaitravel.com

# 05 비엔티안 이렇게 여행하자

TRAVEL COURSE

**여행 방법**

여행자들이 큰 기대를 하지 않지만 라오스의 수도인 만큼 멋진 건축물들이 많다. 하나씩 인증샷을 남긴다는 마음으로 여유를 가지고 둘러보자. 부다 파크를 포함한 볼거리를 모두 보려면 하루 일정으로는 부족하다.

**TIP 오전에는 관광을, 오후에는 여유를**

조금이나마 시원한 오전에는 걷고, 더운 한낮에는 뚝뚝과 시내버스를 적극적으로 이용한다. 중간 중간에 에어컨이 있는 카페에서 쉬고, 비엔티안에서만 맛볼 수 있는 싸고 맛있는 생과일 셰이크도 많이 먹어두자.

- 6 탓 루앙
- 5 빠뚜싸이
- 6 홈 아이디얼 슈퍼마켓
- 7 위양싸완
- 9 도가니 국수 가게
- 4 퍼 쌉
- 7 시스터 누이 프루트 셰이크
- 르 트리오 커피
- 1 남푸 분수
- 5
- 8 짬파 스파
- 1 센트럴 버스 터미널
- 2 왓 씨 싸켓 사원
- 8 메콩 강변
- 3 호 파 께오 박물관
- 3 PVO 비엣나미스 푸드
- 4 왓 씨 무앙 사원
- 2 부다 파크 26km

# 추천 코스

 **1일 시내와 메콩 강변**
시내의 사원과 볼거리를 보는 코스

**1 남푸 분수** → 도보 5분 → **2 왓 씨 싸켓 사원** → 도보 1분 → **3 호 파 께오 박물관**

↓ 도보 10분

**6 탓 루앙** ← 뚝뚝 10분 ← **5 빠뚜싸이** ← 도보 15분 또는 뚝뚝 5분 ← **4 퍼 쌥** 쌀국수

↓ 뚝뚝 15분

**7 시스터 누이 프루트 셰이크** 생과일 셰이크 → 도보 5분 → **8 메콩 강변** → 도보 7분 → **9 도가니 국수 가게** 도가니 국수

**TIP 빠뚜싸이 + 탓 루앙**

빠뚜싸이와 탓 루앙을 하나로 묶어서 뚝뚝을 대절하면 편리하다. 하나씩 나눠서 본다면, 빠뚜싸이는 도보로 충분히 다녀 올 수 있고, 탓 루앙은 센트럴 버스 터미널(딸랏 싸오 터미널)에서 시내버스를 타고 다녀온다.

## 2일 부다 파크와 쇼핑
부다 파크와 함께 쇼핑과 휴식을 즐기는 코스

1 센트럴 버스 터미널 → 시내버스 50분 → 2 부다 파크 → 시내버스 50분+도보 7분 → 3 PVO 비엣나미스 푸드 — 반 미 샌드위치 ↓ 도보 3분

6 홈 아이디얼 슈퍼마켓 ← 도보 10분 ← 5 르 트리오 커피 — 라오스 커피 ← 도보 15분 ← 4 왓 씨 무앙 사원

↓ 도보 1분

7 위앙싸완 — 넴 느엉

↓ 도보 5분

8 짬파 스파

**TIP 부다 파크에서 점심을**
아침에 부다 파크로 늦게 출발했으면 부다 파크 안의 레스토랑에서 점심식사를 해도 좋다. 시원하게 펼쳐진 논을 볼 수 있는 정자가 있다.

# SPECIAL

여행자들의 나침반
## 비엔티안의 랜드 마크

난생 처음 와본 라오스의 수도 비엔티안, 공항에 내려서 시내로 들어가면 어디가 어딘지 몰라 헤맬까 걱정부터 된다. 구글 지도를 들여다보며 찾는 것도 좋지만, 몇 개의 주요 건물들을 알아두면 스마트폰 없이도 시내를 다니는 게 두렵지 않다. 걷다 보면 몇 번이고 마주치게 될 비엔티안 거리의 랜드 마크를 알아보자.

 **남푸 분수** Nam Pu Fountain

**지도** p.71ⓒ **위치** 쎗타틸랏 거리, 믹스 레스토랑 뒤편 **주소** Thanon Setthathilath

시내 중심에 있는 분수다. 분수 주변에 여행자용 숙소와 비엔티안을 대표하는 카페, ATM 등이 있다. 뚝뚝 기사들이 영어를 잘 못하거나 호텔 이름을 모르더라도, '남푸'라고 하면 알아듣는다. 낮에 보면 볼품 없지만, 밤에는 알록달록한 조명이 켜지고 분수 앞에서 라이브 공연도 열린다.
**CHECK** 분수 주위를 믹스 레스토랑이 둘러싸고 있어서 도로 쪽에서는 분수가 잘 안 보인다.

**(구)라오스 국립박물관** Laos National Museum

**지도** p.71ⓒ **위치** 남푸 분수에서 도보 6분 **주소** Thanon Samsenthai **전화** 021-212-461

프랑스 식민지 시대에 건설되어 1945년 독립군이 사용하던 건물로 현재는 유럽풍 건축물의 흔적을 발견하기 힘들 정도로 낡았다. 라오스 국립박물관으로 운영되다가 박물관이 구시가 바깥쪽에 새 건물로 옮기면서 현재 이곳은 문을 닫았다. 하지만 여행사 미니버스 출발지와 공항 셔틀버스 정류장이 건물 앞에 있어 비엔티안에 도착하는 순간부터 자주 마주치게 된다.

# LAND MARK

##  라오스 국립 문화회관 Laos National Culture Hall

지도 p.70Ⓕ 위치 남푸 분수에서 도보 7분 주소 Thanon Nokeokoummane

(구)국립 박물관 맞은편 건물로 라오스의 사원을 닮은 지붕과 황금색 장식 덕분에 시내에서 가장 돋보이는 건물이다. 전통 공연과 콘서트 등 예술문화 행사를 위한 전용 공간으로 서울로 치면 세종문화회관에 해당한다. 단, 여행자들이 볼만한 공연은 거의 없어서 아쉽다.

##  탓 담 That Dam

지도 p.71Ⓗ 위치 남푸 분수에서 도보 6분 주소 Thanon Chantha Koummane 오픈 24시간 요금 무료

종 모양을 닮은 탑은 조용한 주택가 지역 한가운데에 있다. 탑 위로 풀이 자라고 있어서 소박해 보이지만, 도시의 수호신인 머리를 7개 가진 뱀, 나가 Naga가 잠들어 있다는 전설이 어린 탑이다. 원래는 황금으로 덮여 있었는데, 1820년 씨암(현재의 태국)과의 전쟁 때 모두 벗겨갔다고 한다. 현재는 '검은 탑'이라는 뜻의 이름으로 불린다.

## 딸랏 싸오 몰 Talat Sao Mall

지도 p.71Ⓗ 위치 남푸 분수에서 도보 15분 주소 Thanon Lan Xang 오픈 09:00~17:00 전화 021-285-001 홈피 www.talatsaomall.com

| TIP 딸랏 꾸아 딘 시장

현지 시장 구경을 좋아하는 사람이라면 센트럴 버스 터미널 뒤쪽의 딸랏 꾸아 딘 시장 Talat Khua Din을 추천! 채소, 과일, 생선, 고기, 향신료, 잡화, 거리 음식까지 파는 비엔티안에서 가장 큰 재래시장이다. 지도 p.69Ⓚ

딸랏 꾸아 딘 시장 Talat Khua Din

란쌍 대로의 중간, 남쪽의 대통령 궁과 북쪽의 빠뚜싸이 기념탑 사이에 있는 쇼핑몰이다. 쇼핑몰 뒤편에 모든 시내버스들의 종점인 센트럴 버스 터미널이 있다. 뚝뚝과 시내버스 기사에게 '딸랏 싸오'라고 말하면 여기로 올 수 있다. 현지인들이 주로 이용하는 쇼핑몰이라 여행객들이 살 만한 물건은 별로 없다. 입구에 24시간 이용 가능한 ATM이 있으며, 주차장 건물 1층에 사설 환전소가 있다.

## 빠뚜싸이 Patuxai

<u>지도</u> p.69ⓖ <u>위치</u> 남푸 분수에서 도보 20분 <u>주소</u> Thanon Lan Xang <u>오픈</u> 월~금 08:00~16:30, 토·일 08:00~17:00 <u>요금</u> 입장료 3,000K

비엔티안을 수도답게 만들어주는 기념물이다. 란쌍 대로의 한가운데에 높이 솟은 문은 화려하면서도 우아하고 당당해 보인다. 마치 샹젤리제 거리 한가운데 자리 잡고 있는 프랑스 파리의 개선문을 저절로 연상하게 한다. 승리의 문이라는 뜻을 가진 빠뚜싸이는 제2차 세계대전과 프랑스와의 독립 전쟁 때 희생된 라오스 군인들을 기리기 위해 1962년에 세웠다. 정사각형의 건물

옥상 테라스의 전망

을 4개의 기둥이 받치고 있고 그 기둥 사이 네 방향으로 아치형 문이 뚫려 있다. 기둥 사이의 천장에는 힌두교의 신들과 연꽃, 코끼리 모양을 채색 부조로 새겨 놓았다. 그리고 기념비 위쪽에는 5개의 탑을 세워두었는데, 각각 불교의 5원칙(온화함, 정직, 유연성, 명예, 번영)을 상징하고 있다.

한쪽 기둥에 만들어 놓은 계단을 통해 전망대로 올라갈 수 있다. 다만, 바깥에서 보는 화려한 조각과는 정반대로 허름한 시멘트 건물의 속살이 그대로 드러나 있어 조금 당황스러울 수 있다. 기념비 건물 안에 기념품 가게들이 가득히 자리하고 있는 것도 이채롭다. 5층으로 올라가면 바깥으로 뚫린 첫 번째 테라스가 나온다. 테라스에서는 동서남북 사방으로 비엔티안의 경치를 감상할 수 있다. 제일 꼭대기인 7층은 가운데 탑 안쪽의 나선형 계단으로 올라간다. 부처 모양을 한 창살 옆에는 라오스 사람들과 한국 사람들을 비롯해 다양한 국적의 사람들이 남긴 낙서가 그대로 있다.

**CHECK** 빠뚜싸이 주변의 풍경은 다른 국가의 원조로 만들어졌다고 해도 과언이 아니다. 빠뚜싸이 건축은 미국이 지원한 자금과 시멘트로 한 것이고, 탑 아래의 분수는 중국 정부의 지원으로 만든 것이다. 분수 북쪽에는 세계 평화의 징이 있는데, 이것 역시 인도네시아에서 기증 받은 것이다. 세계 각국의 국기가 징 위에 새겨져 있다.

탑 내부에는 기념품 가게들이 있다.

기둥 천장의 부조

세계 평화의 징

## 탓 루앙 That Luang

지도 p.69ⓗ 위치 남푸 분수에서 뚝뚝으로 15분, 시내버스로 10분 주소 Ban Nongbone 오픈 08:00~12:00, 13:00~16:00 요금 입장료 10,000K

빠뚜싸이가 비엔티안을 대표하는 상징물이라면, 탓 루앙은 라오스 전체를 대표하는 종교적인 상징물이다. 약 45m 높이의 탑 전체가 푸른 하늘까지 물들여 버릴 것처럼 황금빛으로 반짝인다. 현재 사용하고 있는 라오스 지폐에서도 그 모습을 볼 수 있다. 부처의 갈비뼈를 모시기 위해 3세기경에 세웠다는 이야기도 있지만, 공식적인 기록으로는 1566년 쎗타틸랏 왕이 건설한 것이다(탓 루앙 앞 광장에 그의 동상이 있다).

원래는 탑 전체가 진짜 황금으로 덮여 있었으나, 버마, 씨암(태국), 중국의 공격을 받는 동안 대부분 파괴되었다. 진짜 황금 대신 황금색 페인트를 칠한 지금의 모습은 1995년에야 재건된 것이다. 비록 진짜 황금으로 만든 탑은 아니지만 가장 찬란했던 시절의 모습을 상상하게 만드는 힘이 있다. 작은 탑들이 호위병처럼 둘러싼 황금빛 탑은 단단한 요새와도 같은 모습이다. 가장 낮은 지면은 지하세계, 기단 부분은 인간계, 그 위 부분은 천상계를 상징하며, 천상계에 해당하는 부분에는 일반인이 들어갈 수 없다. 탑 주위 회랑에는 불상들을 모셔두었다. 불자가 아니더라도 저절로 회랑을 따라 탑을 한 바퀴 돌게 된다. 원래는 탑 주변에 4개의 사원이 있었지만 지금은 북쪽과 남쪽 2개의 사원만 남아 있다.

**CHECK** 11월 중순에 열리는 탓 루앙 축제 때 가장 붐빈다. 참배객들은 꽃을 들고 탑 주위를 돌면서 복을 기원한다.

>  TIP 탓 루앙으로 가는 다양한 방법
>
> 시내버스가 가장 저렴하다. 센트럴 버스 터미널(CBS, 딸랏 싸오 버스 터미널)에서 20번 버스를, 혹은 여행안내소 옆 버스 정류장에서 Lao ITECC-CBS라고 써진 버스를 탄다. 17:20까지 운행하며 요금은 4,000K다. 빠뚜싸이와 묶어서 둘러볼 땐 뚝뚝을 대절하면 편리하다. 왕복 60,000~70,000K 선에서 흥정할 것.

남쪽 사원의 와불

황금빛 요새 같은 모습의 탓 루앙

쎗타틸랏 왕의 동상

# 왓 씨 싸켓 사원 Wat Si Saket

지도 p.71ⓛ 위치 남푸 분수에서 도보 5분 주소 Thanon Setthathilath
오픈 08:00~12:00, 13:00~16:00 요금 입장료 10,000K

불상 박물관을 연상케 하는 회랑

수천 개의 크고 작은 불상들로 유명한 사원이다. 두 개의 석탑을 지나 본당이 있는 안뜰로 들어가면 본당을 둘러싼 회랑을 가득 채운 불상들과 마주하게 된다. 벽면의 작은 구멍인 벽감에 넣은 불상들과 열을 맞춰 세워 놓은 불상들, 본당 안의 불상까지 모두 합하면 7천여 개나 된다. 16세기에서 19세기 사이에 만들어진 불상들은 나무나 돌을 조각한 것에서 청동상까지 모양과 크기가 다양하다. 특히, 불상마다 각기 다른 섬세한 표정에 주목할 것.

안뜰 중앙의 본당은 1818년에 지은 건물이다. 약간 빛바랜 듯한 색상과 복잡하면서도 단아한 지붕의 선에서 오래된 사원만이 가지는 아름다움이 느껴진다. 본당 건물 안에는 큰 좌불상과 두 개의 황동 불상이 있다. 좌우 벽에는 부처의 전생을 그린 오래된 벽화가 그려져 있는데, 중세 시대에 지은 유럽의 교회 벽화처럼 조금씩 복원 작업을 하고 있다. 이곳의 전략적인 위치 때문인지 19세기 초 태국 씨암 왕조가 비엔티안을 점령했을 때는 점령군 본부로 사용하기도 했다. 원래는 사원의 지붕을 사파이어로 장식했다는 이야기도 있는데, 지금은 그 흔적을 찾아볼 수 없다.

> **TIP 대통령 궁**
>
>
>
> 왓 씨 싸켓 사원 길 건너편의 멋진 건물이 대통령궁이다. 서양식 아치와 기둥에 라오스 전통 양식의 지붕이 결합된 건물로 푸른빛을 띤 회색으로 칠해져 있다. 내부로는 들어갈 수 없다.

왓 씨 싸켓 사원은 태국 양식으로 지었기 때문에 태국 점령 당시에 파괴되지 않았다.

**호 파 께오 박물관** Ho Phra Keo

**지도** p.71Ⓛ **위치** 남푸 분수에서 도보 5분 **주소** Thanon Setthathilath **오픈** 08:00~12:00, 13:00~16:00 **요금** 입장료 10,000K

'파 께오'라는 이름의 옥으로 만든 불상을 모시던 왕실 사원이다. 아쉽게도 현재 파 께오는 이곳이 아니라 태국 방콕의 '왓 파 께오' 사원에 있고, 여기에는 불상의 이름만 남았다. 18세기 태국의 씨암 왕조가 비엔티안을 점령했을 때 가져갔기 때문이다. 비록 에메랄드 빛깔의 귀한 불상을 모시는 본래 기능은 잃었지만, 사원 자체를 박물관으로 만들어 관광객들을 맞이하고 있다.

호 파 께오는 여러모로 길 건너편의 왓 씨 싸켓 사원과 비교가 된다. 금색과 붉은색으로 화려하게 칠한 본당 건물은 색이 바랜 기둥과 기와를 가진 왓 씨 싸켓 사원에 비해 훨씬 화려하다. 왓 씨 싸켓 사원에 비해 불상의 숫자는 적지만, 더 정교하고 깨끗한 불상들이 많고 보존도 잘되어 있어서 감상하기에 좋다.

불상을 모신 사원의 회랑

---

**TIP 불상의 수인**

불상의 손은 부처님의 덕을 보여주기 위해 여러 가지 모양을 만들어 표현한다. 이를 수인 또는 무드라 Mudra라고 부른다. 호 파 께오 박물관 회랑의 불상들을 보며 각각의 의미를 확인해보자.

❶ **항마촉지인** 降魔觸地印 Bhumisparsha Mudra
석가모니가 깨달음을 이르는 순간을 표현하는 수인. 석가가 악마의 유혹을 뿌리친 증인으로서 오른손을 땅에 대고 자신을 부르는 장면을 보여준다.

❷ **시무외인** 施無畏印 Abhaya Mudra
중생의 모든 두려움을 없애주고 위안을 주는 수인. 라오스에는 두 손을 모두 올린 형태가 많다.

❸ **비를 부르는 수인** Calling for Rain
동북아시아의 불상에서는 볼 수 없는 수인으로 두 손을 모두 땅을 향해 내리고 있다. 벼농사를 위해 가뭄 해소가 중요한 라오스에서 큰 의미를 가지는 수인이다.

## 메콩 강변 Mekong Riverside

지도 p.70① 위치 남푸 분수에서 도보 3분 주소 Thanon Fa Ngum

에어로빅을 하는 비엔티안 시민들

강변 공원은 한국 정부의 지원으로 만들었다.

비엔티안 최고의 볼거리로, 사원이나 박물관보다는 메콩 강변의 일몰을 꼽는 여행자들이 많다. 메콩 강이 도시를 동서로 가로지르고 있어서 얼핏 서울의 한강과도 비슷해 보인다. 강변 너머로 보이는 지역은 라오스가 아닌 태국 땅으로, 지평선 부근에 건물이 별로 없어서 평화로운 분위기이다. 따가운 햇빛이 사라지는 저녁 시간이 되면 라오스 쪽 강변은 매우 활기찬 분위기로 변신한다. 차들이 쌩쌩 달리던 강변의 파 눔 거리는 보행자용 도로가 되고, 낮 동안 보이지 않았던 사람들이 쏟아져 나와 도로를 달리며 운동을 하거나 산책을 한다.

그 중에서 가장 눈에 띄는 것은 야시장이다. 뜨거운 한낮에는 나무 그늘 아래에서 쉬는 사람들만 있던 강변의 공원이 시끌벅적한 시장으로 돌변한다. 야시장에서는 스카프나 지갑 같은 관광객용 상품들도 판매하고 있지만, 가게의 절반 이상이 현지인들을 위한 저렴한 옷과 잡화를 판매하고 있다. 쇼핑을 목적으로 하기보다는 편안한 마음으로 밤의 활기를 느껴보는 것이 좋다.

### TIP 짜오 아누웡 왕의 동상

대통령 궁의 남쪽 공원에는 커다란 동상이 하나 서 있다. 19세기 비엔티안 왕국의 마지막 왕인 짜오 아누웡 왕 Chao Anouvong이다. 태국 씨암 왕조의 속국이 된 라오스를 수복하기 위해 저항했지만, 결국 패배하고 포로로 잡힌 후 방콕에서 죽었다. 이후 메콩 강변의 공원은 그의 이름을 따서 만들었다.

## ✚ ZOOM IN

### 메콩 강변 야시장 풍경

17:00경이 되면 메콩 강변 쪽 도로 옆 공터에 빨간 천막이 늘어서기 시작한다. 사람들이 하나둘 모여들면서 낮 동안 조용했던 비엔티안이 활기를 찾는다. 시장에 내놓고 파는 물품은 주로 현지인들이 평상시 입는 옷과 액세서리로 가격은 저렴하지만 그만큼 질도 떨어진다. 쉽게 손이 가진 않지만 왁자지껄한 분위기 속에 사람 사는 모습을 구경하며 걷다 보면 점점 흥이 오른다.

비엔티안의 활력을 느낄 수 있다.

비엔티안 시민들이 전부 쏟아져나온 기분

현지인들의 일상용품이 대부분

관광객용 상품들도 간간히 보인다.

---

**TIP 새로운 야시장, 나카라스 시티 쇼핑센터 Nakharath City**

비엔티안 강변에 새로운 야시장이 들어섰다. 위치는 짜오 아누웡 공원에서 강변 쪽으로 내려간 곳. 오픈형 1층 건물에 음식점과 숍들이 들어서 있으며 화장실까지 갖추고 있다. 빨간 천막의 전통 야시장만큼 활기찬 분위기는 아니지만 테이블이 있어서 잠시 앉아 쉬어가기에 좋다. 지도 p.70 ⓙ

## 왓 씨 무앙 사원 Wat Si Muang

지도 p.69Ⓚ 위치 남푸 분수에서 도보 15분 주소 Thanon Setthathirat 오픈 06:00~19:00 요금 무료

믿음이 깊은 비엔티안 사람들에게는 어느 곳보다도 특별한 의미를 지니는 사원이다. 이 도시의 수호신이 깃들어 있다고 생각하는 돌기둥 '락 무앙 Lak Muang'을 모시고 있기 때문. 보통 이것을 '도시의 기둥'이라고 부르는데, 태국이나 캄보디아의 다른 도시에도 이런 도시의 기둥을 모시는 사원들이 있다. 신비감을 더해 줄 특별한 전설도 하나 전해진다. 1565년 사원이 처음 만들어질 당시 화난 혼령들을 달래기 위해 씨 무앙이라는 젊은 임산부는 도시의 기둥이 들어설 자리에 몸을 던진다. 그러자 기둥도 그 구멍 안에 스스로 자리를 잡았다고 한다.

라오스 사람들은 그녀의 영혼이 이 사원을 보호하고 있으며, 사람들의 소원을 들어주는 특별한 힘도 있다고 믿는다. 그래서인지 비엔티안의 수많은 사원들 중에서도 가장 많은 현지인들이 찾고, 또 가장 진지한 표정으로 기도를 올리는 곳이 되었다. 온 마음을 다해 기도하는 사람들의 다양한 표정으로 신실한 도

도시의 기둥, 락 무앙

씨 무앙 여인의 동상에 기도하는 사람들

시 비엔티안을 기억하게 만드는 사원이다. 한편, 전국에서 기도를 하러 찾아 온 사람들로 항상 붐비는 사원 주변에는 꽃과 공양물을 살 수 있는 가게들도 많다.

**CHECK** 라오스의 다른 사원들과는 달리 본당 내부가 2개의 방으로 나누어 있다. 입구 쪽의 첫 번째 방에는 승려와 함께 기도를 하거나 점을 치는 사람들을 볼 수 있다. 오른쪽 문을 통해서 두 번째 방으로 들어가면 불상 대신 돌기둥을 높은 곳에 모셔두었다. 그곳은 다른 어떤 사원보다도 기도하는 사람들의 분위기가 심각하고 진지하다. 본당 건물의 뒤편에는 씨 무앙 여인의 동상이 세워져 있다. 동상 뒤에는 옛 비엔티안의 성벽 일부가 남아있는데, 이 역시 씨 무앙 여인이 살던 시대의 것이라고 하여 기도의 장소가 된다.

##  카이손 대통령 기념관 Kaysone Phomvihane Museum

<u>지도</u> p.66ⓑ <u>위치</u> 센트럴 버스 터미널에서 29번 시내버스로 20분 <u>주소</u> Thanon Kaysone Phomvihane <u>오픈</u> 화~일 08:00~12:00, 13:00~16:00 <u>휴무</u> 월요일 <u>요금</u> 입장료 5,000K

카이손 대통령의 이름은 몰라도 라오스에 온 여행자들에게 그의 얼굴은 이미 익숙하다. 라오스의 모든 지폐에 그의 얼굴이 도안되어 있기 때문이다. 카이손 퐁비한은 식민지 시절 독립 투쟁으로 라오스의 독립을 이끌고 이후 라오스의 총리와 대통령이 된 인물이다. 쿠바의 카스트로나 터키의 아타튀르크 대통령처럼 한 국가를 대표하는 혁명의 아이콘이자 입지전적인 인물이라고 할 수 있다. 재미있는 사실은 카이손 대통령의 부모는 베트남인이었으며 이 기념관을 만든 자금 역시 베트남이 지원했다고 한다.

허름한 국립박물관과는 확연하게 비교될 정도로 거대하고 현대적인 건물을 사용하고 있다. 단체 견학 온 학생들의 경건한 태도에서도 라오스 사람들이 그를 어떻게 받아들이고 있는지 짐작할 수 있다. 외국인 여행자들에게 더 인상적인 것은 대통령의 개인 역사를 담은 박물관의 전시 내용보다는 정원에 있는 동상들이다. 가운데에는 거대한 카이손 전 대통령의 동상이 서 있고, 좌우에는 라오스 정부가 북한에 의뢰해서 만든 동상들이 있다. 농부, 운동선수, 학생, 군인 모두 혁명의식을 고취시키는 듯한 당당하고 결의에 찬 얼굴을 하고 있다. 동상 앞에 서면 마치 북한에 와 있는 듯한 착각이 든다.

북한에서 제작한 동상들

## 📷 부다 파크 Buddha Park

지도 p.67ⓛ 위치 센트럴 버스 터미널에서 14번 시내버스로 약 50분 소요 오픈 08:00~17:00 요금 입장료 5,000K, 카메라 휴대 3,000K

관광 명소가 많지 않은 비엔티안에서 독특한 볼거리로 인기를 끌고 있는 공원이다. 1958년 한 수도승이 넓은 공터 곳곳에 다양한 형태의 불상과 조각상을 세운 것이 공원의 출발이다. 시멘트를 부어 만든 작품들이지만 조각마다 개성과 생동감이 넘친다. 공원 이름은 부다 파크라고 붙였지만, 불상보다는 시바, 비슈누, 라마, 하누만 같은 힌두교 신화의 주인공들이 더 많다. 특히, 괴이하게 생긴 동물과 악마들이 여행자들의 눈길을 사로잡는다. 큰 역사적인 의미는 없어도 작품 자체만으로는 라오스에서 가장 화려한 볼거리. 시내에서 25km 정도 떨어져 있어서 반나절 정도 일정을 잡고 방문해야 한다.

입구 오른편에는 커다란 호박처럼 생긴 전망대가 있다 악마의 입처럼 생긴 입구로 들어가면 생명의 나무가 있는 꼭대기로 올라갈 수 있다. 지옥에서 천상으로 가는 여정을 상징하는 듯, 콘크리트로 만든 전망대 안은 매우 어둡고 거친 분위기이다. 특히, 입구와 계단은 어이없을 정도로 작고 불편하게 설계해 놓았다. 전망대 꼭대기에 서면 약 45m

길이의 와불이 가장 먼저 눈에 들어오고 그 앞으로 작은 크기의 작품들도 얼굴을 마주하고 있다. 공원 주위는 숲으로 둘러싸여 있지만 작품들 사이사이에는 전혀 그늘이 없다. 해가 뜨거운 오후보다는 오전에 방문하는 것을 추천한다.

> **TIP 부다 파크 레스토랑**
>
> 부다 파크 안쪽에는 메콩 강을 앞에 두고 방갈로가 있는 레스토랑이 있다. 더위에 지쳤을 때 코코넛 하나라도 사 먹으려면 이곳보다 좋은 곳은 없다. 식사 종류도 가능하다. 볶음밥이나 국수 가격은 20,000K~. 화장실은 레스토랑 안쪽에 있다.
>
>

> **TIP 시내 버스로 부다 파크 가는 방법**
>
> 센트럴 버스 터미널(딸랏 싸오 버스 터미널)에서 14번 시내버스를 타면 된다. 단, 버스 정류장은 센트럴 버스 터미널 건물 앞이 아니라, 길 건너편의 골목 안쪽에 있다. 그리고 버스 옆이나 뒤에 붙은 번호는 버스 노선 번호가 아니므로 주의할 것. 반드시 버스 앞의 전광판을 확인하고, 목적지를 기사에게 물어볼 때는 '**씨양 쿠앙 Xleng Kuang**'이라는 라오스 이름으로 물어보도록 한다.
>
>
>
> 소요 시간은 태국과의 국경인 우정의 다리를 지나 50분 정도이며, 요금은 8,000K. 오전 5시 50분부터 자정까지 15~20분 간격으로 운행한다. 갈 때는 부다 파크 입구에서 내려주며 돌아올 때는 길 건너편 가게 앞에서 버스를 탄다. 홈페이지(lao.busnavi.asia)에 접속하면 실시간으로 버스 위치를 확인할 수 있다.

## 라오 키친 Lao Kitchen

지도 p.70⑰ 위치 남푸 분수에서 도보 5분 주소 Thanon Hengboun 오픈 11:00~22:00 요금 볶음밥 25,000K, 판단 치킨 32,000K, 레드 커리 볶음 39,000K 전화 021-254-332

라오스 전통 음식이 어떤 맛인지 궁금할 때, 하지만 현지인들이 몰리는 노점은 살짝 위생상태가 의심스러워 보인다면, 라오 키친을 추천한다. 베이지와 노란색으로 칠한 외벽, 도로와 맞닿으며 시원하게 뚫린 매장 입구는 깨끗하고 밝은 인상을 준다. 라오스 요리를 기본으로 하는 메뉴도 모두 깔끔하게 나온다. 덕분에 저녁 시간마다 안전한 식도락을 원하는 외국인 여행자들로 가득 차 빈자리가 거의 없다.

간단한 요리와 밥이 함께 나오는 한 그릇 메뉴들과 볶음밥 종류가 저렴해서 인기가 있다. 우선 동남아시아 음식의 입문용이라고 할 만한 메뉴는 커리 종류. 레몬그라스나 각종 향신료의 배합이 이국적이지만 맛은 굉장히 순해서 초보자들도 도전해 볼만하다. 닭고기를 판단 잎으로 둘둘 싸서 튀긴 **까이 호 바이 떠이 Kai Ho Bai Toei**는 향신료 냄새 걱정 없이 맛있게 먹을 수 있는 메뉴다. 판단 잎만 벗겨서 그냥 먹어도 맛있지만, 함께 나온 새콤달콤한 소스를 찍어 먹으면 비어라오에 곁들일 만한 안주가 된다.

**CHECK** 음식이 나오는 속도가 느린 편이다. 점심은 한가한 편이지만 저녁 시간에는 손님들이 몰려서 많이 기다릴 수도 있다. 비어라오 먼저 한 병 시켜놓고 마음을 느긋하게 먹는 것이 좋다.

레드 커리

까이 호 바이 떠이

## 꾸아라오 Kualao

지도 p.71⑪ 위치 남푸 분수에서 도보 7분 주소 Thanon Samsenthai 오픈 11:00~14:00, 18:00~21:00 요금 스탠다드 세트 메뉴 150,000K

이 식당을 한국식으로 설명하자면, 부채춤을 비롯해 각종 전통 춤을 보여주면서 한정식을 내오는 공연 식당이라고 할 수 있다. 한국을 찾아 온 외국인 손님에게 그럴 듯한 저녁식사를 대접하는 것처럼, 라오스를 찾아 온 외국인 손님에게 라오스 전통 음식과 전통 공연을 보여 주는 곳이다. 오랜 경력을 가진 무용수와 연주자들 덕분에 공연 수준은 라오스의 다른 도시들에 비해 높다. 가격이 높은 만큼 근사한 분위기와 서비스를 보장하며 음식 역시 가격에 준하는 질이 보장된다. 놀랍게도 꾸아라오에는 현지인 손님의 비중도 꽤 높은 편. 라오스 사람들은 현지식을 근사하게 먹을 수 있는 패밀리 레스토랑처럼 생각하고 있다.

건물 외관부터 매우 고급스럽고 전통 복장을 차려 입은 종업원들도 매우 친절하다. 관광객에게 제일 인기 있는 메뉴는 모든 라오스 음식들을 조금씩 먹어 볼 수 있는 세트 메뉴. 돼지고기를 버무린 샐러드 랍 무 Larb Moo를 비롯, 라오스의 대표적인 전통 요리가 대나무 채반에 가득 담겨 나오고 후식으로 과일도 준다. 하지만, 가격에 비하면 살짝 소박하게 느껴진다. 두 명 이상 함께 왔다면 여러 개의 단품 메뉴를 주문해서 나눠먹는 게 더 좋다.

스탠다드 세트 메뉴

## 위양싸완 ViengSavanh

**지도** p.70Ⓐ **위치** 남푸 분수에서 도보 9분 **주소** Thanon Hengboun **오픈** 09:00~22:00 **요금** 넴 느엉 1인분 20,000K, 짜조 1인분 20,000K **전화** 021-213-990

비엔티안에서 다양한 음식들을 먹어봤지만, 지금 돌이켜 보면 비어라오와 제일 잘 어울리는 안주로는 이 가게의 **넴 느엉**을 꼽게 된다. 한국에서 중국집이나 일식집이 인기 있는 것처럼, 라오스에서도 바로 옆 나라인 베트남 음식을 쉽게 볼 수 있다. 베트남어로 넴 느엉, 라오스어로는 냄느앙이라고 부르는데, 어묵과 비슷한 식감을 가진 돼지고기 소시지다. 마늘과 후추를 듬뿍 넣어서 누린내가 나지 않고 특유의 감칠맛이 있다. 이 소시지를 숯불에 잘 구운 다음, 각종 허브와 라이스페이퍼, 삶은 소면, 고추, 오이, 잭프루츠, 마늘 등과 함께 내온다. 우리나라에서 쌈을 싸먹는 것과 마찬가지로, 상추 같은 잎채소나 라이스페이퍼에 원하는 허브와 넴 느엉, 소면 등을 넣고 소스를 뿌려서 싸 먹는다.

이 집이 오랫동안 인기를 누리는 비결 중의 하나는 뭐니 뭐니 해도 특제 소스라고 할 수 있다. 첫맛은 고소하다가 중간은 새콤하며 끝에는 시원한 단맛이 도는 땅콩소스. 고소한 돼지고기와 향긋한 허브가 더할 나위 없이 잘 어울린다. 두 명 이상이 함께 왔다면 스프링롤 튀김인 **짜조**를 추가로 시켜도 좋다. 넴 느엉과는 다른 묽은 소스가 나오고, 마늘 대신 숙주가 곁들여져 좀 더 풍성하다.

짜조

넴 느엉을 위한 특제 소스

넴 느엉

# PVO 비엣나미스 푸드 PVO Vietnamese Food

지도 p.69Ⓚ 위치 남푸 분수에서 도보 20분 주소 Thanon Simeuang 오픈 월~토 06:30~16:30, 일 06:30~13:30 휴무 마지막 주 일요일 요금 반 미 1/2 10,000K, 비 분 25,000K 전화 021-214-444

비엔티안에서 제일 저렴하면서도 맛있는 식사를 하고 싶다면 주저하지 말고 PVO로 가 보자. 길쭉한 바게트로 만든 샌드위치인 **반 미 Bahn Mi**를 절반 정도로 자른 것이 단 돈 10,000K. 두툼한 크기라 한 끼 식사로도 충분하다. 샌드위치에 넣는 재료는 여러 가지 종류의 고기 중에서 고를 수가 있는데, 추천하는 건 '스페셜 포크' 샌드위치다. 바게트 빵을 반으로 갈라서 제일 아래에는 돼지고기 페이스트를 바르고 양배추 샐러드와 오이를 깐 다음, 비계가 붙은 돼지 편육과 소시지, 신선한 채소까지 듬뿍 얹어서 마무리한다. 여기에 마요네즈 소스까지 살짝. 1,400원짜리 샌드위치치고는 꽤 다채로운 맛의 향연이다.

찌는 듯한 더위에 지쳤다면 **비 분 Bi Bun**을 추천한다. 새콤달콤하게 만든 베트남식 비빔국수인데, 우리나라의 매운맛과는 조금 다른 신선한 매운맛이 확 올라온다. 비빔국수 위에 양념한 돼지고기와 스프링롤 튀김을 얹어서 고소한 맛도 더한다.

**CHECK** 2018년에 새로운 위치로 식당을 옮겼다(지도 참조). 식당은 왓 씨 무앙 사원과 가깝다.

반 미 1/2개

비 분

# SPECIAL

## 따끈한 한 그릇의 행복
# 비엔티안의 국수 가게

비엔티안은 라오스의 수도임에도 불구하고 루앙 프라방이나 방비엥에 비해 볼 것이 없다며 여행자들에게 홀대를 받곤 하는 도시다. 하지만, 관광객용 식당이 아니라 진짜 라오스 사람들이 먹는 현지 음식을 찾는 사람이라면, 비엔티안만큼 행복한 도시도 없다. 특히, 현지인들을 단골손님으로 거느린 허름한 가게에서 파는 국수 한 그릇은 푸짐한 양에 저렴한 가격은 기본이고 맛까지 훌륭하다. 비엔티안의 분주한 거리를 걷는 것 자체를 설레게 만들어 줄 명물 국수 가게들을 소개한다.

국수에 함께 넣어먹는
다양한 소스와 조미료

### 🍴 도가니 국수 가게 Beef Noodle Soup

__지도__ p.70 Ⓕ __위치__ 남푸 분수에서 도보 6분 __주소__ Thanon Hengboun __오픈__ 07:30~14:00, 17:30~20:30 __요금__ 소 18,000K, 대 20,000K __전화__ 021-214-323

우리나라 여행자들에게는 일명 '도가니 국수' 가게로 알려진 집. 전통 라오스 스타일도 아니고 가게 이름조차 불분명한 가게지만, 국수 맛에 반한 한국인들이 하도 많이 찾다 보니 심지어 입구의 벽에 걸린 하얀 칠판에는 한글로 선명하게 도가니 국수라고 써 놓았다. 이름 그대로 국수 위에 올린 도가니 수육도 인기 비결이다. 얇게 썬 도가니 덕분에 자칫 밋밋할 수 있는 쌀국수의 맛이 한층 업그레이드 된다.
또 하나 한국인들에게 전폭적인 지지를 받는 이유는 국물에서 동남아시아의 향채나 고수 향기가 전혀 나지 않기 때문이다. 짜지 않고 구수한 국물에 고수 대신 파를 송송 썰어 넣어서 다른 채소가 없어도 개운한 맛이 난다. 라임만 짜 넣어서 깔끔하게 먹거나, 아니면 한국식 국물 맛이 나도록 매운 고추 소스를 양껏 푸는 방법을 추천한다. 소스는 두 가지를 주는데 하나는 달콤한 땅콩 소스이고 다른 하나는 매운 소스다. 국물에 풀어도 상관없지만 고기를 국수에 말아서 함께 찍어 먹는 게 더 맛있다.

__CHECK__ 오후에 쉬는 시간이 있다. 테이블에 있는 생수는 따로 돈을 받는다.

## 퍼 쌥 Pho Zap

지도 p.71Ⓗ 위치 남푸 분수에서 도보 8분 주소 Thanon Phai Nam 오픈 06:00~15:00 요금 쌀국수 소 20,000K, 중 25,000K, 대 30,000K 전화 021-252-555 홈피 www.phozap.la

1958년에 문을 연 베트남 스타일의 쌀국수 가게다. 경제 발전의 시간이 짧고 풍파가 많았던 라오스의 역사를 생각해보면 나름 상당한 전통을 자랑하는 집. 세 가지 사이즈 중에 고를 수 있는데 양이 많지 않은 여성이라면 제일 작은 사이즈를 시켜도 될 만큼 양이 넉넉한 편이다. 국수 위에 올라가는 고명은 돼지고기와 소고기 중에서 고를 수 있다. 따끈한 국물이 가득한 국수와 함께 네 가지 종류의 허브를 같이 내준다. 고수를 미리 넣지 않고 따로 내주니 취향에 따라서 넣어 먹으면 된다. 숙주와 허브 종류, 라임과 칠리 소스를 조금씩 넣어가며 입맛에 맞는 국물을 만들어보자.

**CHECK** 비엔티안 시내에 분점이 두 곳 있다. 탓 담과 가까운 거리에 있는 곳이 방문하기에 편하다.

## 삼센타이 프라이드 누들 Samsenthai Fried Noodle

위치 p.70Ⓑ 지도 홈 아이디얼 슈퍼마켓에서 도보 2분 주소 Thanon Samsenthai 오픈 11:00~14:00, 16:00~23:00 요금 볶음면 20,000~25,000K, 팟타이 20,000~25,000k 전화 020-5630-3970

보통 비엔티안에서 국수를 먹는다고 하면 국물이 있는 라오스식 쌀국수나 도가니 국수를 떠올린다. 하지만 이곳의 중국식 볶음면도 맛에서는 빠지지 않는다. 가장 먼저 맛봐야 할 것은 이곳의 1번 메뉴인 쌀국수(화이트 누들) 볶음면. 넓은 접시를 다 채울 정도로 소스가 흥건한데 고소하면서 간도 적당하다. 면은 넓적한 쌀국수면을 사용하고, 아삭아삭하게 씹히는 채소와 통통한 새우가 푸짐하게 들어있다. 팟타이도 있는데 태국 노점보다 고급스러운 맛이다. 고기가 들어간 것보다 해산물이 들어간 메뉴가 5,000K 더 비싸다.

**CHECK** 점심시간과 저녁시간에만 문을 연다. 해가 기우이 다하고 시원해지는 저녁 무렵, 도로변 야외 테이블에 앉아서 먹는 것을 추천.

스페셜 화이트 누들 프라이

##  린다 레스토랑 Linda Restaurant

지도 p.68ⓒ 위치 홈 아이디얼 슈퍼마켓에서 도보 13분
주소 Thanon Setthathilath 오픈 10:00~22:00 요금 바
베큐 신닷 60,000K, 볶음밥 25,000K

린다는 여행자들이 움직이는 구시가에서 가까운 신닷 까올리집이다. 신닷 까올리는 우리나라 불고기와 비슷한 요리로, 라오스에 온 우리나라 인부들이 고기를 구워 먹는 것을 보고 라오스 사람들이 비슷하게 조리해 먹기 시작했다는 설이 있다. 고기를 불판 위에 구워 먹으면서 동시에 불판 둘레에 육수를 끓이면서 샤부샤부를 즐길 수 있다.

실내를 통과해 뒤뜰로 가면 타일로 만들고 가운데에 구멍을 낸 신닷 까올리 전용 야외 테이블이 보인다. 코코넛 육수는 코코넛 향을 싫어하는 사람도 거부감이 없게 단맛과 감칠맛을 은은하게 살렸다. 채소를 육수에 넣어 데치면 평소에는 손이 가지 않던 채소도 맛있어진다. 땅콩 소스는 달콤하면서도 고소한데 매운맛을 원하면 마늘, 고추, 간장을 넣어 맛을 낼 수 있다.

##  조선평양식당 비엔티안점

지도 p.69ⓗ 위치 탓 루앙에서 도보 10분 주소 Thanon
Nongbone 오픈 12:00~22:30 요금 평양랭면 200g
50,000K, 평양순대 소 30,000K 전화 020-5626-1666

남북 정상회담 이후 평양식당과 평양냉면에 대한 인식이 달라지고 있다. 라오스에 있는 북한 식당에 방문하면 두 정상이 먹었던 바로 그 '평양랭면'을 맛볼 수 있다. 실내는 마치 1980년대 이전으로 돌아간 듯한 분위기이며, 여성 종업원들이 친절하게 응대한다. 평양랭면보다 먼저 추천하는 메뉴는 순대다. 고기를 씹는 듯한 풍부한 식감에 촉촉하고 고소한 맛이 입안 가득 만족감을 준다. 평양랭면은 편육, 닭살, 무절임, 배추절임, 다대기가 기본적으로 들어가 있다. 식초와 겨자도 식성에 따라 자유롭게 넣으면 된다. 처음 국물을 맛볼 때는 생소함에 당황스럽다가도 숙소에 가면 다시 그 맛이 생각난다. 김치는 따로 주문해야 하며 북한술도 함께 맛볼 수 있다.
**CHECK** 물수건과 물은 따로 비용을 받는다. 19:00부터 1시간 동안 서빙하던 종업원들이 한복을 입고 나와서 공연을 한다.

평양 랭면

## 오키드 레스토랑 Orchid Restaurant

지도 p.70ⓙ 위치 남푸 분수에서 도보 6분 주소 Thanon Fa Ngum 오픈 17:00~22:30 요금 돼지조림 덮밥 20,000K, 계란 부침개 20,000K, 두부채소 볶음 20,000K

동남아시아에서 싸게 한 끼를 때우다 보면 볶음밥이나 볶음국수를 자주 먹게 된다. 기름과 소스를 듬뿍 넣어서 볶아내는 국수나 볶음밥은 먹을 때는 눈이 번쩍하도록 감칠맛이 나지만, 공장제 소스와 조미료를 많이 쓰다 보니 속이 부대낄 때가 있다. 그럴 때 생각나는 것이 따끈한 흰 쌀밥에 소박한 반찬들로 차린 밥상이다. 이곳은 중국의 **테오추 Teo Chew 지역 스타일의 요리**를 하는 식당이다. 동남아시아 전역에 퍼져 있는 테오추 사람들은 가는 곳마다 자신의 고향 스타일 음식을 만드는 식당을 연다. 보통 흰 쌀밥이나 죽과 함께 그것에 어울리는 짭조름한 반찬을 곁들여 내 놓는다.

추천할 만한 메뉴는 간장에 조린 돼지고기 편육을 밥 위에 올린 돼지조림 덮밥 Braised Pork over Rice 이다. 하카마 조림과 다진 고기를 넣은 계란 부침개 Dried Radish Omelette나 두부와 함께 볶은 채소도 훌륭한 반찬이 된다. 점심에는 영업을 하지 않는다.

두부채소 볶음
돼지조림덮밥

## 완탕 누들 Wanton Noodle

지도 p.70ⓕ 위치 남푸 분수에서 도보 6분 주소 Thanon Hengboun 오픈 07:00~14:00 요금 완탕면 소 10,000K, 중 12,000K, 대 15,000K, 오리덮밥 20,000K

화교들이 사는 곳이라면 어디나 완탕면 가게를 볼 수가 있다. 도가니 국수 가게 건너편에 있는 이곳 역시 완탕면을 전문으로 하는 작은 가게다. 면은 쌀국수가 아니라 노란 밀가루 국수를 사용한다. 국물 속에서 흐물흐물하게 풀어진 완탕은 마치 우리나라의 납작만두와도 비슷한 모양이다. 완탕이 들어간 맑은 국물은 살짝 심심한 맛이니 테이블에 있는 매운 고추기름 소스를 꼭 넣어서 먹어 보자. 면보다 밥을 선호한다면 이 집의 오리덮밥을 추천한다. 고슬한 밥에 잘게 썬 구운 오리를 올리고 달콤한 소스를 뿌려준다. 다진 볶은 채소를 반찬으로 하고, 완탕국물로 목을 적셔가면서 먹는다.

완탕면 丄    오리 덮밥

## 🍴 킹 박스 King Box

<u>지도</u> p.70ⓔ <u>위치</u> 남푸 분수에서 도보 9분 <u>주소</u> Thanon Khun Bu Lom <u>오픈</u> 11:00~22:00 <u>요금</u> 반반치킨 89,000K, 치킨 솔로 메뉴 45,000~50,000K <u>전화</u> 021-242-991

낯선 비엔티안에서 보내는 어느 날 저녁, 불현듯 치킨이 생각난다면 그건 정상이다. 비어라오라는 맛있는 맥주가 눈길 닿는 곳마다 있다 보니, 마치 빛과 그림자처럼 치킨 생각이 머리에서 떠나지 않는 것이다. 그럴 때는 킹 박스를 찾아가면 된다. 밖에서는 마치 슈퍼마켓처럼 보이지만, 안으로 들어가면 캐주얼한 패밀리 레스토랑 같은 분위기다. 돈가스에서 김밥까지 한국의 분식점 같은 다양한 메뉴가 있지만, 그 중에서도 이 집의 대표 메뉴는 치킨이다. 프라이드, 양념, 마늘, 강정 등 구색이 다양한데, 프라이드 반 양념 반의 '반반 치킨'도 주문할 수 있다. 마요네즈와 케첩으로 버무린 양배추 샐러드도 곁들여진다.

## ☕ 앙고 카페 Ango Café

<u>지도</u> p.70ⓕ <u>위치</u> 남푸 분수에서 도보 5분 <u>주소</u> Thanon Hangboun <u>오픈</u> 화~수 11:30~14:30, 18:00~21:00, 목 11:30~18:00 금~일 11:30~21:00 <u>휴무</u> 월 <u>요금</u> 커피 18,000K~, 디저트 20,000K~, 식사류 35,000K~ <u>전화</u> 020-5859-7081

여행자들이 바쁘게 오가는 비엔티안의 중심부에 일본인이 운영하는 카페다. 문을 여는 순간 라오스가 아닌 일본의 동네 카페에 온 듯한 조용하고 단정한 분위기가 느껴진다. 나무 바닥에 좌식 테이블이 있으며 사람이 많을 때는 바의 좌석을 이용한다. 가정식 일본 요리를 파는데 점심에는 주로 샐러드와 치킨을 올린 밥이나 커리류를 단품으로 판매하고, 저녁에는 세트 메뉴가 있다. 커피는 수동 에스프레소 머신을 사용한다. 식사 후에는 팥 앙금 위에 동그란 찹쌀떡과 아이스크림을 올린 차가운 젠자이로 마무리하면 좋다.

치킨 샐러드 라이스볼

차가운 젠자이 Cold Zenzai

## 조마 베이커리 카페 Joma Bakery Cafe

지도 p.71ⓖ 위치 남푸 분수에서 도보 1분 주소 Thanon Setthathliath 오픈 07:00~21:00 요금 라테 18,000K, 차이 라테 18,000K 전화 021-215-265 홈피 www.joma.biz

한때 조마 베이커리는 라오스를 대표하는 카페였다. 낯선 더위와 긴 여행에 지친 사람들이 잠시나마 쉬어 갈 수 있는 달콤하고 아늑한 아지트였다. 하지만, 이제 라오스에도 좋은 카페와 베이커리가 많이 생기면서 조마 베이커리의 역할도 더 이상 예전 같지는 않다. 그럼에도 라오스에 오면 한 번쯤은 방문하게 되는, 그리고 그때마다 좋은 기억을 가지게 하는 카페다. 안정감을 주는 나무 테이블과 의자, 몇 개 없지만 편안한 소파 테이블, 그리고 꽤 넉넉하게 배치된 콘센트 덕분에 이곳은 라오스에서 스타벅스의 훌륭한 대체 장소가 된다.

## 르 바네통 Le Banneton

지도 p.70ⓕ 위치 남푸 분수에서 도보 4분 주소 Thanon Nokeokoummane 오픈 06:30~21:00 요금 크루아상 8,000K, 초코 크루아상 15,000K, 타르티네 29,000K 전화 021-217-321

크루아상과 바게트로 명성이 자자한 프렌치 카페다. 이른 아침부터 아침식사를 하려는 외국인 여행자들과 바게트나 베이커리를 사가는 현지인들로 붐빈다. 이 집의 간판 메뉴인 크루아상은 표면은 얇고 바삭 하지만 속은 촉촉한 기본기를 충실하게 갖추고 있다. 다만 결결이 나뉘는 크루아상 특유의 식감은 조금 부족한 편이다. 크루아상 중에서는 아몬드 크루아상이나 **초코 크루아상**을 추천. 간단하게 요기를 하려면

초코 크루아상

타르티네

바게트 빵에 치즈와 가지, 베이컨, 버섯, 감자 등을 올린 타르티네 La Tamine가 좋다. 매장 안에 테이블이 많고 에어컨도 있어서 여유 있게 시간을 보내기에 좋지만, 와이파이가 안 되는 점은 아쉽다.

## 아나벨 카페 Anabelle Café

**지도** p.70ⓙ **위치** 남푸 분수에서 도보 6분 **주소** Thanon Quai Fa Ngum **오픈** 07:00~19:00 **요금** 에클레어 25,000K, 케이크 35,000K **전화** 030-514-8610 **홈피** www.annabellecafe.com

라오스가 프랑스의 식민 지배를 받은 영향으로 제빵 기술이 뛰어나다는 것은 이미 알려진 사실이다. 메콩 강변에 위치한 아나벨 카페는 프랑스풍 디저트 카페를 표방하는 곳이다. 화이트와 민트 컬러로 인테리어하고 나무와 대리석을 사용해 밝고 화사한 느낌을 준다. 커피에 곁들이기 좋은 메뉴는 에클레어. 폭신한 질감에 크림이 풍부하게 들어 있는데, 일단 한번 먹기 시작하면 순식간에 사라져버린다. 밀푀유도 바삭한 과자와 생크림처럼 가벼운 커스터드 크림이 잘 어울린다. 디저트의 종류는 시기에 따라 바뀌며 버거와 샐러드 같은 식사 메뉴도 있다. 나른하고 뜨거운 오후에 달콤한 디저트와 함께 쉬어가기에 좋다.

밀푀유

 ## 베이커리 바이 보리스 Bakery by Boris

**지도** p.69ⓚ **위치** 왓 씨 무앙 사원에서 도보 5분 **주소** Ban Kao Yord **오픈** 08:00~19:00 **요금** 돔 오렌지 30,000K, 초콜릿 케이크 30,000K **전화** 020-7779-2228

프렌치-라오 페이스트리 셰프인 보리스 루앙콧이 비엔티안에 새로 문을 연 가게로, 맛있는 케이크를 맛보며 잠시 쉬어갈 수 있는 곳이다. 골목길 안쪽, 넓은 정원이 있는 건물은 철근과 통유리로 만들어졌는데 테이블에 앉으면 유리 너머로 보이는 녹색 풍경에 눈이 편안해진다. 날씨가 좋을 때는 정원 테이블에 앉아도 좋다. 페이스트리와 케이크의 종류는 많지 않지만 하나하나 맛은 보장한다. 가장 인기 있는 메뉴는 초콜릿 케이크로 진한 달콤함이 입안에 오래 머무른다. 부드러운 오렌지 머랭과 크림이 층을 지고 있는 오렌지 돔도 추천 메뉴. 여행자 거리의 제과점에 비해 크로아상 등의 가격도 저렴하다. 근처의 왓 씨 무앙 사원을 구경할 때 함께 들러 볼 것.

오렌지 돔

초콜릿 케이크

## 시스터 누이 프루트 셰이크 Sister Nui, House of Fruit Shakes

지도 p.71ⓖ 위치 남푸 분수에서 도보 4분 주소 Thanon Samsenthai 오픈 월~토 07:30~19:30, 일 09:00~17:00 요금 바나나+파인애플+망고 12,000K, 망고+패션프루트 셰이크 13,000K 전화 021-212-200

비엔티안에서만 누릴 수 있는 특별한 즐거움으로 시스터 누이의 생과일 셰이크를 추천한다. 고작 생과일 셰이크 한 잔이라고 하기에는 맛과 가격이 정말 좋다. 설탕을 넣지 않고 다양한 종류의 과일들만 조합해 주스와 셰이크를 만드는데, 그 중에서도 셰이크의 품질이 탁월하다. 이 집 최고의 베스트셀러라 할 수 있는 **망고+바나나+파인애플 셰이크**의 가격은 12,000K, 망고+패션프루트 셰이크는 상반된 맛을 가진 두 열대과일의 조화가 좋다. 방비엥이나 루앙 프라방에 가면 분명 다시 생각이 날 테니 가까이 있을 때 많이 먹어두도록 하자.

망고+패션프룻 셰이크

##  노이스 프루트 헤븐 Noy's Fruit Heaven

지도 p.70ⓕ 위치 남푸 분수에서 도보 6분 주소 60/2 Thanon Hengboun 오픈 07:00~21:00 휴무 토, 일요일 요금 생과일 셰이크 15,000K~, 커피+생과일 셰이크 18,000K 전화 030-525 2369

언제 찾아가도 서양인 여행자들이 자리를 채우고 과일 주스와 셰이크를 마시고 있는 집이다. 시스터 누이에 비하면 살짝 비싸지만, 이곳에서만 맛볼 수 있는 **커피+생과일 셰이크**가 있어서 계속 찾게 된다. 높이가 한 뼘이 넘는 큼직한 잔에 한 가득 셰이크를 담아 온다. 적당히 쌉쌀한 커피에 망고나 바나나의 달콤한 부드러움이 더해져, 더위가 가시면서 피곤함도 사라지는 맛이다. 샐러드나 샌드위치 같은 간단한 식사도 함께 주문할 수 있는데, 중동 지역의 팔라펠이나 케밥이 있다는 것이 독특하다.
**CHECK** 셰이크에서 얼음을 뺀 경우 5,000K이 추가된다.

커피+생과일 셰이크

# SPECIAL

나날이 성장하는 맛
## 라오스에서 자라는 특별한 커피

라오스는 커피 원두를 생산하는 국가 중 하나다. 바로 인접한 베트남이 세계 2위의 커피 생산국인 것에 비하면 아직 소규모인데다(세계 25위 생산국) 커피 종도 대부분 품질이 떨어지는 로부스타 종이다. 하지만 최근 아라비카 품종을 늘려가고 재배 기술에도 신경을 쓰면서 점차 좋은 평가를 받고 있다. 특히, 라오스 중부 볼라벤 고원에서 자라는 커피는 소수민족의 생활을 돕는 공정무역의 의미도 크다. 새로운 커피에 호기심이 가득한 여행자들을 위한 라오스의 카페를 소개한다.

 **카페 씨눅** Cafe Sinouk

**지도** p.70 ⓙ **위치** 남푸 분수에서 도보 6분 **주소** Thanon Fa Ngum **오픈** 07:30~22:00 **요금** 아이스 아메리카노 22,000K, 프라페 25,000K **전화** 021-312-150 **홈피** www.sinouk-cafe.com

라오스 중부 볼라벤 고원에서 생산한 커피를 전문으로 판매하는 커피 체인점이다. 시원한 에어컨도 가동 중이고, 스타벅스만큼은 아니지만 편안한 소파 테이블도 있다. 우리 기준으로 보자면 아이스 아메리카노가 정신이 번쩍 들 정도로 쓰고, 아이스 라테나 카푸치노는 매우 달게 나온다. 따뜻한 커피를 찾는다면 라오 스타일 카페 라테를 추천.

매장에서 판매하는 커피 원두를 구입하기도 좋다. 로스팅한 정도에 따라서 5가지로 나뉘는데 한국, 일본, 프랑스, 이탈리아, 인도차이나로 이름을 붙여 놨다. 그 중에서 '코리안 로스팅'은 아라비카 원두만을 사용해서 가장 가볍게 로스팅한 것이다. 캡슐형 커피도 판매한다.

**CHECK** 비엔티안 시내에 매장이 두 곳 있다. 메콩 강변 옆 매장이 맛이나 분위기가 좀 더 낫다.

원두와 로스팅 정도에 따라서 5가지 타입의 원두를 구입할 수 있다.

# COFFEE

###  다오 커피 Dao Coffee

**지도** p.70ⓕ **위치** 남푸 분수에서 도보 8분 **주소** Thanon Samsenthai **오픈** 09:00~19:00 **요금** 아이스 라테 18,000K, 미니 케이크 18,000K **홈피** www.daoheuanggroup.com

간단한 기념품을 사려고 슈퍼마켓에 가보면, 라오스 커피인 다오 커피가 쌓여 있는 것을 보게 된다. 씨눅 커피와 함께 라오스 커피를 대표하는 브랜드. 원두 맛이 어떤지 궁금하다면 다오 커피 전문점에 가서 미리 마셔볼 수 있다. 클래식한 하얀색 건물에 넓은 실내 공간은 오후의 티타임에 어울리는 분위기다. 다오 커피는 고소한 맛이 강한 원두라 아이스커피로 먹더라도 진한 맛을 느낄 수 있다. 풍미가 좋고 단맛이 드러나기 시작하는 단계의 로스팅을 좋아하는 한국인들의 입맛에도 잘 맞는 커피다. 커피와 함께 먹으면 좋은 작은 케이크들도 판매하고 있다.

### 르 트리오 커피 Le Trio Coffee

**지도** p.71ⓖ **위치** 남푸 분수에서 도보 1분 **주소** Thanon Setthathliath **오픈** 08:00~17:00 **요금** 카페 라테 20,000K, 콜드 브루 25,000K **전화** 020-501-6046

편안하게 쉬기 좋은 카페가 있는가 하면, 오직 커피 맛 하나로 승부하는 카페가 있다. 비엔티안 여행자 거리의 중심이라 할 수 있는 쎗타틸랏 거리의 르 트리오를 방문한다면 그 사람은 맛있는 커피를 찾아가는 사람이다. 조그만 실내 공간에 커피 로스팅 기계를 들여놓고 라오스의 원두로 직접 로스팅한다. 우유의 고소함과 커피의 풍부한 맛이 잘 어우러지는 카페 라테도 좋고, 깔끔하면서도 향기로운 아이스 커피 역시 훌륭하다. 한 번쯤은 맛 봐야 할 추천 메뉴는 **콜드 브루 커피**. 아라비카 종의 커피 원두를 사용하는데 첫 맛은 부드럽고 끝 맛은 묵직하다.

## 스위트 무 Sweet Moo

지도 p.71ⓖ 위치 남푸 분수 옆 주소 Thanon Setthathilath 오픈 09:00~22:00 요금 아메리카노 18,000K, 셰이크 24,000K~ 전화 030-510-8250

뜨거운 무더위에도 불구하고 비엔티안에는 아직 맛있는 수제 젤라토나 아이스크림 가게가 없다. 프랑스 식민시대가 라오스에 빵을 남겨주었지만 아이스크림에 대해서는 인색했던 모양이다. 대신 이곳 스위트 무가 어느 정도 아쉬움을 달래준다. 이곳에는 아이스크림의 품질 정도는 가볍히 넘어설 만한 확실한 장점이 있다. 우선 남푸 분수 바로 옆이라는 탁월한 위치. 다음으로는 바깥의 무더위는 문을 열자마자 사라져 버릴 정도로 강력한 에어컨이다. 아이스크림 자체의 맛으로 먹어야 하는 단품 보다는 과일이나 소스를 더한 아이스크림 컵이나 셰이크 종류가 낫다.

바나나와 초콜릿의 조합, 무 시그너쳐

##  아페 아이스크림 Apae Ice Cream

지도 p.70ⓑ 위치 홈 아이디얼 마트에서 도보 5분 주소 Thanon Chao Anou 오픈 10:00~20:00 요금 아이스크림 작은 컵 5,000K, 큰 컵 10,000K, 콘 추가 1,000K 전화 020-2224-0255

TV 프로그램 〈원나잇 푸드트립〉에서 길거리 코코넛 아이스크림 맛집으로 소개된 곳이다. 주인인 아페 할머니의 이름을 걸고 장사를 하고 있다. 조그만 가게 앞 나무 그늘 아래에 테이블 몇 개를 두고 있는데 에어컨은 없어도 앉아있으면 제법 시원하다. 이 가게의 특징은 아이스크림 밑에 식은 찹쌀밥을 깔아준다는 것. 부드러운 아이스크림이 쫀득한 찹쌀밥을 만나 환상적인 조화를 이룬다. 단, 코코넛, 타로, 초콜릿 아이스크림은 색깔을 제외하곤 맛에서 별다른 차이는 없다. 컵에 먹어도 1,000K를 더하면 아이스크림 위에 콘을 거꾸로 얹어준다.

## 🍷 보 뺀 냥 Bor Pen Nyang

보뺀냥에서 바라본 야시장과 메콩 강 풍경

지도 p.70① 위치 남푸 분수에서 도보 10분 주소 Thanon Quai Fg Ngum 오픈 11:00~24:00 요금 비어라오 소 10,000K, 잔 와인 25,000K, 안주류 20,000K~ 전화 021-261-373 홈피 http://borpennyangvientiane.com

어수선한 분위기의 1층 입구로 올라갈 땐, 이곳이 어떤 곳인지 예상하기 쉽지 않다. 4층 가게 입구로 들어서서 메콩 강변 방향으로 한 면이 유리창도 없이 뻥 뚫린 모습을 보는 순간, 잘 찾아왔다는 생각이 든다. 저녁에 시민들이 단체로 에어로빅 하는 모습과 야시장 풍경을 감상할 수 있는 창가에 앉으면 선풍기나 에어컨 없이 시원한 바람이 불어온다. 강변 쪽 테이블은 빨리 차기 때문에 노을이 지기 전에 와야 여유롭게 앉을 수 있다. 라오스 요리들도 있지만 대부분 음식보다는 술 한잔하며 분위기를 즐긴다. 맥주도 좋지만 글라스 와인을 시키고 분위기 잡는 사람들이 많다. 쉴 새 없이 팝 음악이 흘러나오고 한쪽에 당구대도 있다.

라오스 소시지

### TIP 메콩 강변의 야외 식당들

가장 비엔티안다운 한잔을 마시기에 어디가 좋을까. 시내의 바나 레스토랑도 좋지만 해가 질 무렵에는 메콩 강변으로 나가 볼 것을 추천한다. 특히 강변 야시장이 시작되는 서쪽 끝에서 카이 파눔 거리를 따라 15분 정도 걸

어가면 강변 야외 식당들이 있다. 연달아 늘어선 가게마다 인테리어는 조금씩 달라 보이지만 평화로운 강변 정취는 어디나 똑같다. 얼음 진에 담긴 비어 라우를 테이블 앞에 두고 안주는 어떤 것을 시켜도 좋다.
지도 p.68ⓒ 위치 메콩 강변 야시장에서 도보 10분 오픈 17:00~23:00

### 짬파 스파 Champa Spa

지도 p.70ⓙ, p.71ⓚ 위치 남푸 분수에서 도보 6분 주소 Thanon Manthatourath 오픈 09:00~22:00 요금 라오 바디 마사지 1시간 80,000K, 다리 마사지 1시간 80,000K 전화 021-212-116 홈피 www.champaspa.com

비엔티안의 여행자 거리에서 가격과 청결함을 모두 만족시키는 마사지 가게다. 저가형 마사지 가게보다는 시간당 20,000~30,000K 정도를 더 받지만, 돌아오는 차이는 크다. 모든 마사지사들이 깔끔한 유니폼을 입고 있으며 친절하다. 당연히 시설도 더 좋다. 1층 로비에서 발을 씻고 나서 엘리베이터를 타고 위층으로 올라가면 되는데, 마사지를 받는 매트리스의 커버와 시트 모두 깨끗하고 매트리스도 두툼하다. 마사지를 위해 갈아입는 옷도 밝은 색으로 깨끗하게 관리한다. 이 집의 라오 바디 마사지는 문지르는 동작은 거의 없으며 꾹꾹 눌러주는 스타일이다. 매콩 강변의 공원 쪽으로 두 곳의 매장이 있다.

### TIP 비엔티안에서 마사지 즐기기

라오스도 동남아시아 국가인 만큼 저렴한 마사지를 기대하고 오는 여행자들이 많다. 하지만, 인근 국가인 태국과 비교해 보았을 때 마사지 가격은 좀 더 비싸고 실력은 많이 떨어지는 편이다. 메콩 강변 근처에 있는 여행자 거리에서 저렴한 마사지 가게들을 흔하게 볼 수 있다. 저가형 마사지 가격은 보통 바디 마사지 기준 1시간에 60,000K 정도이며, 발 마사지도 가격에 큰 차이는 없다. 바디 마사지는 대부분 라오 전통 마사지 Lao Traditional Massage를 표방하는데, 손과 팔꿈치로 근육을 눌러서 늘이는 스타일이다. 발을 사용하거나 체중을 싣는 강한 동작은 없으므로 큰 기대는 하지 말고 가볍게 피곤함을 푼다는 생각으로 이용하는 것이 좋다.

## 티숍 라이 갤러리 T'shop Lai Gallery

지도 p.70ⓔ 위치 남푸 분수에서 도보 8분 주소 Thanon Inpaeng 오픈 월~토 08:00~20:00, 일 10:00~18:00 요금 라오 자석 20,000K, 망고 버터 크림 42,000K 전화 021-223-178

쇼윈도에 고급스러운 목재 수공예품과 가구들을 전시해서 밖에서 보면 마치 고급 화랑 같은 인상을 준다. 실제로 라오스 관련 사진전을 여는 갤러리로도 사용하고 있다. 매장 안쪽에는 선물하기 좋은 다양한 제품들이 있으며, 편안하게 구경할 수 있다.

선물용으로 구입하기 좋은 제품은 레 아르티잔 라오 Les Artisans Lao 브랜드의 제품으로 비누, 오일, 크림 등이 있다. 모두 천연재료를 사용한 제품이지만 향은 강한 편이다. 다른 마트에서도 일부

제품들을 구입할 수 있지만, 이곳에서는 비누와 크림을 직접 테스트해볼 수 있어서 좋다. 코코넛 껍질로 만든 비누받침과 그릇들, 영화 포스터풍의 라오스 마그넷과 엽서도 판매한다.

## 사오반 Shaoban

지도 p.70ⓔ 위치 남푸 분수에서 도보 8분 주소 97, Thanon Chao Anou 오픈 월~토 09:00~20:00, 일 14:00~19:00 요금 목도리 80,000K~, 쿠션커버 160,000K, 실크 스카프 280,000K 전화 020-9634-5586

라오스의 소수민족이 제작한 수공예품을 판매하는 곳. 소수민족과 여성의 경제적 자립을 위해 그들의 상품을 판매하고 홍보하는 사회적 기업이다. 가방, 숄더, 스카프, 옷 등 다양한 디자인의 제품들이 구경하기 좋도록 진열되어 있다. 전반적으로 튀지 않으면서 고급스러운 분위기가 나며, 야시장의 제품들과 비교했을 때 질과 디자인에서 월등하게 좋다. 컵받침처럼 서렴힌 제품들도 있으며, 천연 염색의 실크 스카프노 눈독 들여볼 만하다.

## 케이마트 K-Mart

**지도** p.70 Ⓕ **위치** 남푸 분수에서 도보 3분 **주소** Thanon Setthathilate **오픈** 08:00~23:00 **전화** 021-253-251

비엔티안과 방비엥에서 볼 수 있는 한국계 슈퍼마켓이다. 근처의 다른 슈퍼마켓이나 편의점보다 한국산 제품들을 다양하게 갖춘 것이 장점. 특히, 김밥과 초밥을 비롯해 김치도 판매하며 봉지 라면을 끓여 먹을 수 있는 기계가 있다. 미처 챙기지 못한 한국산 상비약을 쉽게 구입할 수도 있다. 홈 아이디얼 슈퍼마켓보다 품목이 다양하지는 않지만, 커피와 라오스 술과 같은 필수 쇼핑리스트에 들어가는 물품은 갖추고 있다. 무료 와이파이를 제공한다.

김치와 김밥도 판매한다.

## 홈 아이디얼 슈퍼마켓 Home Ideal Supermarket

**지도** p.70 Ⓑ **위치** 남푸 분수에서 도보 9분 **주소** Thanon Hengboun **오픈** 09:00~22:00 **전화** 020-5553-6990

비엔티안 시내에 있는 중형 슈퍼마켓으로 귀국 전 여행자들이 선물을 사기 위해 꼭 들르는 곳이다. 말린 과일, 비어라오, 화장품, 잡화, 필기도구, 컴퓨터 용품, 한국 라면 등 근처의 마트 중에서는 가장 다양한 상품들을 판매하고 있는 곳이다. 간단한 선물용으로 좋은 말린 망고나 두리안, 라오스 커피 등을 저렴하게 구입할 수 있다. 모기약을 따로 준비하지 않았다면 작은 크기의 저렴한 모기약도 살 수 있다. 여행 초반부인 사람들에게는 한국 라면도 인기. 봉지라면 종류는 다양한 편이고 컵라면은 신라면, 오징어 짬뽕, 육개장 등을 갖추고 있다.

## ➕ ZOOM IN

### 캐리어를 꽉꽉 채워 갈, 홈 아이디얼 슈퍼마켓 쇼핑 리스트

 **메이드 인 라오스**
진짜 라오스에서 만든 Made In Laos 제품들

**다오 커피 3in1** Dao Coffee 3in1
라오스의 믹스 커피. 오리지널은 기본 맛이며 기존의 믹스 커피 보다 향이 진한 것을 찾는 사람들에게는 Turbo 마크가 있는 것을 추천. 30스틱, 600g 27,000K

**씨눅 드립 커피** Sinouk Drip Coffee
맛있는 라오스 커피를 집에서 즐기고 싶은 사람들을 위한 선택. 믹스 커피와는 비교가 되지 않을 정도로 향이 좋다. 가격이 좀 더 저렴한 홈 아이디얼 마트의 PB 버전도 있다. 5개입 56,000K

**다오 믹스 프루트 칩스** Dao Mixed Fruit Chips
잭프루츠, 바나나, 파인애플 등 열대 과일 튀김이 골고루 들어 있다. 각 과일별로 개별 포장된 것도 있다. 100g 20,000K, 200g 30,000K

**라오스산 쨈** Fruit Jam
파인애플을 비롯해서 오렌지, 코코넛, 타마린드, 패션프루트, 망고, 멀베리 등 다양한 맛의 쨈이 있다. 400g 24,000K

**흑생강(탓담)** Black Ginger
라오스 흑생강은 사포닌이 많이 들어 있어, 흔히 라오스 산삼으로 불린다. 왕족들의 건강 상비약으로 이용했다고 전해진다. 물에 달여 먹는다. 200g 98,000K

**천연 허브 비누** Natural Soup
계피, 아니스, 레몬그라스, 제라늄, 바질 등 다양한 허브를 이용한 비누. 18,000K~

### 망고 버터 바디 로션 Mango Butter Body Lotion

보습 능력이 뛰어난 천연성분의 망고 버터를 이용한 바디 로션. 200ml
84,000K

### 라오스산 타이거밤 Tiger Balm

놀면서 생긴 근육 통증을 달래는 데 타이거밤 만한 것이 없다. 벌레 물린 데 바르는 약도 있다. 30,000K

### 라오 비어 Lao Beer

이제는 간혹 한국 마트에서 판매할 때도 있지만, 직접 들고 오는 것이 속 편하다. 6500K

### 라오 라오 Lao Lao

최근에는 라오스 위스키란 이름으로 다양한 모양의 병에 담겨 나오며, 버섯이나 생강이나 허브를 담근 술도 나오고 있다. 50,000K

 **기타 국가 제품들**

라오스산 제품은 아니지만 라오스 마트에서 꼭 챙겨야 할 제품들

### 바나나 카스테라 Ellse Cake

가운데 크림이 들어있는 미니 카스테라 샌드위치로 태국산 제품이다. 맛이 달콤하고 부드러워서 커피나 차와 함께 마시면 좋다. 바닐라, 판단, 코코넛, 딸기 등이 있지만 최고 인기는 바나나 맛 26개 18,000K

### 말린 바나나 Natural Dried Banana

쫀득하게 말린 생바나나로, 얼핏 모양과 색깔만 봐서는 바나나임을 알아채기 힘들다. 진하고 달콤한 맛에 젤리처럼 쫀득한 식감이 더해진 고급스러운 간식. 초콜릿을 바른 것도 있다. 1박스 17,000K

### 말린 망고 Dehydrated Mango

라오스 슈퍼에서 보이는 말린 망고나 두리안 등은 대부분 태국이나 베트남 제품이다. 망고 200g 35,000K

### 망고향 밀크캔디 Mango Milky Candy

이름은 캔디지만 '말랑카우'처럼 부드럽게 씹히는 연질캔디다. 망고 향과 우유 향이 어우러져 중독성 있다. 100알 19,000K.

### 오징어포 Squid Seafood Snack Bento

오징어로 만든 태국산 어포, 폭발하는 듯한 감칠맛으로 맥주와 환상적인 궁합을 자랑한다. 타이 오리지널, 스윗&스파이시, 스파이시 랍 등 다양한 맛이 있다. 1개 20g 7,000K

### 오징어표 피쉬소스 Squid Brand Fish Souce

동남아 요리에 빠짐없이 들어가는 필수 향신료. 특히 오징어 그림이 그려진 브랜드가 라오스에서 가장 인기 있다. 300g 5,000K

### 케어링 헤어팩 Caring Hair Treatment AHA Formula

100% 천연 오일이 함유된 헤어팩으로 태국산 제품임에도 라오스 여행자들에게 더 잘 알려졌다. AHA 성분이 들어간 헤어팩 500g 32,000K

### 달리 치약 Darlie

홍콩, 대만, 베트남, 태국 등 동남아 여행가면 꼭 사오는 치약. 미백 성능이 뛰어난 것으로 알려져있지만, 성분에 민감한 사람에게는 추천하지 않는다. 350g 12개들이 39,000K

## 🏠 르 럭스 부티크 호텔 Le Luxe Boutique Hotel

지도 p.70 Ⓕ 위치 남푸 분수에서 도보 7분 주소 Thanon Fa Ngum, Ban Watchan 요금 스탠다드 더블룸 68달러, 아침 포함 전화 021-255-888 홈피 leluxehotel.com

여행자 거리의 조용한 골목에 위치한 부티크 호텔이다. 아담한 건물에 복도를 비롯한 공간들이 모두 차분하고 아늑하다. 객실은 묵직한 색상의 목재 가구들과 나무 바닥으로 꾸며서 고급스러운 분위기가 난다. 게다가 객실과 욕실 모두 충분히 넓고 청소 상태 역시 흠잡을 것이 없다. 미니바와 커피포트, 미니 금고 등 편의시설도 꼼꼼하게 갖추고 있다.

기본적인 호텔 시설도 좋긴 하지만, 무엇보다 르 럭스 부티크 호텔의 가장 큰 장점은 푸짐한 아침식사다. 과일, 샐러드, 빵, 소시지 같은 일반적인 조식 뷔페를 기본으로 제공하고, 여기에 오믈렛, 팬케이크, 죽, 오므라이스 등 다양한 메뉴를 추가로 주문해서 먹을 수 있다. 단, 건물 자체가 최신 건물은 아니며, 복도에 비해 객실 조명이 많이 어두운 편이다.

## 🏠 라니스 하우스 바이 더 폰즈 Lani's House by the Ponds

더블룸

지도 p.70 Ⓕ 위치 남푸 분수에서 도보 6분 주소 281, Thanon Setthathirat 요금 더블룸 45-55달러, 스위트룸 75달러, 테라스룸 80달러, 아침식사 포함 전화 021-215-639 홈피 www.lanishouse-bytheponds.com

비엔티안 구시가를 다 돌아다녀도 이만한 조건의 숙소를 만나기 힘들다. 골목 안쪽 나무가 우거진 정원을 품은 2층집이다. 방이 매우 넓으며 테이블, 옷장, 침대 등의 가구는 투박하면서 오래된 디자인이다. 왕궁 박물관에서 본 것 같은 느낌으로 마치 비엔티안에 사는 유지의 집에 초대받은 기분이 든다. 방의 콘셉트는 라오 클래식+콜로니얼 이라고 할 수 있다. 가전제품으로는 TV와 미니 바가 있으며 헤어드라이어나 금고는 없다. 패브릭은 모두 라오스 소수민족의 공정무역 제품을 사용한다. 객실 내 사진과 그림 역시 라오스 전통 분위기가 물씬 풍긴다. 화장실의 샤워 젤과 샴푸도 역시 라오 제품(사용해보고 마음에 들면 티숍라이 갤러리에서 구입 가능)이다. 비누를 제외한 어메니티는 없다. 공항에서 접근성도 좋은 편으로 공항버스정류장에서 내려 길만 건너면 된다.

## 문라이트 짬파 호텔 Moonlight Champa Hotel

지도 p.71ⓓ 위치 남푸 분수에서 도보 7분 주소 13 Thanon Phangkham 요금 스탠다드 더블룸 29달러~, 디럭스 더블룸 33달러~, 아침 포함 전화 021-264-114 홈피 www.moonlight-champa.com

디럭스 더블룸

밖에서 보면 호텔이라기보다는 게스트하우스 같은 푸른 색 건물이다. 하지만, 객실 인테리어는 호텔이라는 이름에 걸맞게 잘 꾸며 놓았다. 특히 침구류가 깨끗하고 욕실을 비롯한 객실의 청결 상태가 우수하다. 냉장고와 LCD TV 등 편의시설도 잘 갖추고 있다. 외국인 여행자들에게 친절하

게 응대하는 것도 장점이다. 아침에 먼저 요청하는 사람에게 자전거를 무료로 빌려주며, 자체 제작한 지도도 제공한다. 메콩 강변에서 살짝 떨어져 있는 것은 단점이다.

## 비엔티안 럭셔리 호텔 Vientiane Luxury Hotel

지도 p.70ⓑ 위치 남푸 분수에서 도보 8분 주소 Thanon Phanomphnh 요금 더블룸 30~35달러, 패밀리룸 40달러, 아침 식사 포함 전화 021-214-774

비엔티안에서 시설 대비 가성비가 좋은 호텔 중 하나. 큰 거리에서 한 블록 안쪽으로 들어간 곳에 위치해 조용하다. 1층 전체가 로비 라운지로 매우 넓은 편인데 푹신한 소파에 앉아 시간을 보낼 수 있다. 객실은 넓고 차분한 톤으로 꾸며져 있다. 한국 방송도 나오며 냉장고, 개인금고, 커피포트, 헤어드라이어가 있다. 가구들도 오래되지 않아서 깨끗한 상태이다. 화장실도 샤워실을 포함해 공간이 충분하다. 2층에 아침식사를 하는 식당과 운동 시설도 있다. 아침식사는 일반 중급 호텔과 달리 간단한 파스타, 스프링롤, 볶음밥 등이 나오며 다양한 과일이 뷔페식으로 준비돼 있

다. 달걀 요리는 주문하면 따로 해준다. 한 가지 단점을 꼽자면 복도 소음에는 조금 취약한 편이다.

## 커 훔 호스텔 Khow Hoom Hostel

**지도** p.70Ⓐ **위치** 남푸 분수에서 도보 11분 **주소** 5, Thanon Samsenthai **요금** 도미토리 7달러 혹은 60,000K, 아침식사 포함 **전화** 020-5890-7234

비엔티안 시내 중심, 여행자 거리 쪽에는 저렴한 호스텔이 많지만 시설은 열악한 편이다. 중심부에서 조금 멀어지면 같은 가격에도 시설 좋은 호스텔을 찾을 수 있다. 커 훔 호스텔도 그중 하나. 건물 1층은 카페로 운영하는데, 사이클을 좋아하는 주인의 취향을 느낄 수 있다. 도미토리는 캡슐형과 일반 2층 침대형 두 가지가 있다. 캡슐형의 경우 1층은 등을 조금만 굽히면 들어갈 수 있을 정도로 천장이 높고 공간이 넓다. 매트리스는 아주 얇으며 밝기 조절 가능한 전등과 콘센트가 있다. 커튼을 치면 사생활을 보호할 수 있다. 화장실은 어둡지만 공간이 넓고 잘 관리한다. 아침식사는 1층 카페에서 준다. 주스나 커피가 포함된 아메리칸 스타일 혹은 죽과 면 중에서 선택할 수 있다.

## 사일로미엔 호스텔 Sailomyen Hostel

**지도** p.71Ⓓ **위치** 남푸 분수에서 도보 11분 **주소** Thanon Saylom **요금** 도미토리 8달러 혹은 100,000k, 아침 식사 포함 **전화** 20-7837-4941

비엔티안에서 가장 시설 좋고 깨끗한 호스텔을 찾는다면 단연코 사일로미엔이다. 메콩 강변에서는 조금 먼 거리라 오갈 때는 힘들어도 일단 숙소에 들어가면 피곤이 가시는 기분이다. 2층 침대는 두꺼운 철제 프레임으로 흔들리지 않으며 침대 위에서 앉아 있을 수 있을 정도로 천장이 높다. 매트리스도 크기가 넓고 푹신하다. 개인 콘센트와 USB 충전기, 전등이 있다. 두꺼운 개인 커튼이 있어서 프라이버시가 보호된다. 전기온수기를 쓰는 공용 욕실과 화장실도 남녀 구분되어 있고 넓으면서도 깨끗하다. 타월도 기본으로 제공한다. 아침식사는 1층 카페에서 제공하는데 조식은 무료지만 주스나 커피는 유료다.

## 아발론 비앤비 Avalon B&B

지도 p.70Ⓑ 위치 남푸 분수에서 도보 8분 주소 ThanonPhanompenh 요금 도미토리 6달러~, 더블룸 25달러, 아침 포함 전화 021-255-447

도미토리형 게스트하우스 중에서 좋은 평가를 받는 숙소다. 도미토리의 침대 사이 공간이 다른 숙소들에 비해서 넓고 개인 사물함이 있는 것이 장점이다. 화장실과 샤워실은 침대 개수에 비해 넉넉하지는 않지만 깨끗하게 관리하고 있다. 도미토리 가격은 성수기와 비수기에 따라 제법 차이가 난다. 아침식사는 바로 옆 카페에서 사용할 수 있는 쿠폰으로 준다. 계단 높이가 높아서 오르내리는데 불편한 건 단점. 방비엥행 미니밴과 미니버스가 출발하는 정류장과 가까운 위치라 편리하다.
**CHECK** 레지던스, 호텔, 아파트먼트 등 다양한 형태의 숙박 시설을 함께 운영하고 있다.

## 니니 백패커 호스텔 Niny Backpacker Hostel

지도 p.70Ⓕ 위치 남푸 분수에서 도보 4분 주소 Thanon Nokeokoummane 요금 도미토리 40,000K, 아침 포함 전화 020-2800-0207

위치가 좋은 저가형 도미토리 숙소다. 남푸 분수, 메콩 강변, 환전소, 도가니 국수 가게 등 여행자들이 즐겨 찾는 곳들 대부분이 도보 5분 거리에 있다. 객실에는 철제 2층 침대가 있는데, 방에 따라 각각 4개에서 최대 16개까지 있다. 침대 프레임은 잘 흔들리지 않지만, 매트리스는 아주 얇고 딱딱하다. 시트 세탁은 잘하는 편이지만 군데군데 얼룩은 남아 있다. 화장실과 샤워실이 1, 2층에 나뉘어 있어서 크게 붐비지 않는 건 장점이다. 아침식사는 바나나, 식빵, 계란, 버터, 잼, 커피나 차로 간단하게 차려준다.

  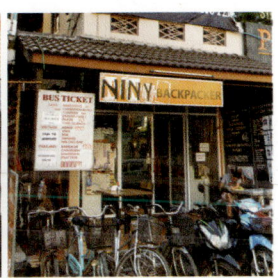

CITY 2

자연과 청춘
# 방비엥
VANG VIENG

# 01 방비엥은 어떤 곳일까?
## ABOUT VANG VIENG

**자연주의 레포츠의 천국**

방비엥은 라오어로 '왕위양'이라 부른다.

라오스의 계림이라고 불리는 작은 마을이다. 라오스 여행을 계획하는 사람들 중에 방비엥을 그냥 지나칠 사람은 없다. 병풍처럼 마을을 감싸는 울퉁불퉁한 바위산과 그 아래로 유유히 흐르는 남쏭 강. 바쁜 세상에서 온 여행자들은 이 작은 마을의 평화로운 풍경에 열광한다. 굽이굽이 산길을 지나 마을로 들어가는 순간부터 시간은 남쏭 강처럼 느리게 흐른다.

방비엥에는 튜빙, 카약킹, 짚라인처럼 자연을 온몸으로 느끼는 액티비티와 오랫동안 사람의 발길이 닿지 않았던 계곡과 폭포, 동굴이 있다. 덕분에 라오스에서 '청춘'과 '모험'이라는 단어와 가장 어울리는 곳이 되었다. 이제는 한글 간판이 워낙 눈에 많이 띄다 보니 한국의 시골마을에 놀러와 있는 듯 느껴지기도 한다. 그런 편안함과 친근함 속에서 방비엥의 매력을 마음껏 즐길 수 있다.

## 방비엥 BEST

### BEST TO SEE

블루 라군 ▶ p.140

블루 라군 3 ▶ p.144

탐 짱 동굴 ▶ p.145

### BEST TO PLAY

카약킹 ▶ p.148

짚라인 ▶ p.149

탐 남 동굴 튜빙 ▶ p.142

### BEST TO EAT

샌드위치 ▶ p.152

돼지 볼살 구이 ▶ p.155

신닷 까올리 ▶ p.154

# 02 방비엥 가는 방법
HOW TO GO

방비엥은 비엔티안과 루앙 프라방 중간에 위치한 작은 마을이다. 마을 주변이 산악지대이기 때문에 공항이 따로 없으며, 기차도 다니지 않는다. 여행사에서 운영하는 미니밴과 버스로 가는 것이 유일한 방법이다.

## 비엔티안에서 가기

비엔티안 여행사에서 판매하는 방비엥 방면 미니밴을 타는 것이 가장 편리하다. 비엔티안의 여행사나 숙소에서 버스 티켓을 사면 버스 터미널로 나갈 필요 없이 각 숙소까지 차량이 픽업을 나온다. 방비엥으로 가는 버스가 직접 오기도 하고, 픽업 차량이 와서 버스가 출발하는 스타디움 옆 미니밴 정류장까지 태워주기도 한다.

방비엥은 도로상 거리로 비엔티안에서 북쪽으로 160km 떨어져 있으며, 중간에 휴게소에서 한 번 쉬는 시간을 포함 4시간 정도 걸린다. 가는 길의 절반 정도가 구불구불한 산악 도로이다.

**주의** 미니밴을 신청해도 인원에 따라서 미니버스나 대형버스로 바꾸는 일이 비일비재하다. 버스가 바뀌었다고 놀라지 말 것. 티켓 가격은 사는 곳에 따라서 차이가 큰 편이다.

**비엔티안 ➜ 방비엥 버스 가격 및 시간**
미니밴 40,000~70,000K, 하루 2회 출발 (09:00, 13:30), 4시간~4시간 30분 소요

방비엥으로 가는 미니밴

여행사에서 운영하는 미니버스

**TIP 비엔티안 공항에서 방비엥으로 이동하기**

비행기로 비엔티안의 공항에 도착한 후, 비엔티안 시내를 거치지 않고 곧바로 방비엥으로 이동할 수 있다. 시간이 단축되어 일정을 효율적으로 짤 수 있는 것이 장점. 한인 업체들이 제공하는 픽업 서비스는 홈페이지를 통해 예약할 수 있다. 인원수에 따라서 비용이나 출발 여부가 걱정되므로 미리 문의해보자.

**공항택시** 택시 90달러, 밴 100달러
**한인 업체 픽업 서비스** 폰 트래블 www.laokim.com 트래블 라오 www.travellao.com

## 루앙 프라방에서 가기

루앙 프라방에서 180km 떨어져 있으며 대부분의 길이 산악도로이다. 미니밴과 에어컨이 있는 VIP 버스로 이동할 수 있다. 미니밴을 타면 새로 생긴 도로를 이용하는데 거리가 짧아서 시간이 단축된다. 야간버스도 있지만 우기에는 안전 문제로 추천하지 않는다. 티켓은 루앙 프라방의 여행사나 숙소에서 구입할 수 있다. 뚝뚝으로 시내 남쪽의 버스 터미널이나 미니밴 전용 터미널까지 픽업해준다.
**CHECK** 루앙 프라방 미니밴 터미널에서 출발하는 미니밴은 거의 대부분 중고 스타렉스라 승차감이 좋지 않다.

루앙 프라방에서 방비엥으로 출발하는 미니밴

#### 루앙 프라방 → 방비엥 버스 가격 및 시간
| | |
|---|---|
| 미니밴 | 100,000~130,000K, 하루 5~6회 출발(05:30~15:00), 5시간~5시간 30분 소요 |
| VIP 버스 | 160,000K, 하루 3회 출발(08:00, 09:30, 19:30), 6시간~6시간 30분 소요 |

## 방비엥 시내 들어가기

비엔티안에서 출발한 미니밴은 방비엥 시내 중심의 도로에 세워준다. 보통 여행자 버스를 운영하는 여행사 앞이 최종 목적지가 될 때가 많다. 시내 중심가에서는 대부분의 숙소가 도보 10분 거리 안에 있다. 비엔티안이나 방비엥 남쪽 도시에서 버스를 타고 올 경우에는 시내 남쪽에 위치한 남부 터미널에서 내리게 된다. 버스 시간에 맞춰 뚝뚝이 대기하고 있어 편하게 이용할 수 있다.
루앙 프라방에서 출발한 미니밴과 버스는 시내에서 북쪽으로 약 2km 떨어진 북부 버스 터미널에 내려준다. 터미널에는 여행자를 시내까지 태워줄 뚝뚝이 대기하고 있다. 1인 20,000K의 요금으로 예약한 숙소까지 태워준다.

북부 버스 터미널에서 대기 중인 뚝뚝

> **TIP 미니밴을 편하게 타려면 알아야 할 것**
>
> ❶ 같은 미니밴이라도 차종에 따라서 승차감의 차이가 크다. 토요타의 15인승 미니밴 HIACE와 신형 현대 스타렉스 차량은 양호하다. 반면 연식이 오래된 현대 구형 스타렉스는 좋지 않다. 티켓을 살 때 차종을 물어볼 것.
> ❷ 앉는 좌석에 따라서 승차감의 차이가 크다. 운전석 바로 뒤편 좌석이 가장 승차감이 좋고, 맨 뒷좌석 끝자리가 제일 나쁘다. 운전석 옆도 좋은 편이지만 사람이 많을 경우 앞에 2명을 태우기도 한다.
> ❸ 미니밴은 숙소를 돌면서 여행자들을 픽업하며, 좌석은 그 순서대로 정해진다. 보통 숙소 픽업을 돌기 전에 여행사에 들르기 때문에 픽업 신청을 여행사로 해두면 좀 더 좋은 자리를 맡을 확률이 높아진다. 단, 미니밴을 직접 운영하지 않는 작은 여행사는 해당되지 않는다.

### ● 쏫 짜이 트래블
Sout Chai Travel

비엔티안–방비엥 구간에서 미니밴과 버스를 활발하게 운영하는 회사이다. 비엔티안과 방비엥에 사무실이 있다.

지도 p.128ⓔ 위치 K 마트에서 도보 10분 전화 022-9895-5255 홈피 www.soutchaitravel.com

### ● 말라니 여행사
Malany Tickets and Transport

방비엥 남부 터미널에서 뚝뚝을 타면 이 여행사 건너편 말라니 빌라에 내려준다. 비엔티안과 루앙 프라방으로 가는 버스 티켓 가격이 저렴하다.

지도 p.129ⓙ 위치 K 마트에서 도보 1분 전화 023-5116-632

### ● 폰 트래블
Phone Travel

비엔티안과 방비엥에 사무실이 있는 한국 여행사이다. 비엔티안에서 한인 업체를 통해 예약한 버스를 타고 올 경우, 방비엥 사무실 앞에 내려줄 때가 많다.

지도 p.129ⓙ 위치 K 마트에서 도보 1분 전화 020-5552-8090

## 방비엥의 버스 터미널

### ● 남부 터미널

방비엥 시내 남동쪽에 있다. 비엔티안을 비롯해서 방비엥 남쪽의 도시들로 가는 버스와 루앙 프라방으로 가는 버스가 이용한다. 방비엥에서 태국, 베트남, 캄보디아로 가는 버스도 있다. 여행사에서 비엔티안행 VIP 버스 티켓을 구입하면 이곳까지 가는 뚝뚝 픽업 서비스를 제공한다. 거리는 그리 멀지 않아서 시내 중심가에서 걸어갈 수도 있다.

지도 p.128ⓗ 위치 K 마트에서 도보 11분

비엔티안으로 가는 VIP 버스

### ● 북부 터미널

루앙 프라방에서 출발한 버스가 도착하는 곳이다. 시내에서 2km 떨어져 있어 가깝다고 느낄 수 있지만, 가는 길이 그늘과 인도가 없는 차도라 걸어가는 것은 추천하지 않는다.

지도 p.129ⓒ 위치 K 마트에서 도보 25분, 뚝뚝으로 5분 (20,000K)

# 03 방비엥 시내 교통
## CITY TRANSPORT

마을은 크기가 남북으로 2km밖에 되지 않아서 도보나 자전거로 충분히 다닐 수 있다. 시내 바깥의 명소로 가려면 뚝뚝을 대절하거나 오토바이, 자전거를 빌려야 한다.

### 뚝뚝(쏭태우)

미니트럭을 개조한 쏭태우 기사들이 거리에서 대기하며 여행자들을 호객한다. 모양은 쏭태우지만 일반적으로 뚝뚝이란 이름으로 통용된다. 마을에서 버스 터미널을 오갈 때, 마을 바깥의 명소를 갈 때 주로 이용한다. 보통 1대 단위로 대절하는데, 명소를 왕복하고 현지에서 대기하는 시간까지 포함한다.

※ 아래 요금은 협상에 의한 것이므로 참고할 것

마을 내 편도 10,000~20,000K  탐 짱 동굴 (왕복) 50,000K  블루 라군 (왕복) 100,000K  블루 라군 3 (왕복) 150,000K

### 오토바이

시외각에 있는 명소들을 다녀올 때 가장 편리한 교통수단이다. 시내 곳곳에 있는 전문 대여점과 여행사, 숙소에서 대여할 수 있다. 보통 당일 반납하거나 24시간 동안 빌릴 수 있으며, 반나절 대여가 가능한 곳도 있다. 오토매틱이 매뉴얼보다 가격이 비싸다. 여권을 반드시 맡겨야 하니 챙겨갈 것. 주요 도로를 벗어나면 비포장도로가 대부분이기 때문에 오토바이 운전에 능숙한 사람에게만 추천한다.

요금 당일 19시 반납 기준 매뉴얼 50,000K 오토 80,000K / 24시간 대여, 매뉴얼 80,000K, 오토 140,000K

> **TIP 오토바이 대여 시 주의점**
> - 오토바이 대여 시 보험은 포함되지 않는다.
> - 오토바이 파손 시 모두 대여자의 책임이다.
> - 3명 이상 타는 것은 불법이며, 벌금은 30달러이다.
> - 대여가 시작된 후 타이어 펑크는 본인 비용으로 수리해야 한다.

## 자전거

탐 짱 동굴처럼 시내에서 멀지 않거나 편도 5km 정도 거리를 다녀오는 데는 자전거도 나쁘지 않다. 오토바이 대여가 가능한 곳에서 자전거도 대여하고 있다. 대여 시 자물쇠도 빌려주며 오토바이와 마찬가지로 보증금 대신 여권을 받는다. 대부분의 자전거에 기어가 없다. 낮 시간에는 도로 온도가 매우 높게 올라가므로, 멀리 가거나 비포장도로로 다니려면 체력적인 측면을 미리 고려해야 한다.

요금 당일 19시 반납 기준 30,000K

> ### TIP 방비엥에서 다리를 건너는 방법
>
>
> 남쏭 다리
>
>
> 남쏭 다리의 매표소
>
> 방비엥은 남북으로 흐르는 남쏭 강을 서쪽에 끼고 있다. 따라서 서쪽 편의 볼거리로 가려면 강을 건너야만 한다. 현재 가장 큰 다리는 마을의 남쪽, 리버사이드 부티크 리조트 옆에 있는 남쏭 다리이다. 차량이 통과할 수 있는 유일한 다리인데, 대신 통행료를 내야 한다. 통행료는 왕복 기준으로 받는데 처음 건널 때만 내면 된다. 그 외 물살이 세지 않은 건기에는 나무로 만든 다리들이 남쏭 다리 상류 쪽에 임시로 만들어진다. 오토바이까지 무료로 통과할 수 있다.
>
> 남쏭 다리 오픈 24시간 요금 통행료(왕복 기준) 사람 4,000K 자전거 6,000K 오토바이 10,000K
>
>
>
>
> 건기에는 무료로 건널 수 있는 대나무 다리들이 세워진다.

# 04 방비엥 실용 정보
## USEFUL INFORMATION

### BCEL Bank

방비엥에서 가장 큰 은행이다. 정문으로 들어가서 왼편으로 보이는 데스크에서 환전 업무를 담당한다. 환율은 비엔티안이나 루앙 프라방 지점과 똑같이 적용된다. 은행 앞을 비롯해 24시간 국제 현금카드를 사용할 수 있는 ATM이 시내 곳곳에 설치되어 있다.

<u>지도</u> p.129ⓙ <u>위치</u> K 마트에서 도보 1분 <u>오픈</u> 월~금 08:30~15:30 <u>휴무</u> 토, 일

### 환전소

은행 외에도 마트와 여행사에서 환전할 수 있다. 은행의 공식 환율보다 외부 환전소나 마트의 환율이 아주 조금 더 좋은 편이다. 일부 환전소에서는 100달러짜리 지폐로 가져왔을 경우 환율을 더 높게 쳐주기도 한다.

마트에서도 환전 가능

### 여행안내소 Turist Information Center

방비엥 중심 거리에 여행안내소가 있다. 교통과 볼거리에 대한 기본 정보를 제공한다. 단, 방비엥 지도는 유료(15,000K)로 판매한다.

<u>지도</u> p.128① <u>위치</u> K 마트에서 도보 1분 <u>오픈</u> 월~금 08:00~12:00 & 14:00~16:00 <u>휴무</u> 토, 일

### 여행사

작은 마을 크기에 비하면 엄청나게 많은 여행사들이 영업을 하고 있다. 카약킹, 짚라인, 블루 라군 등 방비엥의 액티비티를 조합한 다양한 상품들을 판매한다. 대부분 한글 간판과 설명서를 가지고 있다.

### 라오 텔레콤 서비스 센터 Lao Telecom Service Center

심카드를 살 수 있는 라오 텔레콤 사무실이 여행안내소 사거리 코너에 있다. 건물 뒤편에 높은 송수신 탑이 있어서 눈에 띈다. 기존의 라오스 심카드를 충전하려면 마트와 구멍가게에서 충전 쿠폰을 구입해 번호를 입력하면 된다. 유니텔이나 라오 텔레콤 등 모든 회사의 충전 쿠폰을 판매한다(자세한 방법은 p.50 참조).

심카드 충전 쿠폰

지도 p.128① 위치 K 마트에서 도보 4분 오픈 월~금 08:00~12:00 & 13:00~16:00 휴무 토, 일

### 방비엥 병원 Hospital de Vang Vieng

방비엥은 크고 작은 안전사고가 많이 발생하는 곳이다. 시내에 24시간 운영하는 병원이 있다. 자잘한 사고들이 워낙 빈번하게 일어나는 곳이라 각 의료 처리 비용을 영어로

방비엥 병원

동네 약국

적어두었다. 병원 시설은 매우 기본적인 수준이라 큰 사고가 났을 때에는 비엔티안의 병원으로 옮겨야 한다. 시내 곳곳에 간단한 상비약품을 판매하는 작은 약국들이 있다.

지도 p.128⑤ 위치 K 마트에서 도보 8분 오픈 24시간

### (신)K 마트 K Mart

방비엥에 오는 여행자라면 더 이상 캐리어 한가득 한국 라면을 챙겨올 필요가 없다. 방비엥 한복판에 한국 식품이 가득한 마트가 문을 열었기 때문. 규모가 크고 방비엥 중심 거리에 있어서 새로운 랜드마크로 떠오르고 있는데, 특히, 컵라면과 라면 종류가 다양하며 가격 또한 라오스에서 가장 저렴한 수준이다. 한국 과자나 소주는 물론 약품과 반찬까지 저렴하게 구입할 수 있다. 이 책에서 언급하는 K 마트는 모두 (신)K 마트이다.

지도 p.129③ 위치 방비엥 중심 거리 오픈 08:00~23:00 전화 020 9999 9799

### (구)K 마트 K Mart

(신)K 마트가 생기기 전까지 한국 식품들을 구하기 쉬운 곳이었다. 강변과도 가깝고 샌드위치 노점 바로 앞이라 여행자들이 즐겨 찾는다. 방수팩 같은 물놀이 용품을 정가로 판매하며, 간단한 의약품과 핸드폰 용품 등도 있다. 100달러짜리 환율이 좋은 곳이니 환전 전에 확인해 볼 것. 이름은 같지만 (신)K 마트와는 관련이 없다.

지도 p.129⑥ 위치 K 마트에서 도보 4분 오픈 08:00~24:00

# 05 방비엥 이렇게 여행하자
## TRAVEL COURSE

### 여행 방법

방비엥에 며칠 묵느냐에 따라서 코스가 달라진다. 하루밖에 없을 경우, 여행사의 액티비티 상품을 이용하는 것이 가장 효율적이다. 미리 알아보고 자신이 꼭 원하는 액티비티가 포함된 상품을 선택하도록 한다. 일정에 여유가 있으면 자전거나 오토바이를 빌리거나 뚝뚝을 대절해서 주변 볼거리들을 탐험한다.

## 추천 코스

**1일**  **투어상품 이용**  여행사의 액티비티 투어 상품을 이용하는 코스

> **TIP 방비엥 액티비티 고려사항**
> 같은 투어 상품이더라도, 여행사에 따라서 진행하는 장소가 다를 수 있다. 액티비티 요금도 여행사와 협상이 가능하므로 다양한 업체를 다니면서 알아보는 것이 좋다.

**2일** **자유 탐험**  방비엥 주변 볼거리를 탐험하는 코스

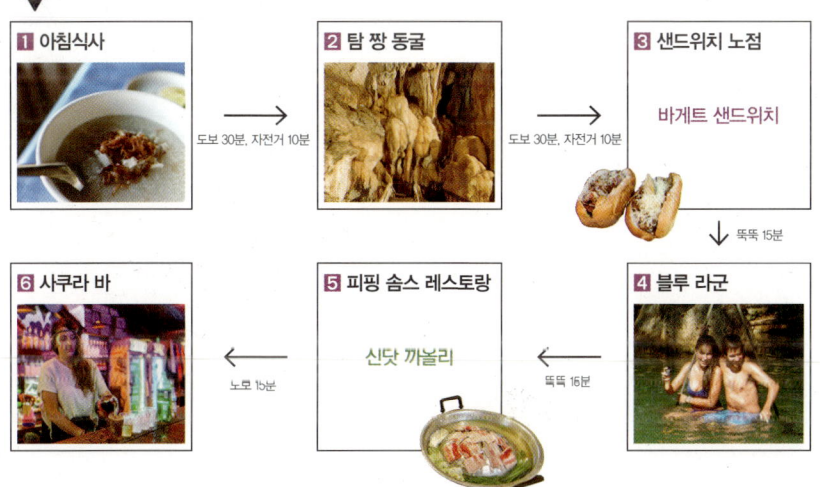

##  블루 라군(탐 푸캄) Blue Lagoon(Tham Phu Kham)

지도 p.129ⓒ 위치 시내 중심가에서 뚝뚝으로 15분 오픈 09:00~18:00 요금 입장료 10,000K 다리 통행료 5,000K, 구명조끼 대여 1시간 10,000K, 뚝뚝 대절 1대 약 100,000K

방비엥 최고의 볼거리이자 액티비티 장소인 블루 라군은 남쏭 강으로 이어지는 작은 물줄기가 시작되는 곳이다(블루 라군 3가 새로 생기면서 이곳을 블루 라군 1이라고 부르기도 한다). 크기가 작은 편이라 어릴 때 놀러 가던 야외 수영장을 떠올리게 하는 곳이지만, 이곳의 에메랄드 물빛만큼은 직접 보면 감탄이 나올 정도로 매력적이다. 물 위에 설치된 나무 다이빙대와 스윙로프는 남녀노소 가릴 것 없이 이곳을 방문한 여행자들의 도전의식을 불러일으킨다. 도착하자마자 옷부터 벗어 던지고 나무 위로 올라가는 여행자들이 멋진 동작으로 연신 떨어지는데, 물보라가 치솟을 때면 구경꾼들의 환호성이 터진다.

시내에서 남서쪽으로 약 8km 떨어져 있으며, 직접 찾아가기에도 어렵지 않아 자전거나 오토바이로 이동하는 여행자들이 많다. 가지고 간 짐은 라군 옆 테이블에 올려놓는 분위기라 각자 짐 보관에 신경을 써야 한다. 주변 시설로는 물길을 따라 편하게 쉴 수 있는 나무 정자와 산자락에 위치한 식당과 화장실이 있는데, 블루 라군을 건너는 작은 다리와 함께 우리나라 코이카 KOICA 단원들이 만들어준 것이다.

블루 라군을 건너는 다리. 통행료 5,000K를 따로 받는다.

그늘에서 쉴 수 있는 나무 정자

에메랄드 빛 수영장을 보는 것 같다.

> **TIP 블루 라군을 직접 갈 때**
>
> 방비엥 시내 중심가를 기준으로 8km 정도 떨어져 있다. 블루 라군까지 가는 길은 다리 부근을 제외하고는 포장이 잘 되어 있으며 경치도 좋다. 오토바이로는 수월하게 이동할 수 있는 거리. 자전거로 가려면 왕복으로 움직여야 하는 거리를 염두에 두고 체력 안배를 하는 것이 좋다.

블루 라군으로 가는 길

## ⊕ ZOOM IN

### 탐 푸캄 동굴을 탐험하자

물놀이만으로 아쉽다면 블루 라군 뒤편에 있는 탐 푸캄 동굴에 올라가 보자. 블루 라군 매점 옆에서부터 길이 시작된다. 올라가는 길은 약 10분 정도 밖에 안 되는 거리지만, 돌로 만든 계단의 높이가 불규칙해서 꽤 힘들다. 밖에서 보기보다는 동굴 안으로 들어가서 보는 풍경이 꽤나 근사하다. 동굴 초입 부분에는 햇빛이 들어오지만 깊숙이 들어가려면 랜턴이 필요하다. 랜턴은 아래쪽 계단 입구에서 대여할 수 있다(10,000K). 올라가는 계단과 동굴 안쪽이 미끄러우니 슬리퍼는 신지 말 것.

동굴 내부에는 와불을 모신 작은 사당이 있다.

동굴 깊숙이 들어가려면 랜턴을 내여한다.

##  탐 남 동굴(물 동굴) Tham Nam(Water Cave)

**지도** p.129ⓒ **위치** 시내 중심가에서 자동차로 20분 **요금** 다리 통행료 5,000K, 입장료 10,000K(튜브+랜턴 포함). 여행사 투어에는 다리 통행료와 입장료 포함

누가 처음 동굴 안으로 튜브를 타고 들어갈 생각을 했을까? 겉에서 보면 물 위의 작은 바위 틈으로만 보이는 이곳은 일명 물 동굴(Water Cave)로 불린다. 잔뜩 몸을 숙이고 일단 안으로 들어가면 물길을 따라 동굴이 길게 이어지는데, 이 동굴 안을 튜브 위에 둥둥 뜬 채로 구경할 수 있다. 얼음처럼 차가운 물에 몸을 담근 채 어두운 동굴 안을 탐험하기 때문에, 뜨거운 햇빛과 끈적한 더위가 가득한 방비엥에서는 최고로 시원한 순간을 보낼 수 있다.

물 동굴로 들어가는 입구가 작기 때문에 여행객들은 차례로 순서를 기다려야 한다. 수영을 잘 못하면 구명조끼를 입고 머리에는 헤드램프를 쓴다. 설치되어 있는 밧줄을 손으로 잡아끌면서 물에 뜬 채로 조금씩 동굴 안으로 들어가게 되는데, 생각보다 내부 공간이 어둡고 넓어 살짝 두렵기도 하다. 하지만, 도중에 튜브들의 간격을 유지하기 위해 교통정리를 하는 가이드가 있고, 앞뒤로 계속 사람들이 이어지기 때문에 그다지 무서운 느낌은 들지 않는다. 대신 관광객들의 즐거운 비명소리가 동굴 안에 쉴 새 없이 울려 퍼진다. 건기에 방문하면 물이 빠져서 일부 걸어가야 하는 구간도 있다.

**주의** 동굴 벽 중에 일부 튀어나온 부분이 머리에 부딪힐 수도 있으니 주의할 것.

탐 남 동굴로 가는 다리. 개별로 갈 때는 통행료 5,000K

물과 동굴 천장 사이를 튜브를 타고 이동한다.

탐 남 동굴 입구

> **TIP** 탐 남 동굴을 뚝뚝으로 가려면
>
> 탐 남 동굴은 도시 북쪽으로 약 14km 떨어져 있다. 뚝뚝을 대절해서 가려면 최소 150,000K 이상의 가격을 부른다. 비용으로 보자면 탐 남 동굴이 포함된 여행사 상품을 이용하는 것이 더 유리하다.

## ➕ ZOOM IN

### 코끼리 동굴, 탐 쌍 Tham Xang

코끼리 동굴 입구

코끼리 형상을 한 종유석

탐 쌍 동굴은 사실 동굴이라기보다는 절벽에 움푹 파인 구멍에 가깝다. 동굴 안에는 불상과 그 아래 커다란 부처의 발자국 형상이 있다. 동굴 이름의 기원이 된 코끼리 모양의 돌은 동굴 오른쪽의 와불을 지나 오른쪽 뒤편을 올려다보면 눈에 들어온다. 그다지 큰 인상이 남지 않는 장소인지라 두 개 동굴이 걸어서 5분 거리임에도 불구하고 탐 남 동굴은 가지만 이곳은 가지 않는 여행사도 있다. 별도로 갈 경우 입장료는 5,000K이다. 지도 p.129©

##  블루 라군 3(시크릿 라군) Blue Lagoon 3

지도 p.129ⓒ 위치 시내 중심가에서 자동차로 25분 요금 입장료 10,000K, 뚝뚝 대여 1대 약 150,000K

블루 라군의 풍경은 여전히 명불허전이지만 점점 많은 사람들이 방문하면서 분위기가 예전만 못하다는 평이 많다. 그러자 이곳을 대체할 또 다른 블루 라군이 생겨나 사람들을 유혹하고 있다. 조금 더 특별하고 조금 더 은밀한 장소를 원하는 여행자들을 위해 개발된 장소, 블루 라군 3 는 방비엥의 배낭여행자들을 위해 만들어진 새로운 놀이터인 셈이다. 일명 '시크릿 라군'으로 불리는 블루 라군 3로 가려면 블루 라군보다 더 멀리 들어가야 한다. 게다가 가는 길 대부분이 비포장도로라서 뚝뚝으로 가든 버기 카나 스쿠터로 가든 만만치가 않다. 하지만 일단 도착한 사람들은 블루 라군보다 한적하고 놀기 좋은 환경에 만족을 한다.

높은 산자락 바로 아래에 물놀이를 할 수 있는 웅덩이가 있고, 그 양쪽으로 줄을 타고 내려가는 다이빙대와 스윙로프를 만들어 놓았다. 초록빛 정글이 무성한 산 속에서 불어오는 바람과 아름다운 푸른 물빛에 몸과 마음이 금세 시원해진다. 물웅덩이 뒤편으로 동굴이 하나 있는데 내부가 매우 어둡고 미끄러우니 여행사 투어를 신청해 가이드와 함께 방문하는 것이 좋다. 오후가 될 수록 짙은 산그늘이 물웅덩이 위로 드리어져 시원하게 물놀이를 즐길 수 있지만, 반짝이는 에메랄드 물빛을 감상하고 싶다면 오전에 방문하는 것이 좋다. 블루 라군 3와 물웅덩이 위쪽에 설치된 짚라인은 한국인 여행사에서 운영하며 식당에서는 한국 라면도 판매한다.

블루 라군 3 표지판. 블루 라군에서 약 8km를 더 가야 한다.

스윙로프에서 시원하게 다이빙

한국라면을 판매하는 매점이 있다.

## 탐 짱 동굴 Tham Jang

동굴에는 조명시설과 통로가 설치되어 있다.

다리와 어우러진 산 풍경이 멋지다.

지도 p.129ⓒ 위치 시내 중심가에서 뚝뚝으로 5분 오픈 07:30~16:30 요금 다리 통행료 2,000K, 동굴 입장료 15,000K, 뚝뚝 왕복 대절료 약 30,000~40,000K 오토바이 주차비 3,000K 자전거 주차비 2,000K

탐 짱 동굴은 마을 중심에서 남쪽으로 2km 정도 밖에 안 되는 거리라, 자전거나 오토바이로 가기에도 좋고 시간 여유가 있다면 시원한 오전 시간에 걸어가는 것도 좋다.
현수교 형태의 주황색 다리를 건너야 하는데, 다리 뒤편으로 병풍처럼 솟아오른 산자락의 풍경이 멋지다. 산 아래에서부터 동굴 입구까지는 계단으로 올라간다. 길지는 않지만 계단 하나에 꽤 높이가 있어서 천천히 쉬어가며 걷는 것이 좋다. 동굴 안쪽은 구경하기 쉽게 조명을 설치하고 바닥에는 시멘트 길도 만들어 놓았다.
다시 동굴 매표소 아래쪽으로 내려오면 시원한 나무 그늘 옆으로 물소리가 들린다. 바위 사이로 흐르는 냇물을 구경할 수 있도록 그 위에 통행로를 만들어 놓았다. 동굴 입구 쪽에 레스토랑과 화장실이 있다.

## 파폭 동굴 전망대 Pha Poak Cave Panorama

오르내리는 길이 매우 험하다.

지도 p.129ⓕ 대나무 다리 기준 위치 남쏭 강 대나무 다리에서 도보 20분 오픈 09:00~18:00 요금 10,000K

남쏭 강 서쪽, 병풍처럼 서 있는 산 사이에 마치 밥공기를 엎어놓은 것처럼 툭 튀어나온 언덕이 하나 있다. 이 언덕 중턱에 크기가 아주 작은 동굴이 있는데, 보통은 동굴보다 언덕 꼭대기에 올라 전망을 즐기기 위해 찾아간다. 꼭대기로 오를 때는 남쏭 강 대나무 다리를 건너자마자 보이는 방갈로 사이로 난 좁은 골목으로 들어선 후, 동굴 이정표를 따라서 넓은 논길을 지난다. 언덕 꼭대기까지 올라가는 길은 경사가 매우 급하고 험하다. 전체 여정의 1/3까지만 사다리가 있고, 나머지는 나무와 뾰족한 돌을 짚어가며 올라가야 한다. 가는 길은 험하지만 꼭대기에 오르면 주변 산과 방비엥 경치가 한눈에 들어온다. 체력적으로 무리가 없고 짧은 모험을 즐기고 싶은 사람에게 추천한다.

**CHECK** 길이 험해 샌들이나 슬리퍼는 위험하다. 발을 보호해주는 신발을 신을 것. 오르내릴 때는 손발을 다 사용해야 할 정도이며, 특히 바닥을 짚을 때 돌이 뾰족해 다칠 위험이 있으니 주의하자.

# SPECIAL

꼼꼼하게 따져보는
# 방비엥 액티비티 100배 즐기기

방비엥에서 즐길 수 있는 액티비티는 매우 종류가 다양하다. 그래서 개별적으로 즐기는 것보다 여행사에서 제공하는 투어를 이용하는 것이 더 편리하다. 대부분 여행사에서 하루 2~4가지 이상의 액티비티를 동시에 진행할 수 있도록 다양한 상품들을 준비하고 있다. 상품 종류가 워낙 많아서 처음 보면 어떤 것을 골라야 할지 고민이 앞선다. 방비엥에서 보낼 수 있는 시간과 개인적인 선호도에 따라서 우선순위를 결정하자.

## 상품 종류 및 요금

### 하루 한 가지
- 카약(반나절 코스) : 약 100,000K(카약, 구명조끼, 방수팩 대여 포함)
- 짚라인(반나절 코스) : 약 150,000K(점심 포함)
- 블루 라군 : 50,000K(입장료, 다리 통행료, 구명조끼 대여 포함)
- 암벽 등반(반나절 코스) : 약 180,000K

### 하루 두 가지
- 물 동굴+카약 : 약 90,000K
- 짚라인+카약 : 약 200,000K
- 짚라인+블루 라군 : 약 190,000K

### 하루 세 가지
- 물 동굴+카약+블루 라군 : 약 130,000K
- (**최고 인기!**) 짚라인+물 동굴+카약 : 약 180,000~240,000K
- 짚라인+물 동굴+블루 라군 : 약 220,000K
- 짚라인+카약+블루 라군 : 약 230,000K

### 하루 네 가지
- 짚라인+물 동굴+카약+블루 라군 : 약 260,000K, 32달러
- 짚라인+동굴+블루 라군+블루 라군 3 : 약 45달러

## 추천 여행사

### TCK 어메이징 트래블 TCK Amazing Travel

지도 p.129 F 전화 020-5533-9301

방비엥에서 가장 인기 있는 액티비티인 짚라인+물동굴+카약킹 콤보를 즐기기에 좋은 여행사이다. 특히, 좋은 짚라인 시설을 갖추고 있다. 짚라인을 단독으로 이용할 경우 거의 3Km에 달하는 거리를 짚라인으로만 이동할 수 있다. 또한, 짚라인 장소가 시내 북쪽이라 카약킹 포인트나 물동굴과도 가깝다.

### 폰 트래블 Phone Travel

지도 p.129 J 전화 020-5552-8090
홈피 www.laokim.com

시크릿 라군으로 불리는 블루 라군 3를 직접 운영하고 있어서 블루 라군 3가 포함한 액티비티를 신청하려면 이곳이 좋다. 블루 라군과 3를 오갈 때 전용차량을 이용하며, 짚라인 장소 역시 블루 라군 3를 바로 내려다 본다.

## 튜빙 Tubing

<u>오픈</u> 튜브 대여 시간 09:00~ 18:00   <u>요금</u> 튜브 대여료 60,000K(보증금 60,000K 별도)

오늘날 방비엥의 명성을 만든 장본인은 누가 뭐래도 튜빙이다. 시원한 강물에 몸을 맡기고 하늘을 바라보며 둥둥 떠가는 튜빙 체험은 방비엥을 라오스에서 가장 잊지 못할 여행지로 등극시킨 일등 공신이다. 강 중간의 바에서 잠시 쉬어 가며 술과 함께 한낮의 파티를 즐기는 것도 튜빙의 묘미였다. 전 세계에서 온 배낭여행자들이 강물 위를 떠내려가다가 강변의 바에 모여서 자유로운 분위기를 만끽할 수 있었다.

시내의 튜브 대여점

튜브를 대여하면 튜빙 출발 지점까지 태워 준다.

튜브와 함께 강물로 들어가는 사람들

튜브 반납은 직접 한다.

지금은 잦은 안전사고로 인해 강변 바들의 숫자가 많이 줄었지만, 그럼에도 불구하고 튜빙 본연의 즐거움은 아직 사라지지 않았다. 튜빙은 여행사에 예약하지 않고도 언제든 원하는 시간에 할 수 있는 액티비티다. 방비엥 시내 곳곳에 튜브를 빌려주는 가게들이 있는데, 대여료와 보증금을 내면 튜브와 함께 강 상류까지 뚝뚝을 태워 준다. 그 다음부터의 일정은 온전히 물살과 여행자의 의지에 달려 있다. 많은 사고가 났던 다이빙대는 이제 없어졌지만, 강 중간에서 영업하는 몇몇 바에는 여전히 사람이 많은 편이다. 시내까지 떠내려 온 후 마지막에는 직접 튜브를 들고 걸어서 가게에 반납한다. 튜브의 무게가 가벼운 편은 아니니 끝내는 위치를 잘 선정하는 것이 좋다.

> **TIP** 튜빙 시 주의사항
>
> 가이드가 따로 없는 만큼 주의해야 할 일들이 많다. 우선 혼자 단독으로는 튜빙을 하지 않는 것이 좋다. 술을 많이 마시고 튜빙하는 것도 위험하다. 튜브가 몸에 연결되지 않기 때문에 물에 떠내려가 잃어버리는 경우도 종종 있다. 건기와 우기에 따라 물의 양과 속도, 온도의 차이가 크다. 건기에는 유속이 느리니 마감시간 전 3시간 정도는 여유를 갖고 출발한다. 또 건기에는 물이 차가운 편이므로 너무 오랫동안 물 속에 있지 않도록 주의한다. 우기에는 약 1시간 정도 소요되는데, 물살이 거칠기 때문에 더욱 주의한다. 아무리 수영에 자신이 있어도 구명조끼는 꼭 입는 것이 좋다.

## 카약킹 Kayaking

**요금** 카약 코스에 따라 100,000~150,000K

방비엥의 아침은 카약을 잔뜩 실은 뚝뚝이 시내 곳곳을 누비면서 시작된다. 카약킹은 고전적인 놀거리인 튜빙을 제치고 이제 방비엥의 제1 액티비티로 등극했다. 튜빙에 비해 안전하고 물에 완전히 빠지는 경우도 많지 않아 남녀노소 대부분의 여행자들이 선호하기 때문이다. 건기에는 느린 물살을 타고 여유 있게 카약킹을 즐길 수 있고, 우기에는 훨씬 다이내믹한 기분을 만끽할 수 있다.

이른 아침 각 호텔에 들러 손님을 태운 뚝뚝은 강 상류의 시작 포인트로 간다. 현장에서 간단한 안전교육을 받고 곧바로 카약킹이 시작된다. 보통 2~3인이 하나의 카약에 타는데, 배가 제법 커서 안정적이다. 하지만 우기는 물론이고 건기에도 물살이 빠른 곳으로 가면 카약이 뒤집힐 수 있다. 물에 빠지더라도 함께 움직이는 가이드들이 금방 구조해 주니 크게 걱정할 필요는 없다.

> **TIP 물이 무서우면 가이드를 요청하자!**
>
> 강물을 따라 저절로 떠내려가기 때문에 노를 젓는 법보다는 배 방향을 돌리는 조향 기술이 더 중요하다. 특히, 방향을 바꿀 때는 카약 뒤편에 앉은 사람의 역할이 중요하다. 흰 물살이 보이는 곳은 급류이므로 피하도록 한다.
> 만약 물에 빠지는 것이 걱정된다면 아예 가이드와 함께 탑승하겠다고 요청하는 것도 방법이다. 가이드는 주로 여성 여행자들의 배에 함께 탑승하는데, 이들도 실수를 하면 물에 빠질 때가 있으니 완벽한 대책은 없다.

카약을 실은 뚝뚝이 각 호텔마다 픽업을 온다.

건기에도 간혹 물에 빠지는 경우가 있다.

카약 이용법과 안전 교육을 받고 출발

## 짚라인 Zip Line

**요금** 짚라인 반나절 코스 1일 코스 150,000K

짚라인은 나무와 나무 사이에 기다란 쇠줄을 팽팽하게 잇고 그 위에 도르래를 매달아 사람이나 물건을 이동하는 장치다. 라오스 북부와 중부 지역에서 짚라인으로만 갈 수 있는 울창한 밀림 지역에 설치된 것을 시작으로 여행자들에게 큰 인기를 끌고 있다. 방비엥 역시 일부 대형 여행사들이 시내 외곽 산자락에 터를 잡고 짚라인을 설치했다. 신청하는 여행사에 따라서 다른 출발점으로 이동하게 되는데, 시설과 분위기는 대부분 비슷하다.

처음에 짚라인 출발 포인트로 걸어 올라가는 것 외에는 체력적으로 힘든 부분은 없다. 높이와 분위기에 적응할 수 있도록, 뒤로 갈수록 점점 짚라인이 길어지게 설계했다. 중간에 흔들다리가 있는데 어떤 사람에게는 짚라인을 타는 것보다 더 무서울 수도 있다. 가장 마지막에는 줄을 타고 수직으로 하강하는데, 이때 가장 많은 비명이 터져 나온다. 줄을 타고 빠른 속도로 이동하는 것도 재미있지만, 높은 산에서 바라보는 주변 전망이 더 시원하다. 나름대로 안전장치에 만전을 기하기 때문에 일단 한번 익숙해지면 생각보다 스릴은 떨어진다. 스릴을 더 느끼려면 줄을 탈 때마다 자신만의 포즈를 만들어보는 것도 좋다.

> **TIP 떨어진 카메라는 찾을 수 없어요.**
> 개인적인 촬영을 위해 카메라나 캠코더 등 장비를 들고 탈 수도 있다. 다만 이동 중에 나무 아래로 내려갈 수 없기 때문에, 장비를 떨어뜨릴 경우 절대 회수가 불가능하다. 여행사에서도 책임지지 않으므로 본인 책임 하에 가지고 타도록 한다.

> **TIP 짚라인 이름의 유래**
> 나무 사이를 잇는 금속 와이어는 강도를 높이기 위해 여러 개의 쇠줄을 꼬아서 만든다. 도르래가 이 와이어 위를 지나가면 마찰음이 생기는데, 이 소리가 '지이이입(Zip~)'처럼 들린다고 해서 짚라인이라는 이름이 붙었다.

흔들다리를 건너는 것도 아찔하다.

## 버기 카 Buggy Car

<u>요금</u> 자유 주행 3시간 기준 1대 약 55달러

방비엥에서 할 수 있는 가장 시끄럽고 거친 액티비티. 비포장도로 주행용으로 만든, 차체가 작고 낮은 버기 카에 탑승해 직접 운전을 하며 볼거리를 찾아 간다. 운전 자체는 어렵지 않지만 엔진이 시끄럽고 차체의 흔들림이 심해서 생각보다 피로도가 높다. 일정 시간 동안 대여하는 자유 주행도 있지만, 안전을 위해서는 가이드 차량이 선두에 서고 나머지 차량이 줄지어 따라가는 그룹 주행을 추천한다. 보통 블루 라군이나 탐 짱 동굴 같은 주변 볼거리로 함께 이동하며, 1대 2인까지 탑승할 수 있다.

<u>주의</u> 비포장 도로를 달릴 때 흙먼지가 매우 심하게 날리므로 마스크는 필수. 또 옷과 선글라스는 손상되어도 아깝지 않은 것으로 준비한다.

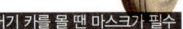
버기 카를 몰 땐 마스크가 필수

## 모터보트 Motorboat

<u>오픈</u> 07:00~18:00 <u>요금</u> 왕복 1시간 기준 1인 약 80,000~100,000K

강물을 가르며 주변 풍경을 구경하고 싶지만 튜빙이나 카약킹처럼 몸이 힘든 액티비티는 하기 싫은 사람에게는 모터보트가 제격이다. 부릉거리는 엔진 소리와 함께 시원하게 물살을 가르며 주변 경치를 구경하는 재미가 있다. 배 하나당 2명이 탑승할 수 있으며, 주로 빌라 남쏭 Vila Nam Song과 타원쑥 방갈로 Thavonsouk Bungalow 사이 강변에서 대기하고 있다. 햇빛이 내리쬐는 더운 한낮보다는 아침 시간이나 저녁 일몰 즈음이 보트 타기에 더 좋다.

강변에서 대기 중인 모터보트

## 모터 패러글라이딩(파라모터) Paramotor

활주로에서 이륙하는 모터 패러글라이더

**요금** 1시간 90달러

이른 아침 하늘 위에서 '부웅' 하는 소리가 들려온다면, 그건 모터 패러글라이더가 방비엥 하늘을 날고 있는 소리다. 패러글라이딩에 엔진과 프로펠러를 결합한 모터 패러글라이딩(파라모터)은 높은 곳에서 바람을 타고 떨어질 필요 없이 평지에서 이착륙이 가능하기 때문에 편리하다.

보통 조종사 1명이 뒷좌석에서 조종을 하며 신청자는 앞좌석에 앉아서 편안하게 주변 경치를 감상할 수 있다. 메인 거리 동쪽에 있는 비포장 평지를 활주로로 이용하며, 한낮 보다는 아침과 오후 일몰 무렵에 주로 운행을 한다.

## 열기구 Balloon

**요금** 1인 90달러

전 세계 어디를 가나 멋진 풍경이 있는 관광지라면 빠지지 않고 열기구 투어를 판매한다. 방비엥도 예외가 아니라서 쏭강과 파댕 산 위를 떠다니는 열기구 투어가 있다. 주로 대기가 안정적인 아침 일출시간이나 오후 일몰 무렵에 떠오른다. 열기구 투어가 출발하는 장소는 파라모터와 마찬가지로 마을 동쪽의 공터. 파라모터와는 달리 정해진 루트 없이 기류의 흐름에 따라서 움직인다. 다만, 열기구는 사고발생 시 사망 확률이 매우 높기 때문에 무엇보다 안전이 중요하다. 한국인이 운영하는 여행사나 투어 판매 대행사 대부분은 열기구 투어를 판매하거나 추천하지 않는다.

# SPECIAL

세상 어디에도 없는 특별한 맛
# 방비엥 샌드위치

방비엥은 길거리 샌드위치의 천국이다. 사람들이 많이 지나는 거리마다 샌드위치 노점들이 옹기종기 모여 있다. 이 노점들의 주력 메뉴는 샌드위치, 버거, 팬케이크, 단 세 가지. 한때 프랑스 식민지였던 영향으로 바게트 빵을 사용하는데, 가격에서 맛과 크기까지 뭐 하나 빠지는 것이 없다. 라오스의 다른 도시에서도 바게트로 만든 샌드위치는 자주 볼 수 있지만, 방비엥에서 파는 것 같은 푸짐한 샌드위치는 없다. 덕분에 한국에 돌아오면, 아니 방비엥을 떠나는 순간부터 가장 먼저 생각이 나는 음식! 열심히 놀고 배고픈 청춘들에게 더할 나위 없이 좋은 한 끼 식사다.

특이하게도 샌드위치 노점의 대부분이 한국어로 된 간판과 메뉴판을 내걸고 있다. TV 프로그램 〈꽃보다 청춘〉이 다녀간 이후 생긴 여파다. 다녀간 손님들이 적어 준 추천 글도 필수적인 홍보 수단이다. 사실 노점의 메뉴 구성과 사용하는 재료가 대동소이해서 어디서 주문하든 큰 차이는 없다. 그래서 주인아주머니 표정이나 친절도가 노점 선택의 중요한 요소가 된다. 워낙 경쟁이 치열하다보니 서비스로 작은 바나나를 주기도 한다.

<u>지도</u> p.128ⓔ, p.129ⓕ, p.129ⓙ <u>위치</u> 방비엥 시내에 3군데 노점자리가 있다. (구)K 마트 앞, 왓캉 사원 앞, 방비엥 병원 앞 <u>오픈</u> 06:00~01:00 <u>요금</u> 샌드위치 15,000~30,000K, 버거 20,000~25,000K, 팬케이크 10,000~20,000K

# VANG VIENG SANDWICH

> 샌드위치 노점의 메뉴들

### 1 샌드위치

노점에서 가장 인기 있는 메뉴다. 커다란 바게트 빵을 갈라 다양한 재료들로 속을 꽉 채운다. 모든 재료가 다 들어간 샌드위치를 선택하면 치킨 너겟, 쇠고기 패티(햄), 베이컨, 오믈렛 같은 단백질은 물론 치즈와 구운 양파, 마늘, 토마토, 오이, 양상추까지 들어간다. 채소를 제외한 전 재료를 기름에 볶고 마요네즈, 케첩, 칠리 소스까지 듬뿍 치기 때문에 높은 칼로리는 보장한다.
제일 비싼 샌드위치가 30,000K 정도라 살짝 비싸다는 느낌이 들 수도 있는데, 막상 먹어보면 손에서 느껴지는 묵직함만큼이나 풍부한 맛이 만족스럽다. 가장 가성비 좋은 메뉴는 20,000K 정도의 치킨 너겟+베이컨+치즈 샌드위치.

### 2 팬케이크

팬케이크는 일명 로띠 Roti라고도 부른다. 숙성한 도우를 얇게 펴서 기름에 튀기듯이 구운 다음, 온갖 달콤한 재료들을 집어넣는다. 그 중에는 한 끼 식사가 되도록 고기 종류의 재료를 넣은 것도 있다.
제일 인기 있는 메뉴는 10,000K짜리 바나나+초콜릿 소스+연유가 들어간 팬케이크다. 가격은 저렴해도 칼로리만큼은 비싼 메뉴들 못지않다. 보통 밤에 클럽에서 논 후 야식으로 많이 먹는다. 무엇보다 팬케이크는 주문한 다음 바로 그 자리에서 먹는 게 제일 맛있다는 걸 기억하자. 시간이 지나면 눅눅해져서 바삭한 맛을 잃는다.

### 3 버거

버거는 샌드위치보다 크기가 작아서 상대적으로 인기가 떨어진다. 하지만 들어가는 재료의 종류는 샌드위치와 똑같다. 혼자서 샌드위치 하나를 다 먹기에는 양이 너무 많거나, 바게트 빵을 그리 좋아하지 않는 사람에게는 좋은 선택이 된다.

## 🍴 피핑 솜스 레스토랑 Peeping Som's Restaurant

지도 p.129ⓙ 위치 K 마트에서 도보 2분 오픈 13:00~15:00, 17:30~22:00 요금 삼겹살 39,000K, 공기밥 5,000K 전화 020-5577-3469

방비엥을 대표하는 신닷 까올리집이다. 신닷 까올리는 우리나라 불고기의 라오스 버전이라 할 수 있는데, 불판 가운데에서는 고기를 직접 구워먹고, 사이드에는 육수를 채워 넣어 샤브샤브처럼 먹는다. 고기와 함께 채소, 당면, 계란, 육수를 함께 내준다.

소고기, 닭고기, 돼지고기 등 원하는 종류의 고기를 고를 수 있는데, 기름기 덕분에 불판에 잘 붙지 않는 삼겹살이 제일 굽기 편하고 맛도 좋다. 함께 나오는 붉은 소스는 은은하게 맵고 단맛이라 구운 고기와 샤브샤브 모두 잘 어울린다.

**CHECK** 건물 안은 매우 더우니 될 수 있는 한 바깥 테이블에 앉는 것을 추천한다.

## 🍴 미타팝 비비큐 앤 핫폿 Mittaphap BBQ & Hotpot

지도 p.129ⓙ 위치 K 마트에서 도보 2분 오픈 17:30~22:00 요금 삼겹살 40,000K 비어라오(소) 10,000K 전화 020-2225-4515

피핑 솜스 레스토랑 바로 옆에 있는 신닷 까올리집이다. 피핑 솜스에 비해 손님이 적은 편이라 항상 좌석에 여유가 있다. 대신 종업원들이 조금 더 친절하다. 고기 1인분 가격이 피핑 솜스보다 살짝 비싸지만, 고기의 양도 그만큼 더 넉넉하게 나온다. 그럼에도 불구하고 피핑 솜스보다 손님들이 덜 몰리는 이유 중 하나는 바로 소스의 맛 때문이다. 피핑 솜스와 비교해보면 고기를 찍어 먹는 소스의 감칠맛과 단맛이 조금씩 부족한 편이라, 함께 내 주는 마늘과 다진 고추, 레몬즙을 충분히 넣는 것이 좋다. 명성과 소스 맛을 택하느냐, 아니면 고기 양과 여유 있는 분위기를 택하느냐는 여러분의 선택이다.

## 돼지 볼살 구이집 Banking Restaurant

지도 p.129ⓙ 위치 K 마트에서 도보 2분 오픈 국수 08:00~23:00, 구이 14:00~23:00 요금 돼지 볼살 구이 20,000K 비어라오 10,000K 전화 020-9776-2290

한국 사람이 가장 사랑하는 돼지고기 부위는 삼겹살이라고 알려졌지만, 적어도 방비엥에서만큼은 이 말이 사실이 아닐 수 있다. 숯불에 천천히 구운 돼지 볼살 구이가 방비엥에서는 최고의 인기를 누리고 있다. 돼지 볼살은 영어로 jowl이라고 하는데, 삼겹살만큼 지방이 많으면서도 붙어 있는 살들이 쫄깃하다. 직접 구워 먹는 방식이 아니라 주문한 양만큼 기름이 완전히 빠진 상태로 바싹 구워서 나온다. 처음에는 살짝 질긴 느낌도 들지만, 그 특유의 쫄깃하게 씹히는 식감과 고소한 맛에 길들여지면 다른 고기는 생각나지 않는다. 함께 나오는 매콤달콤한 스위트 칠리 소스에 찍어 먹으면 절로 넘어가는 맛이다. 곁들여 먹을 양배추와 쌈 종류, 삶은 소면, 토마토와 오이도 같이 주는 것도 매력적. 돼지고기의 다른 부위나 오리고기, 닭고기도 있으니 일행이 있으면 골고루 시켜보는 것도 좋다. 무엇을 시키든 비어라오 한 잔은 필수다.

돼지 볼살 구이 1인분

## 피자 루카 Pizza Luka

지도 p.128Ⓔ 위치 K 마트에서 도보 6분 오픈 18:00~23:00 휴무 화요일 요금 샐러드 20,000K, 라자냐 50,000K, 피자 60,000K~ 전화 020-9819-0831

저녁 6시, 해가 질 무렵에야 문을 여는 피자 전문 레스토랑이다. 대부분의 테이블이 야외 정원에 있고 테이블마다 은은하게 촛불을 밝힌다. 여기에 음악까지 흘러나오면 로맨틱한 분위기로 변신 완료. 오붓하게 분위기를 내고 싶을 때 찾을 만한 식당으로 인기가 높은 곳이라, 문을 여는 순간 몇 개 되지 않는 테이블이 빠른 속도로 차 버린다. 특히, 일행이 많다면 일찍 찾아가는 것이 좋다.

오로지 음식의 맛 때문에 찾게 되는 식당이 별로 없는 방비엥에서도 이 식당은 특별하다. 프랑스인 주인장이 야외 화덕에서 직접 피자를 굽는데, 라오스 물가를 생각하면 살짝 비싼 가격이지만 맛으로만 평가한다면 충분히 그만한 가치가 있다.

얇은 도우 스타일로 구워내는 피자는 토핑으로 올린 재료와 치즈, 베이컨의 조합이 아주 훌륭하다. 그 중에서 화이트 크림이 들어간 '화이트 피자'를 추천. 테이블에 놓인 고추 오일을 뿌려서 먹으면 감칠맛 나면서도 매콤한 풍미가 확 살아난다. 피자 외의 메뉴는 단출한 편으로 샐러드나 라자냐를 주문할 수 있다. 주문 후 화덕에 굽고 대기 손님도 많아서 음식이 늦게 나오는 편이니, 요리가 따로 필요 없는 샐러드를 함께 시키는 것이 좋다.

## 밤부 트리 Bamboo Tree

**지도** p.129ⓙ **위치** K 마트에서 도보 1분 **오픈** 09:00~23:00 **요금** 햄버거 35,000K~, 스테이크 50,000K, 남콩 비어 10,000K~ **전화** 020-5579-1274

방비엥의 중심 거리에서도 제일 목 좋은 코너에 있는 레스토랑이다. 덕분에 에어컨도 없는 평범한 식당이지만 여행자들이 항상 북적거린다. 가게 주변은 이름 그대로 대나무 장식으로 꾸며 놓았고, 평상 테이블에 앉아서 노닥거릴 수도 있다. 버거나 파스타 같은 서양식 음식부터 시작해 라오스 요리까지 다양한 메뉴가 있다. 추천 메뉴는 햄버거와 스테이크. 특히, 스테이크는 로스 구이에 가까울 정도로 고기가 얇고 소스 맛이 강하지만 한국 돈으로 약 7,000원이라는 것을 생각해보면 가성비는 나쁘지 않은 편.

비프 스테이크(블랙페퍼 소스)

## 나피디 카오 삐약

카오 삐약

팟타이

**지도** p.129ⓕ **위치** K 마트에서 도보 2분 **오픈** 09:00~21:00 **요금** 카오 삐약 쎈 15,000K, 팟타이 15,000K, 볶음밥 15,000K~

TV 프로그램 〈꽃보다 청춘〉의 '나영석 PD 및 스태프들이 3일 동안 해장한 곳'으로 명성을 얻은 곳이다. 시골 마을 골목길의 작은 밥집으로 '문 페잉'이라는 라오스식 식당 이름은 있지만 간판이 없다. 구글 지도에도 '카오 삐약(맛집)'으로만 표기돼 밖에서 알아보기 어려울 수 있다. 근처 유사한 규모의 식당과 비교해 요리에 성의가 있는 편이며, 팟타이나 볶음밥이 좋은 평가를 받는다. 가장 인기 있는 음식은 국수인 카오 삐약 쎈으로 국물이 맑은 빛을 띠면서 짜지 않고 구수하다. 고명은 닭, 돼지 3가지 중 선택 가능하다. 양배추와 숙주, 쪽파가 기본적으로 들어가는데 고수가 들어가지 않아 헌지 음식을 못 먹어도 충분히 먹을 수 있다. 단, 〈꽃보다 청춘〉 라오스 편 촬영 당시 나영석 PD는 오지 않았다는 점을 고려하도록 하자.

## 🍴 오가닉 팜 Organic Farm

<u>지도</u> p.129ⓒ <u>위치</u> 시내에서 자전거로 약 20분, 오토바이로 10분 내 <u>오픈</u> 08:00~21:00 <u>요금</u> 멀베리 주스 15,000K, 커리 25,000K~ <u>전화</u> 020-5510-1166 <u>홈피</u> www.laofarm.org

더운 날씨에 한 끼 식사를 위해서 시내에서 4km나 떨어진 식당까지 찾아가야 할까? 더군다나 오가닉 팜이라니 건강만 생각하고 '맛은 없는' 채식 전문 식당으로 오해하기도 쉽겠다. 하지만 오가닉 팜은 딱 우리나라 사람들이 좋아할 만한 요소들을 두루 갖춘 식당으로 추천할 만하다.

우선 식당에서 바라보는 전망과 분위기부터 합격. 카약킹과 튜빙을 시작하는 남쏭 강 상류에서 유유히 흐르는 강물을 바라보는 절묘한 위치에 있다. 정원에는 정자 테이블도 있어서 시원한 강바람을 맞으면서 유유자적 시간을 보낼 수 있다.

추천 메뉴는 오디 열매로 만드는 '멀베리 주스'와 '멀베리 와인'이다. 자체 농장에서 수확한 유기농 멀베리만 사용한다는 것이 자랑거리. 시원한 멀베리 주스 한 잔이면 먼 길을 달려온 피로가 단번에 풀린다. 재료를 아끼지 않고 만드는 라오스 요리 메뉴들도 풍미가 좋다. 배고픈 사람들에게는 밥과 함께 양이 넉넉하게 나오는 커리 종류를 추천한다. 오기는 힘들지만 일단 왔다하면 자리를 잡고 질릴 때까지 시간을 보내다 가는 분위기다. 그러려면 뚝뚝보다는 자전거나 오토바이를 타고 방문하는 것이 좋다.

멀베리 주스

정원의 정자 테이블

## 조선평양식당 방비엥점

지도 p.128ⓗ 위치 K 마트에서 도보 10분 오픈 08:00~22:30 전화 030-508-6670 요금 냉면 50,000K(200g), 평양만두 30,000K, 온반 50,000K

사회주의 국가 라오스는 북한과 꾸준하게 교류하고 있다. 그래서 라오스의 북한 식당에 가면 한국에서는 먹을 수 없는 '진짜' 북한 음식을 맛볼 수 있다. 여행자들이 많은 방비엥에도 북한 식당이 있는데 시내에 있어 걸어서 쉽게 다녀올 수 있는 것이 장점이다. 식당은 공간이 넓으며, 한쪽은 무대가 설치되어 있다. 낮에는 하얀 블라우스에 남색 스커트를 입은 여성 종업원들이 응대를 한다. 분위기는 일반 식당과 다를 것 없지만, 종업원들의 말씨와 카라오케에서 흘러나오는 북한 가요가 북한 식당에 왔다는 것을 실감하게 만든다.

냉면의 육수는 한국에서 먹는 평양냉면과 유사하지만, 단맛이 아주 은은하며 맛이 부드럽고 짜지 않다. 고명으로 편육과 삶은 달걀을 올리며 고추 다대기가 들어 있다. 면발은 한국의 평양냉면보다 어두운 빛을 띠며, 식감이 쫄깃하다. 평양만두는 피가 투박하고 두꺼운 편이지만 속이 고소하고 맛있어 냉면과 잘 어울린다. 냉면을 좋아하지 않는 사람에게는 온반을 추천한다. 밥에 구수한 육수를 붓고 그 위에 고소한 녹두전을 올렸다. 그 사이에 찢어서 양념한 닭고기와 버섯이 들어 있는데 밥, 녹두전, 육수를 함께 먹으면 진한 감칠맛을 느낄 수 있다. 단, 김치나 깍두기 같은 반찬은 따로 주문해야 한다.

**CHECK** 19:00부터 1시간 동안 서빙하던 종업원들이 북한식 한복을 입고 나와 공연을 한다. 각각 악기를 연주하면서 노래도 부른다. 무대 매너는 결코 세련되다고 할 수는 없지만 '반갑습니다'로 시작하는 독특한 레퍼토리는 한번쯤 경험해 볼 만하다.

온반

평양랭면

평양만두

도로에 간판이 있다.

## 🍴 쌀국수/죽집 Noodle Shop

**지도** p.129ⓙ **위치** K 마트에서 도보 7분 **오픈** 07:00~10:00 **요금** 퍼 15,000K, 카오 삐약 쎈 20,000K, 카오 삐약 카오(죽)10,000K, 라이스 페이퍼 롤 반꾸온 15,000K

말라니 호텔 옆쪽에 있는 국수집들은 방비엥 사람들의 아침식사를 책임지는 곳이다. 나란히 세 곳의 국수집이 있는데 메뉴는 모두 비슷하다. 베트남 식 쌀국수인 '퍼', 통통하고 쫄깃한 쌀국수인 '카오 삐약 쎈', 그리고 쌀로 만든 죽 '카오 삐약 카오'의 세 가지 메뉴. 주문에 따라 면은 달라져도 육수는 같은 걸 사용하는데, 부드러우면서도 구수한 국물이 우리 입맛에 잘 맞는다. 오랫동안 끓인 쌀죽은 마치 삼계탕으로 만든 죽 같은 느낌도 난다. 테이블 위에 있는 고추기름, 간 생강, 라임도 적극적으로 활용해 볼 것. 국물의 맛이 한결 깔끔해진다.

추천하는 집은 제일 왼쪽에 있는 식당이다. 다른 집에 비해 국수 고명으로 올린 돼지고기와 닭고기, 미트볼의 양이 좀 더 넉넉하다. 그리고 다른 집에서는 팔지 않는 반꾸온 Banh Cuon을 함께 주문할 수 있다는 것도 장점. 반꾸온은 쫄깃하고 얇은 쌀가루 반죽에 고기와 야채 고명을 넣어서 돌돌 만 베트남의 별미로, 새콤달콤한 땅콩 소스에 찍어 먹는다. 얼핏 스프링 롤처럼 보이지만 식감은 촉촉한 떡에 더 가깝다. 세 집 모두 오전 시간에만 문을 열며, 준비한 재료가 다 떨어지면 일찍 문을 닫는다.

## 루앙 프라방 베이커리 Luang Prabang Bakery

지도 p.129⑤ 위치 K 마트에서 도보 3분 오픈 07:00~22:00 요금 쿠키 15,000K, 아이스 라오 커피 20,000K 전화 023-511-145

방비엥을 찾는 배낭여행자들과 역사를 함께 한 오래된 카페. 방비엥에 있지만 다른 도시의 이름을 가진 것부터 독특하다. 나름 깔끔하게 인테리어 한 넓은 매장과 인터넷 덕분에 오랫동안 여행자들의 휴식처로 사랑받고 있는데, 아이스커피 한 잔을 앞에 두고 선풍기 바람을 맞으며 가게 앞을 지나는 여행자들을 무심히 바라보는 것은 이제 방비엥에서는 흔한 오후의 일상이 되었다. 단, 가게 이름은 베이커리지만 오레오 브라우니나 초코볼 같은 빵과 쿠키들은 그 이름에 어울리지 않게 맛이 없다.

## 푸반 카페 Phouban Café

지도 p.129⑤ 위치 K 마트에서 도보 5분 오픈 08:30~20:30 요금 과일 주스 10,000K, 맥주 15,000K

남쏭 강 대나무 다리 바로 앞에 있는 카페다. 대부분의 테이블이 강줄기를 향해 놓여 있어 전망 하나는 최고라 할 수 있다. 한낮에는 해를 가릴 곳이 거의 없어서 앉아 있기 힘들지만, 해가 저물기 시작하는 늦은 오후에는 맥주 한 병이나 가성비 좋은 과일 슬러시를 앞에 두고 여유로운 시간을 보내기 좋다. 혼자 왔다면 대나무 다리와 석양을 바라볼 수 있는 강변 옆 바 테이블에 앉아보자. 관광객들 태운 모터보트가 황금빛 물살을 가르는 모습을 지켜보고, 아이들이 물장난치는 소리를 들으며 망중한의 시간을 보낼 수 있다. 일몰을 배경으로 예쁜 인증 사진을 남기기에도 최적의 장소다.

## 카페 에에 Cafe Eh Eh

**지도** p.128ⓔ **위치** K 마트에서 도보 8분, Elephant Crossing Hotel 옆 **오픈** 07:30~19:00 **휴무** 화요일 **요금** 아이스 라테 18,000K, 케이크 1조각 20,000K **전화** 030-5074-369

시골 마을 방비엥에서는 쉽사리 채워지지 않는 맛있는 베이커리에 대한 욕구를 달래줄 카페다. 홈메이드 스타일로 만드는 소박한 케이크를 커피와 함께 맛볼 수 있는 곳. 투박한 겉모양과는 달리 의외로 촉촉한 시트와 진득한 질감에 살짝 놀랄 수도 있다. 달콤하고 부드러운 향이 매력적인 바나나 케이크도 좋고, 왠지 건강하고 친근한 느낌의 당근 케이크도 좋고, 상큼한 무스 타입의 레몬치즈 케이크도 좋다. 커피는 비엔티안에서 인기 있는 커피 전문점의 원두를 사용한다. 작은 크기의 매장이지만 라오스 엽서와 포스터로 아기자기하게 꾸며 놓은 공간에서 쉬어가기에 딱 좋다.

*아이스 라테와 바나나 케이크*

 ## 할리스 커피 Hallys Coffee

**지도** p.129ⓕ **위치** K 마트에서 도보 2분 **오픈** 07:00~22:00 **요금** 커피 16,000~18,000K, 아이스 커피 20,000~22,000K

한국의 인기 있는 프랜차이즈 커피전문점과 이름이 같은 현지 카페. 위치가 좋고 이름과 로고가 익숙해서인지 한국인 여행자들이 많이 모인다. 시원한 에어컨과 속도 빠른 와이파이 등 여행자에게 필요한 조건을 갖춘 아지트 분위기다. 한국어로 된 가이드북도 비치돼 있어 테이블에 앉아 휴식하면서 계획을 세우는 여행자들이 많다. 커피는 한국의 저가형 프랜차이즈 커피와 라오스식 커피를 조금씩 모두 맛보는 기분이 난다. 바로 옆 여행사와 함께 운영하기 때문에 투어 상품이나 교통편도 예매할 수 있다.

## 사쿠라 바 Sakura Bar

<u>지도</u> p.129ⓙ <u>위치</u> K 마트에서 도보 2분 <u>오픈</u> 20:00~24:00 <u>요금</u> 비어라오 15,000K, 칵테일 30,000K(20:00~21:00, 무료 칵테일 제공) <u>전화</u> 020-7800-7555

어쩌면 라오스 여행을 준비하면서 가장 먼저 들어봤을 이름, 방비엥에 처음 온 사람이라면 누구나 한 번쯤은 필수 목록에 적어놓았을 이름이 '사쿠라 바'다. 이제 방비엥뿐만 아니라 라오스를 대표하는 클럽으로 등극한 곳이 사쿠라 바. 한국인 여행자들이 워낙 많이 찾는 곳이라 피크 시간대에는 한국 클럽을 방불케 한다. 특히, 8시부터 제공하는 무료 칵테일 때문에 클럽치고는 이른 시간부터 손님들이 모여든다. 무료 칵테일은 저렴한 라오 위스키인 '타이거'에 스프라이트나 콜라를 취향대로 섞은 것이다. 그 잔을 비울 무렵부터 바의 넓은 공간은 사람들로 하나둘 채워지기 시작한다.

입구로 들어가자마자 왼쪽의 바를 지나면 디제이 박스와 춤추는 공간, 실내 테이블이 있고 그 안쪽에는 야외 테이블과 화장실이 있다. 어디든 마음에 드는 자리를 잡고 앉아서 술 몇 잔 마시다보면, 어느새 세계 각지에서 온 사람들과 친구가 되는 개방적인 분위기다. 바가 문을 닫는 자정이 되면 세상에서 가장 들뜬 표정으로 우르르 몰려 나가는 여행자들의 모습을 1년 365일 볼 수 있다. 칵테일 두 잔을 마시면 선물로 주는 '사쿠라 바 티셔츠'를 훈장처럼 모아 가는 여행자도 많다. 방비엥을 떠날 무렵 당신의 가방 안에는 과연 몇 장의 티셔츠가 들어가 있을지. 술도 마시고 춤도 추고 기념품도 챙겨가는 일석삼조의 스폿인 셈이다.

## 개리스 아이리시 바 Gary's Irish Bar

지도 p.129Ⓙ 위치 K 마트에서 도보 2분 오픈 09:00~23:30 요금 비어라오(640ml. 병) 15,000K, 칵테일 15,000K~, 버거 25,000K~ 전화 020-5611-5644 홈피 http://irishbar.weebly.com

에어컨도 없고 와이파이도 없다. 덜덜대며 돌아가는 선풍기뿐이라 시원하지도 않은 허름한 아이리시 바다. 그럼에도 불구하고 언제나 여행자들이 북적거리는 곳. 특히, 서양인 배낭여행자들의 아지트에는 개리스 아이리시 바가 1순위로 등극해 있다. 한쪽에 놓인 당구대와 스포츠 중계를 틀어주는 TV까지 딱 서양인 아지트다운 분위기. 무엇보다 바로 앞 사쿠라 바의 분위기가 무르익기를 기다리기에 이곳만큼 좋은 곳도 없다. 미리부터 짝이 맞는 테이블끼리 즉석 미팅 분위기가 만들어지곤 한다.

6시부터 10시 사이에 방문했다면 해피 아워 칵테일을 주문해보자. 칵테일 두 잔을 시키면 칵테일 한 잔은 공짜로 마실 수 있다. 특히, 달콤한 핑크 레이디나 오렌지 블로섬은 여자들에게 인기가 높은 칵테일이다. 단, 저렴한 타이거 위스키를 사용하는 칵테일 종류는 생각보다 알코올 도수가 높아서 급하게 취기가 오를 수 있다. 저녁식사까지 함께 해결하고 싶다면 단연 버거 종류를 추천한다. 방비엥에 딱 어울리는 이름인 '튜빙 버거'는 베이컨을 넣은 클래식한 버거 스타일. 고소한 패티도 좋지만 방비엥에서 가장 제대로 튀긴 감자튀김도 맛볼 수 있다.

오렌지 블로섬, 타이거 위스키+콜라, 핑크 레이디

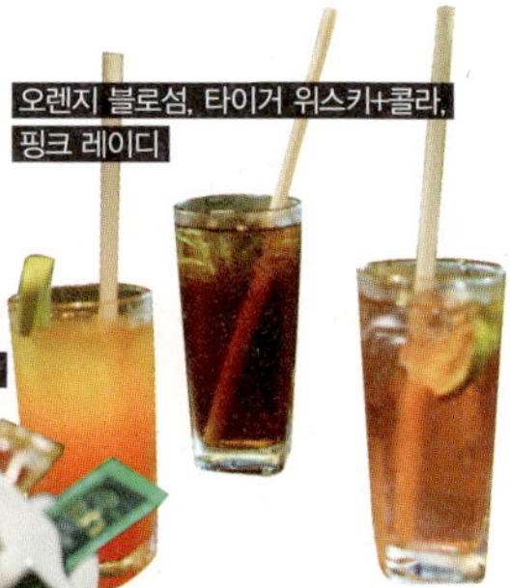

튜빙 버거

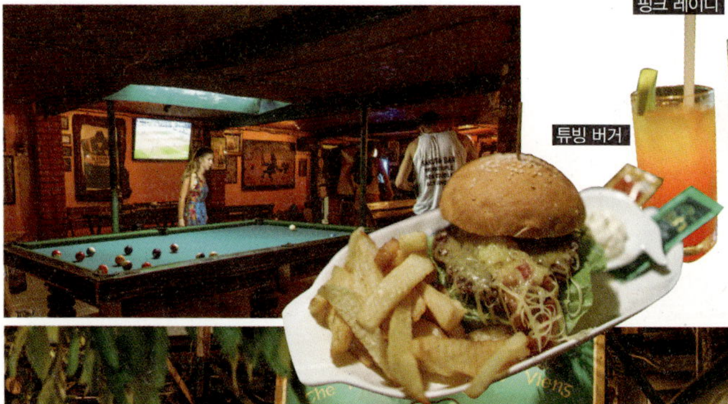

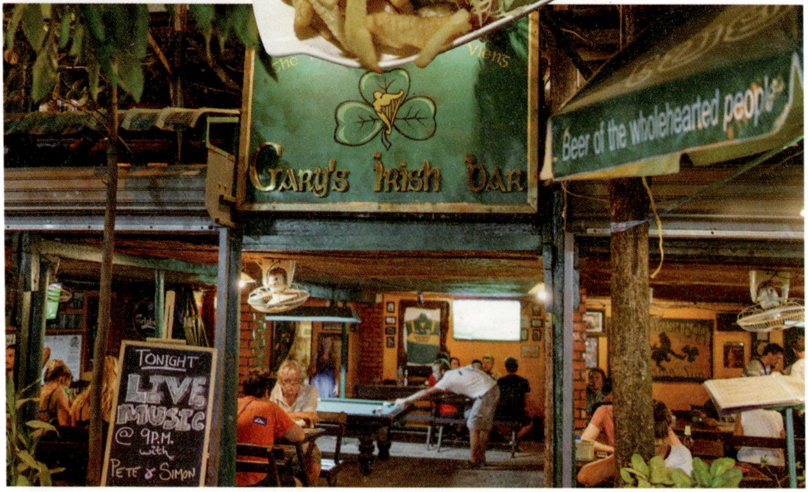

## 방비엥 워킹 스트리트 Vang Vieng Walking Street

지도 p.128ⓔ 위치 K 마트에서 도보 5분 오픈 19:00~23:30

라오스에서 가장 유명한 야시장은 비엔티안과 루앙 프라방에 있다. 특히 루앙 프라방의 몽족 야시장은 라오스에 가면 꼭 가봐야 할 볼거리 중 하나로 꼽히는 야시장이다. 액티비티와 자연경관 외에는 특별한 볼거리가 없다고 여겨졌던 방비엥에 드디어 야시장이 생겼다. 날이 어두워지면 방비엥 시내 제일 중심에 있는 도로 2개를 막고 빨간 천막의 행렬이 들어선다. 여행지에서 가볍게 입을 수 있는 옷이나 가방, 액세서리류가 대부분으로 가끔 관광객용 기념품들도 보인다. 때로는 근처 북한 식당에서 북한 술을 판매하러 나오기도 한

야외식당도 있다.

다. 물건들에는 가격표가 붙어 있지만 여러 개를 살 경우 흥정이 가능하다.
단, 이곳 야시장에서 파는 물건은 다른 도시에서도 흔히 볼 수 있는 것들이며, 특히 루앙 프라방 야시장에 비하면 매력적이지 않다. 쇼핑보다는 저녁식사 후 천천히 산책하며 구경하기 좋은 분위기다. 야시장의 주변 골목에는 신닷 까올리 등을 파는 노천 식당이 들어서는데 현지인들도 많이 찾는다. 야시장이 들어서면서 고즈넉했던 옛 방비엥의 밤 분위기는 사라졌지만, 알록달록 등불 아래 왁자지껄 붐비는 야시장 풍경이 방비엥의 새로운 풍경으로 자리잡아 가고 있다.

북한술도 판다.

## 방비엥 물놀이용품점

지도 p.129ⓕ 위치 K 마트에서 도보 4분 오픈 09:00~21:00

튜빙, 카약킹 등 다양한 물놀이 액티비티로 유명한 방비엥이다. 한국에서부터 이것저것 준비물을 챙기느라 바빴을 텐데, 사실 방비엥에서 필요한 물품들은 대부분 현지에서 구입할 수가 있다. 그러니 깜박 준비물을 빠뜨리고 왔다고 해도 전혀 걱정할 필요가 없다. 품질은 한국에서 사는 것보다 떨어지지만, 가격이 워낙 저렴하니 용서가 된다.

여기에서 소개하는 곳은 방비엥의 물놀이용품점 중에서 제일 규모가 큰 가게다. 따로 간판은 없지만 샌들에서 일상용 옷까지 품목도 가장 다양하다. 단, 물건마다 가격표가 붙어 있지 않기 때문에 하나하나 물어봐야 한다. 심하게 흥정하지 않아도 처음 부르는 가격 자체가 그리 비싸지 않은 편. 특히, 루앙 프라방의 야시장과 비교해보면 훨씬 저렴한 물품들이 많다.

세부 품목 가격(참고용)
비어라오 티셔츠 25,000K~ / 라오스 코끼리 바지 25,000K~ / 샌들 30,000K~ / 방수팩 30,000K~ / 남자 수영복 바지 30,000K~ / 모자 45,000K~55,000K

 **TIP 방비엥의 방수팩**

방비엥에서 파는 방수팩은 대부분 둥근 가방 형태로 된 것이다. 핸드폰이 들어가는 투명한 재질의 소형 방수팩은 따로 한국에서 챙기는 것이 좋다.

 **TIP 킵으로 흥정하세요.**

달러로 흥정하면 킵에 비해서 협상력이 떨어진다. 1달러가 약 8,000K으로 단위 자체가 달라서, 깎을 수 있는 여지가 줄어들기 때문이다. 사야 할 품목이 많거나 금액이 크다면 어린 점원보다는 뒤편에 앉아 있는 주인과 협상을 시도해 볼 것.

# 방비엥 센트럴 파크 호텔 Vang Vieng Central Park Hotel

지도 p.129ⓕ 위치 K 마트에서 도보 2분 전화 023-511-781 요금 더블룸 35달러, 아침식사 포함 홈피 http://vangviengcentralparkhotel.com

'센트럴'이라는 이름 그대로, 방비엥 시내 한가운데 위치한 호텔이다. 방비엥의 인기 스폿이라 할 수 있는 '사쿠라 바'를 비롯해서 남쏭 강변과 주변 식당까지 어디든 쉽게 이동할 수 있다. 가격대에 비해 방 크기는 작지만, 상대적으로 화장실이 넓은 편이다. 전기온수기샤워가 아니라 더운물도 만족할 만큼 잘 나온다. 비누, 칫솔, 샤워 젤, 샴푸와 같은 기본 편의용품을 제공하며 냉장고와 커피포트, 헤어드라이어, 개인금고 등 시설을 갖추고 있다.
주변 비슷한 규모의 호텔과 비교할 때 건물 뒤편에 있는 작은 수영장이 이곳의 최고 장점이다. 아침식사는 넓은 전용 식당에서 간단한 뷔페식으로 제공한다. 단 건물은 마치 중국 인부를 동원해 급하게 지은 듯한 느낌이 나며 방음이 잘 되지 않는다. 가장 저렴한 방은 외부 창문이 없다는 점도 감안할 것. 숙소 선택에 있어서 위치와 수영장이 중요한 사람에게 추천한다.

아침 조식

수영장

## TIP 방비엥의 숙소 사정

작은 시골 마을이라 숙소 수준은 높지 않다. 대부분 숙소 홈페이지에 있는 사진보다 건물 상태가 좋지 않다는 사실을 감안할 것. 낮에는 와이파이가 양호한 편이지만 사용자가 많아지는 저녁에는 현저하게 느려진다. 전기온수기를 사용하는 경우가 많고, 마을 중심에서 벗어날수록 벌레 문제가 있을 수 있다.
강변 옆 마을이라 습도가 높은 편인데 보통 1층의 객실이 더 심하다. 에어컨이 딸린 2층 이상의 객실이 좀 더 쾌적하다. 인터넷 예약사이트를 통한 가격보다 워크인 가격이 저렴한 곳이 많다. 비수기에 시간적 여유를 가지고 여행한다면 활용해 볼 수 있다.

## 메이레이 게스트하우스 Maylay Guesthouse

**지도** p.129⑨ **위치** K 마트에서 도보 3분 **전화** 023-511-136 **요금** 더블룸 25달러, 아침식사 포함

가족이 운영하는 게스트하우스로 시설을 잘 관리하고 있다. 객실이 넓고 방마다 창문과 환풍기, 에어컨이 있어서 쾌적하다. 베갯속이 깨끗하고 바닥은 타일로 되어 있으며 전체적으로 청소 상태도 좋다. 매트리스는 푹신한 스프링 타입. 냉장고와 제법 커다란 개인 금고가 있지만 헤어드라이어나 커피포트는 없다. 칫솔과 샴푸 등 간단한 편의용품을 제공하며, 빨래 서비스가 외부보다 저렴한 편이다. 빵, 과일, 오믈렛을 포함한 아침식사를 제공한다. 단, 건물 옆에 작은 바가 있어서 저녁부터 자정까지 음악 소리가 들린다.

## 라오스 헤븐 Laos Haven

**지도** p.128① **위치** K 마트에서 도보 6분 **주소** 047 Ban Vieng Keo **요금** 스탠다드 더블룸 22달러, 디럭스 더블룸 25달러 **전화** 023-511-900 **홈피** www.laoshaven.com

쏫 짜이 트래블 사무실과 가까운 숙소로 중국인 부부가 운영하고 있다. 건물과 객실 인테리어는 별다른 것 없이 밋밋하지만, 청소 상태가 양호하고 침구 역시 깨끗한 편이라, 저렴한 가격으로 깔끔하게 묵을 수 있다.

객실은 스탠다드와 디럭스 두 가지 종류인데, 디럭스의 객실 공간이 스탠다드보다 2배 정도 넓다. 가격 차이를 생각해보면 디럭스를 선택하는 것이 훨씬 쾌적하다. 객실 가구는 단순하지만 모든 방에 LCD TV와 미니 금고, 냉장고를 갖추고 있다는 것은 장점. 커피포트는 디럭스에만 있다.

스탠다드 더블룸

## 애비 부티크 게스트하우스 Abby Boutique Guesthouse

지도 p.129 F 위치 K 마트에서 도보 4분 주소 Ban Sawang 요금 더블룸(워크인 기준) 120,000K, 아침식사 별도 15,000K 전화 020-5539-7339

가족이 운영하는 게스트하우스다. 숙소 앞 골목에 차가 다니지 않아서 조용하고, 아침이면 작은 현지인 시장도 열린다. 방비엥의 일상적인 분위기를 즐기며 저렴하게 머물기에 좋은 숙소다. 조사 당시 인터넷 예약사이트를 이용하는 것보다 직접 방문하는 것이 훨씬 저렴했으며, 신용카드는 받지 않는다.
다만, 부티크라는 이름 때문에 기대를 했다면 실망할 수 있다. 커다란 침대 프레임이나 어두운 톤의 가구를 사용해 부티크 숙소 분위기를 내려고 했지만, 욕실 설비의 수준이 떨어지고 냉장고나 커피포트 등의 시설도 없다.

## 말라니 빌라 1 Malany Villa 1

지도 p.129 J 위치 K 마트에서 도보 1분 요금 더블룸 120,000K, 아침 불포함 전화 023-511-750

시내 중심가 한가운데에 있어서 편리한 숙소이다. 바로 옆에는 한인 여행사인 폰 트래블, 길 건너편에는 숙소와 같은 이름의 말라니 여행사가 있다. 숙소 정면으로 이어지는 삼거리 역시 방비엥의 모든 나이트 라이프가 이루어지는 곳이다. 위치상으로는 방비엥에서 가장 좋은 숙소 중 하나라고 할 수 있다.
객실은 매우 넓은 편이며, 가구 형태는 제각각이지만 에어컨과 냉장고, 텔레비전도 딸려 있다. 침구를 비롯해 청결 상태가 나쁘지 않은데, 조명이 어두워서 분위기는 다소 칙칙한 느낌이다. 욕실 공간이 넉넉한 편이고, 전기온수기가 아니라서 다른 숙소에 비해 수압이나 온수 온도가 만족스럽다. 도로 쪽 방에서는 밤 12시까지 길 건너편 클럽 소리가 들리고 아침식사가 없다는 것은 단점. 하지만 비슷한 위치의 주변 숙소들에 비해 저렴한 가격이라는 막강한 장점이 있다.

CITY
3

고대 왕국의 수도
# 루앙 프라방

LUANG PRABANG

# 루앙 프라방 전도

왓 쫌펫 사원
Wat Chomphet

왓 롱 쿤 사원
Wat Long Khun

왓 씨양 멘 사원
Wat Xieng Mene

빡우 동굴행
보트 선착장

쫌펫 페리
선착장

쫌펫행
페리 선착장

메콩 강
Mekong River

왕궁 박물관
Royal Palace Museum

여행 안내소
Tourist Information Centre

푸 씨 산
Phu Si

조마 베이커리 카페
Joma Bakery Café

다라 마켓
Dara Market

왓 아람
Wat Aram

왓 위수나랏
Wat Wisunalat

메콩 강
Mekong River

만다 데 라오스
Manda de Laos

다오 커피 루앙 프라방
Dao Coffee Luang Prabang

루앙 프라방 오아시스 호텔
Luang Prabang Oasis Hotel

카이손 폼비한
대통령 기념비
President Kaysone Phomvihane Monument

라캉 통 부티크 게스트하우스
Lakang Tong Boutique Guesthouse

왓 추아 팟 티치
Wat Chua Phat Tich

왓 탓 루앙
Wat That Luang

왓 마노롬
Wat Manorom

불발탄 박물관
UXO Lao Visitor Centre

프레지던트 수파누봉 기념비
President Souphanouvong Monument

포씨 마켓
Phosy Market

꽝 씨 폭포
(26km)

루앙 프라방 스타디움
Luang Prabang Stadium

비엔티안(340km)
방비엥(180km)

나루앙 버스 터미널
Naluang Bus Station

투어리스트 버스 터미널
Tourist Bus Station

# 01 루앙 프라방은 어떤 곳일까?
## ABOUT LUANG PRABANG

**황금빛 불상의 도시**

단연컨대 루앙 프라방은 전 세계 여행자들이 라오스에서 가장 사랑하는 도시다. 라오스 고대 왕국의 수도였으며, 19세기 초 프랑스의 점령지였던 루앙 프라방에는 아름다운 사원과 식민지 풍의 건축물들이 고스란히 남아 있다. 덕분에 도시 전체가 <mark>1995년 유네스코 세계문화 유산</mark>에 등재되었다. 여행자들은 순간순간 만나는 이 도시의 낭만적인 풍경에

루앙 프라방은 라오어로 '루앙 파방'이라 부른다.

마음을 빼앗긴다. 아침 공양을 받는 승려들의 물결, 메콩 강변에서 마시는 맥주 한 잔, 푸 씨 산에서 바라보는 일몰, 에메랄드빛 천연 수영장 같은 꽝 씨 폭포, 라오스의 전통 가옥에서 보내는 하룻밤. 이곳에서 보내는 모든 시간들이 특별하다. 라오스 북부 지방이라 수도인 비엔티안에서 멀리 떨어져 있다는 것이 유일한 단점이다.

## 루앙 프라방 BEST

### BEST TO *SEE*

탁발 ▶ p.187

왕궁 박물관 ▶ p.194

푸 씨 산 ▶ p.204

### BEST TO *DO*

꽝 씨 폭포에서 수영 ▶ p.210

강변 카페 즐기기 ▶ p.232

몽족 야시장 쇼핑 ▶ p.207

### BEST TO *EAT*

카오 삐약 쎈 ▶ p.202

만오천킵 뷔페 ▶ p.218

신닷 까올리 ▶ p.220

# 02 루앙 프라방 가는 방법

## HOW TO GO

루앙 프라방은 비엔티안에서 북쪽으로 340km, 방비엥에서는 180km 정도 떨어져 있다. 3개의 도시를 연결하는 도로 대부분이 구불구불하게 산악 지역을 통과한다. 비엔티안에서 출발하는 국내선 항공노선이 있으니 일정이 짧은 사람들은 이용하면 좋다.

### 비엔티안에서 가기

국내선 항공편을 이용하는 것이 가장 빠르다. 라오항공(제트기와 프로펠러기), 라오 스카이웨이(프로펠러기) 2개의 항공사가 운항하며 50분 정도 소요된다. 버스로 가려면 산악 도로를 이용해야 하기 때문에 9시간 이상 걸린다. 누워서 갈 수 있는 야간 버스도 있지만, 시간이 더 걸릴 뿐만 아니라 우기에는 사고 위험 때문에 추천하지 않는다. 버스를 타야 한다면 다이렉트로 이동하기보다는 중간에 방비엥을 들렀다 가는 것으로 일정을 짜는 것이 좋다.

라오항공

#### 비엔티안 ➡ 루앙 프라방 교통편

| 교통편 | 요금 | 운행 편수 | 소요시간 |
|---|---|---|---|
| 라오항공 | 103달러~ | 1일 3~4회 | 45분 |
| 라오 스카이웨이 | 449,000K~ | 1일 1회(12:00) | 50분 |
| 미니밴 | 160,000K~ | 1일 1회(09:00) | 9시간 |
| VIP 버스 | 160,000K | 1일 1회(09:00) | 10시간 |
| 야간 버스 | 200,000K | 1일 1회(20:00) | 12시간 |

비엔티안-루앙 프라방을 연결하는 도로

> **TIP 주변 국가에서 루앙 프라방으로 들어가기**
>
> 현재 한국에서 루앙 프라방으로 가는 항공편은 없지만, 동남아시아 주변 국가에서는 쉽게 갈 수 있다. 다른 동남아시아 국가와 라오스를 함께 여행할 경우 비엔티안과 루앙 프라방을 각각 인, 아웃으로 잡으면 코스를 효율적으로 짤 수 있다.
>
> **각 도시별 연결 항공사**
> - 태국 방콕 | 에어아시아, 라오항공, 방콕 에어웨이
> - 캄보디아 씨엠립(앙코르와트) | 베트남항공
> - 베트남 하노이 | 라오항공, 베트남항공
> - 말레이시아 쿠알라룸푸르 | 에어아시아

### 방비엥에서 가기

미니밴과 에어컨이 있는 VIP 버스로 갈 수 있는데, 이 중에서는 미니밴 이용을 추천한다. 미니밴은 비용이 저렴할 뿐만 아니라 새로 생긴 도로를 이용해서 시간이 좀 더 단축된다. 티켓은 방비엥 시내의 여행사와 숙소에서 구입할 수 있으며 대부분 숙소 픽업 서비스를 제공한다.
VIP 버스는 루앙 프라방 시내에서 3km 정도 떨어진 나루앙 버스 터미널(남부 버스 터미널)로 도착한다. 미니밴은 나루앙 버스 터미널 길 건너편에 있는 투어리스트 버스 터미널이 목적지이다.

**방비엥 ➔ 루앙 프라방 교통편**

| 교통편 | 요금 | 운행 편수 | 소요시간 |
|---|---|---|---|
| 미니밴 | 80,000K~ | 1일 2회(09:00, 14:30) | 5시간 |
| VIP 버스 | 120,000K | 1일 2회(10:00, 14:00) | 6시간 |
| 야간 버스 | 130,000K | 1일 1회(22:00) | 8시간 |

> **TIP 최종 목적지를 확인하자**
>
> 방비엥에서 미니밴을 탔을 때, 투어리스트 버스 터미널이 아니라 여행자들의 최종 목적지인 구시가까지 바로 데려다 주면서 기사가 10,000K 정도를 추가로 요구하는 경우가 있다. 이 문제로 여행자와 기사 간에 실랑이가 자주 벌어진다. 여행사에서 미니밴 티켓을 살 때 최종 목적지를 표에 표기해달라고 요구하고, 미니밴을 탈 때 기사에게 다시 한 번 확인 받는다. 그렇게 하지 못했을 경우 버스 터미널에서 시내까지
>
>
> 시내에서 여행자를 내려주는 미니밴
>
> 가는 뚝뚝 비용이 20,000K 이상이므로, 일단 추가 비용을 내는 것이 낫다. 여행안내소(p.182) 앞이나 조마 베이커리 카페(p.228) 길 건너편에 세워준다.

### 루앙 프라방 공항 Luang Prabang International Airport

규모는 작지만 국제선도 운항하는 공항이다. 캄보디아 씨엠립(앙코르와트), 베트남 하노이, 태국 방콕 등을 연결하는 항공편이 있다. 2015년에 새로 지은 건물이라 공항 시설은 깨끗하다. 출국장과 입국장이 연결되어 있으며, 공항 청사 안에 은행,

카페, 심카드 판매소, 택시 카운터가 있다. 은행의 환율은 시내보다 좋지 않으며, 심카드도 가장 저렴한 옵션이 10달러부터로 매우 비싸다.

**지도** p.173ⓓ **위치** 시내에서 뚝뚝으로 10분 **홈피** www.luangprabangairport.com

● 공항에서 시내까지

공항은 시내에서 4km 정도 떨어져 있다. 출구 앞에 있는 택시 카운터를 이용하면 되는데, 구시가까지 3인 기준 50,000K으로, 목적지인 시내 숙소까지 데려다 준다. 시내에서 공항으로 갈 때는 보통 뚝뚝을 이용한다. 비용은 30,000K 이상이며, 흥정에 따라 달라진다.

## 나루앙 버스 터미널(남부 버스 터미널) Naluang Bus Station

비엔티안과 방비엥을 비롯해 남쪽의 도시로 가는 버스를 탈 때 이용한다. 루앙 프라방 시내의 여행사에서 VIP 버스 티켓을 살 경우 이곳에서 출발하며, 뚝뚝으로 픽업 서비스를 제공한다. 개인적으로 버스 터미널을 오가려면 뚝뚝 20,000K 정도가 적정선이다.

지도 p.172ⓙ 위치 여행안내소에서 도보 30분, 뚝뚝 이용 시 10분 소요 전화 071-255-024

## 투어리스트 버스 터미널 Tourist Bus Station

비엔티안과 방비엥으로 가는 미니밴이 출발하는 터미널로, 나루앙 버스 터미널의 길 건너편에 있다. 태국 치앙마이나 베트남 하노이를 오가는 국제선 버스도 함께 운행하고 있다. 루앙 프라방의 여행사에서 미니밴 티켓을 샀을 경우 이곳까지 뚝뚝으로 픽업 서비스를 제공한다.

지도 p.172ⓙ 위치 나루앙 버스 터미널 길 건너편 전화 071-212-979 홈피 www.naluangstation.com

**CHECK** 루앙 프라방에서 출발하는 미니밴은 방비엥에서 루앙 프라방으로 가는 미니밴에 비해 차량이 노후화된 것들이 많다. 제일 뒷좌석에 앉을 경우 승차감이 매우 안 좋다.

# 03 루앙 프라방 시내 교통
## CITY TRANSPORT

방비엥에 비하면 훨씬 큰 도시이지만, 볼거리가 모여 있는 루앙 프라방 구시가는 직선거리로 1.5km를 넘지 않는다. 걸어 다니는 것만으로도 충분하며 자전거를 대여하면 조금 더 편하다. 구시가를 벗어나 다른 지역으로 갈 때는 뚝뚝이나 쏭태우를 대절한다. 두 교통수단 모두 요금이 정해져 있는 것이 아니기 때문에 타기 전에 협상을 잘 해야 한다.

구시가의 중심, 씨싸왕웡 거리

### 뚝뚝

오토바이를 개조한 뚝뚝은 택시와 버스가 없는 루앙 프라방에서 아주 유용한 교통수단이다. 가격은 기사와의 협상에 따라 달라진다. 가까운 거리는 15,000K부터 가능하며, 버스 터미널 20,000K~30,000K, 공항은 1인 30,000K, 2인 40,000K 정도로 협상할 것.

**CHECK** 여행안내소 근처나 구시가 중심가인 씨싸왕웡 거리보다는, 구시가 북쪽 메콩 강변 쪽에서 대기 중인 기사와 협상하는 것이 더 수월하다. 구시가 바깥쪽에서 대기하는 뚝뚝 기사들은 영어를 못하는 경우가 많다.

### 쏭태우

여행안내소 근처 사거리에는 트럭을 개조한 쏭태우 기사들이 항상 대기하고 있다. 대부분 꽝 씨 폭포처럼 먼 거리를 오가는 여행자들을 태우기 위한 것. 요금표를 보여주며 적극적으로 호객행위를 한다. 반나절 대절 시 120,000K~

> **TIP 꽝 씨 폭포는 여행사 미니밴으로**
>
> 꽝 씨 폭포로 가는 길은 도로 상태가 좋지 않고 시간도 40분 이상 걸리기 때문에 뚝뚝이나 쏭태우로 가면 엄청 고생한다. 쾌적하게 여행사의 미니밴 서비스를 이용하는 게 좋다. 1인 왕복 50,000K

쏭태우

## E-BUS

일본의 해외 협력단 자이카의 지원으로 2015년에 만들어진 뚝뚝 버스 노선이다. 환경 친화적인 전기 뚝뚝을 사용한다. 총 3개의 노선이 있는데, 그 중 녹색 노선이 구시가를 순환한다. 아침 7시부터 오후 6시까지 운행하며 비용은 기사에게 직접 낼 경우 8,000K이다. 시내의 사무소에서 구입하면 좀 더 저렴하다.

## 오토바이 대여

스쿠터나 오토바이도 대여할 수 있다. 자전거와 마찬가지로 여권을 보증금으로 받는다. 주행할 때는 반드시 헬멧을 착용하고 국제면허증이나 사본을 소지하고 다닐 것. 참고로, 구시가 거리에 주차하는 경우 주차비를 내는 곳도 있다.
**주의** 일부 대여점에서는 작은 흠집을 이유로 수리비를 요구하는 경우가 있다. 대여해서 출발하기 전 미리 사진으로 찍어두면 좋다.

● **KPTD**

오토바이 관리가 잘되어 있고 믿을 수 있는 대여점이다.

**위치** 여행안내소에서 도보 3분 **주소** Thanon Kitsalat **오픈** 월~토 08:00~17:00, 일 08:00~12:00 **요금** 스쿠터 100,000~160,000K **전화** 071-212-077

## 자전거 대여

루앙 프라방 구시가는 대부분의 길이 포장되어 있고 언덕도 없어서, 자전거를 타고 다니기에는 최적의 장소이다. 기어 없는 자전거는 10,000K부터, 기어가 달린 산악자전거는 50,000K 정도에 대여할 수 있다. 자전거 대여점이나 숙소에서 빌릴 수 있으며, 보증금 대신 여권을 맡긴다.
**주의** 자전거 앞 바구니에 물건을 넣고 다니지 않도록 한다. 도난 사고가 자주 발생한다.

## 보트

쫌펫 마을이나 빡우 동굴을 가려면 보트를 타고 강을 건너야 한다. 구시가 북쪽의 메콩 강변에 몇 개의 보트 선착장이 있다. 쫌펫 마을로 가는 정기 페리는 오토바이와 트럭까지 실을 수 있다. 사람은 5,000K 자전거나 오토바이는 10,000K이며 24시간 운영한다. 개인이 운행하는 보트를 타고 강을 건너려면 20,000K 정도, 강변을 걷다보면 보트 기사들이 적극적으로 빡우 동굴 투어 및 썬셋 크루즈를 호객한다.
**CHECK** 강물 사정에 따라서 운영하지 않을 수도 있다.

# 04 루앙 프라방 실용 정보
## USEFUL INFORMATION

### 여행안내소 Tourist Information Center

구시가가 시작되는 씨싸왕웡 거리의 초입에 있다. 루앙 프라방 구시가 지도를 제공하며, 여행사처럼 다른 도시로 가는 버스 예매도 가능하다.

지도 p.174① 위치 버스 터미널에서 뚝뚝으로 10분 소요. 씨싸왕웡 거리와 킷사랏 거리의 교차로 주소 Ban Pakham, Thanon Sisavangvong 오픈 월~금 08:30~11:30, 13:30~16:00 휴무 토, 일요일 전화 071-212-487 홈피 http://tourismluangprabang.org

### 환전소

여행안내소 주변에 사설 환전소들이 많다. 환전소마다 환율 차이가 있으므로 확인이 필요하다. 여행자들이 이용하기 편리한 곳은 여행안내소 길 건너편 ATM 옆에 있는 환전소다. 대부분 매일 아침 8시부터 밤 9시까지 문을 연다.

**주의** 일부 환전소에서는 어두운 시간에 환전할 때 돈을 몇 장 빼고 주는 경우도 종종 있다. 발견하면 실수인 것처럼 돌려주기도 한다. 환전 후에는 반드시 그 자리를 떠나기 전에 확인하도록 하자.

### 빨래방

구시가의 거리를 돌아다니다 보면 사설 빨래방을 쉽게 발견할 수 있다. 숙소에서도 빨래 서비스를 해준다. 1kg 10,000K부터

### 약국

간단한 의약품을 구입할 수 있는 약국들이 있다. 그 중에서 다라 마켓에 있는 약국이 구시가에서 가장 크고 진통제, 비타민 등 품목도 다양하다.

### 은행 ATM

구시가 안쪽에는 큰 은행이 없다. 대신 여행안내소 길 건너편에 24시간 운영하는 은행 ATM들이 모여 있다. ATM에서 국제 현금카드를 사용할 때는 은행마다 수수료 차이가 있다. BCEL은행 ATM의 경우 최대 1,500,000K까지 인출할 수 있으며, 수수료는 1회 20,000K이다.

### 심카드 Lao Telecom Service Center

심카드와 충전 쿠폰을 살 수 있는 라오텔레콤 사무실이 여행안내소 맞은편에 있다.

지도 p.174① 위치 여행안내소 앞 오픈 월~금 08:00~12:00, 13:00~16:00 휴무 토, 일

> **TIP 구시가의 랜드마크, 다라 마켓**
>
> 현지인들 위주로 운영하는 작은 시장이다. 중국산 생필품들을 주로 판매한다. 여행안내소에서 남쪽으로 한 블록 떨어져 있다. 뚝뚝 기사들이 구시가의 숙소나 지명은 잘 몰라도 다라 마켓은 모두 알고 있다.
>
> 지도 p.168① 위치 여행안내소에서 도보 3분 주소 Thanon Kitsalat 오픈 08:00~17:00
>
>

### 디앤티 슈퍼마켓 D&T Supermarket

루앙 프라방의 구시가에서 유일한 대형 슈퍼마켓이다. 다라 마켓의 동쪽 옆에 바로 붙어 있다. 넓은 매장 안에 생필품, 식품, 과일, 채소 등이 모두 있다. 특히, 구시가의 가게들보다 물과 맥주 가격이 저렴하며, 귀국용 먹을거리 선물도 살 수 있다. 한국 라면과 컵라면도 판매한다.

지도 p.174① 위치 여행안내소에서 도보 5분 주소 Thanon Kingkitsarath 오픈 08:30~21:30 전화 071-260-033

> **TIP 한국 라면을 파는 가게**
>
> 구시가 안에는 한국 라면을 파는 작은 가게가 두 곳 있다. 무궁화 게스트하우스 근처 약국과 'Tingkham Guest House' 1층의 슈퍼마켓이다. 디앤티 슈퍼마켓에 비해서는 가격이 비싸다.
>
>

# 05 루앙 프라방 이렇게 여행하자
## TRAVEL COURSE

### 여행 방법

루앙 프라방의 볼거리는 메콩 강과 남칸 강 사이에 있는 구시가와 시외에 있는 볼거리로 나뉜다. 구시가는 걸어서 충분히 돌아 볼 수 있지만, 자전거를 빌리면 더 편하게 여행을 즐길 수 있다. 꽝 씨 폭포 같은 시외의 볼거리로 가려면 뚝뚝을 대절하거나 여행사의 왕복 교통 서비스를 이용한다.

## 추천 코스

 **구시가 순례**
구시가의 사원과 볼거리를 걸어서 보는 코스

여행안내소 출발 → **1** 탁발 → (도보 5분) **2** 호 파 방 ↓

**5** 씨양 통 누들 수프 
카오 삐약 쎈
← (도보 4분) **4** 왓 씨양 통 사원 ← (도보 10분) **3** 왕궁 박물관

↓ 도보 20분

**6** TAEC → (도보 10분) **7** 푸 씨 산 → (도보 10분) **8** 몽족 야시장

↓

**9** 루앙 프라방 야시장
만오천킵 뷔페

> **TIP 사원 구경 시 주의할 점**
> 사원의 법당 안을 구경할 때는 신발을 벗고 들어간다. 노출이 심한 옷을 입으면 법당 안으로 들어갈 수 없다.

## 2일 시외 볼거리
구시가 바깥의 볼거리를 찾아가는 여행 코스

| 출발 여행안내소 | → 도보 3분 | **1** 왓 마이 사원 앞 아침 죽집<br>카오 삐약 카오 | → 보트 1시간 30분 | **2** 빡우 동굴 |

↓ 보트 1시간

| **5** 사프론 카페<br>아이스 카페 라테 | ← 자동차 50분+도보 10분 | **4** 꽝 씨 폭포 | ← 자동차 50분 | **3** 사칼린 거리 국수 가게<br>카오 쏘이 |

↓ 도보 10분

**6** 강변 신닷 뷔페
신닷 까올리

### TIP 빡우 동굴 대신 갈 수 있는 곳
수천 개의 불상이 있는 빡우 동굴은 인기 있는 여행지이지만, 모터보트로 왕복 2시간 이상 걸리는 먼 거리에 있다. 이를 대신할 오전 일정으로는 라오스 현지인들의 삶을 들여다 볼 수 있는 쫌펫 지역을 추천한다.

## 탁발 Sai Bat

**위치** 씨싸왕웡 거리, 여행안내소 주변 **오픈** 하절기 05:30~06:30, 동절기 06:00~07:00

루앙 프라방의 아침은 승려들의 발걸음 소리로 시작된다. 매일 새벽 사원의 주변 길을 따라서 공양을 올리는 사람들과 공양을 받는 승려들의 만남이 이루어진다. 탁발 혹은 라오어로 '사이밧'이라고 불리는 이 행위는 루앙 프라방 사람들에게는 아침을 시작하는 매일의 일상이자 신성한 의식이다. 다른 도시에서도 볼 수 있지만, 루앙 프라방만큼 대규모로 이루어지는 곳은 없다. 루앙 프라방에는 유네스코가 보호하는 34개의 사원이 있고 그곳에서 수천 명의 승려들이 수행하고 있기 때문이다.

사원의 북소리와 함께 탁발의 행렬은 시작된다. 나이든 승려들이 앞장서고 가장 어린 승려가 뒤에서 따라간다. 사람들은 자신의 집이나 가게 앞으로 나와 공양을 올린다. 승려들은 공양객이 담아주는 찹쌀밥이나 공양물 일부를 거리의 빈 바구니에 다시 나눠 담는다.  가난한 사람들을 위해 자신이 받은 것을 다시 보시하는 것이다. 루앙 프라방을 대표하는 볼거리가 된 만큼 탁발에 직접 참여하는 여행객들도 적지 않다. 하루도 빠지지 않고 매일 이루어지는 탁발 행렬은 보는 사람에게도, 참여하는 사람에게도 조용한 울림을 남긴다.

**주의** 대부분의 여행자들에게 탁발은 일생에 한번 마주하게 되는 진기한 볼거리다. 때문에 최대한 좋은 사진을 담기 위해 승려들이 움직이는 경로에 서거나, 플래시

를 마구 터트리는 일을 마다하지 않는 사람들도 있다(특히, 새벽 시간에 어두운 건기 시즌이면 더하다). 신성한 종교 의식으로 탁발이 앞으로도 지속될 수 있도록 이방인으로서 지켜야 할 기본 예의를 지키도록 하자. 아침 새벽시간에는 기온이 떨어지는 편이므로, 체온을 보존할 옷을 더 챙긴다

## TIP 탁발을 구경하기 좋은 곳

탁발을 보기에 제일 좋은 포인트는 사칼린 거리를 중심으로, 왓 농 씨쿤무앙 사원 Wat Nong Sikhounmuang(지도 p.175ⓒ)에서 출발해 구시가지 전체를 한 바퀴 도는 스님들의 행렬을 보는 것이다. 규모가 큰 사원에서 출발하기 때문에 탁발에 참여하는 승려들이 많고, 기다리는 관광객들 역시 가장 많다. 여행안내소를 중심으로 아침 시장을 한 바퀴 도는 행렬은 규모가 좀 더 작지만, 대신 구경하는 사람이 적고 시장 사람들이 공양하는 모습을 볼 수 있어서 좋다.

**주의** 탁발 스님들의 경로 주변에는 공양으로 드릴 찹쌀밥과 공양 바구니를 파는 아주머니들이 있다. 과자바구니 10,000K, 작은 찹쌀밥 바구니 10,000K. 단, 일부 상인은 100,000K를 요구하기도 하므로 주의가 필요하다.

# 아침 시장 Morning Market

지도 p.174 ⓕ 위치 여행안내소에서 도보 2분 오픈 05:00~12:00

탁발이 끝났다고 곧바로 숙소로 돌아가지는 말자. 탁발만큼 이국적이면서 정겨운 루앙 프라방의 아침 시장이 기다리고 있다. 여행안내소의 뒤편, 구시가의 안쪽 골목에서 아침마다 장이 열린다. 사람들이 다니는 통로를 제외하고는 골목 좌우에 빼곡하게 좌판이 들어서는데, 구시가 사람들의 하루를 책임질 음식재료들은 전부 다 모였다고 해도 과언이 아니다.

채소와 과일 종류가 제일 다양하고, 생선과 고기를 파는 가게도 따로 있다. 사원에 바칠 꽃들과 향신료의 다채로운 색깔은 가판을 더욱 화려하게 만든다. 가판들 사이사이에는 죽이나 찹쌀밥 구이(카오 찌 Khao Chee) 같은 간식거리를 파는 곳도 있다. 해가 채 뜨지도 않은 새벽부터 시작해 9시 무렵이면 벌써부터 조금씩 한산해진다.

시장에 나온 작은 산짐승과 개구리

우리나라의 옛날 시골 장터를 닮은 정겨운 풍경에 익숙해졌다면 좌판에 놓고 파는 물건들을 좀 더 자세히 살펴보자. 개구리나 뱀 같은 파충류를 비롯해 새나 청설모 같은 산에서 갓 잡은 동물, 말린 쥐, 벌레, 메뚜기 등 요즘 우리나라 시장에서는 보기 힘든 물건들이 버젓이 팔리고 있다. 나름 인기품목이라 아침 시간이 지나면 다 팔려 나가고 없다. 조금 한가해지면 좌판에서 손톱 손질을 받으며 대화를 나누는 아주머니들 모습도 볼 수 있다.

손톱 손질 중인 시장 상인

## TIP 진짜 현지인 시장 포씨 마켓

아침 시장이 루앙 프라방 구시가를 대표하는 시장이라면, 루앙 프라방 전체를 대표하는 시장은 따로 있다. 구시가에서 서쪽으로 약 3Km 떨어진 포씨 마켓 Phosy Market. 채소, 과일, 생선, 고기 같은 음식 재료부터 옷이나 가방 같은 공산품까지 루앙 프라방 사람들의 일상에 필요한 모든 것들이 다 있다. 여행자들은 거의 찾지 않지만 루앙 프라방의 쿠킹 클래스를 신청하면 먼저 이곳에 들러서 다양한 요리 재료를 공부한다. 진짜 현지인 시장 구경을 좋아하는 사람들에게 추천한다.

지도 p.172 ① 위치 여행안내소에서 도보 20분, 뚝뚝으로 10분 오픈 07:00~17:00

# SPECIAL

따끈하고 푸짐한 한 그릇
# 루앙 프라방의 아침식사

이른 새벽부터 일어나 탁발을 보고 나면 슬슬 배가 고파지기 시작한다. 숙소에서 아침식사를 챙겨 준다면 다행이지만, 그렇지 않은 사람들은 이른 시간에 어디에서 아침을 먹을 수 있을지 슬슬 고민이 된다. 다른 가게들은 아직 문을 열지도 않은 시간, 아침식사를 전문으로 하는 루앙 프라방의 맛집에는 벌써부터 사람들이 모여들고 있다. 생소하고 낯선 도시를 두리번거리는 여행자들을 반겨주는, 푸짐하고 맛있는 루앙 프라방의 아침식사를 소개한다.

### 🍴 아침 죽집(왓 마이 사원 앞)

지도 p.174 ③ 위치 여행안내소에서 도보 3분 오픈 06:30~09:30 요금 카오 삐약 카오(죽) 8,000K, 카오 삐약 카오+카이(죽+계란) 10,000K

아침에 먹는 뜨끈한 죽 한 그릇의 든든함은 먹어본 사람만 알 수 있다. 왓 마이 사원 건너편, 골목 어귀에는 아침에만 반짝 문을 여는 죽집이 있다. 다른 가게들이 죽통 하나를 겨우 팔 동안 이곳은 2, 3개의 죽통을 비울 정도로 사람들이 몰린다. 죽을 담아 주는 대접의 크기도, 거기에 넘칠 만큼 듬뿍 담아주는 양부터 남다르다. 처음 받아들 때는 어떻게 다 먹을까 싶지만, 고소하면서도 짭짤한 맛에 어느새 한 그릇 뚝딱 비우게 된다.

구수하면서도 감칠맛이 나는 비결은 죽에 곱게 다져 넣은 돼지고기와 돼지선지 덕분이다. 그리고 튀긴 양파와 후추를 죽 위에다 뿌려 주는데, 고수와 파는 원하지 않으면 뺄 수 있다. 현지인들은 여기에다 고추 페이스트를 풀고 라임까지 짜 넣어 매콤 새콤하게 간을 해서 먹는다. 좀 더 든든하게 먹고 싶다면 계란조림을 추가하면 좋다. 달콤 짭짤한 조림의 맛이 더해져 죽이 더 완벽해진다.

카오 삐약 카오

# BREAKFAST

##  시장 커피집(선착장 앞) Pasaneyom Coffee

지도 p.174① 위치 여행안내소에서 도보 2분 오픈 06:00~12:00 요금 커피 5,000K, 죽 7,000K 전화 020-5877-6110

아침 시장이 열리는 동네인 메콩 강변 선착장 코너에는 아침부터 사람들이 복작거리는 라오스식 커피 가게가 있다. 아침 일찍부터 장작불로 쉴 새 없이 물을 끓이고 그 열기로 커피를 중탕하느라 정신이 없다. 커피를 주문하면 먼저 컵 바닥에 연유를 깔고 그 위에 커피 거름망에서 떨어지는 진한 커피를 반쯤 채운 후 뜨거운 물을 더한다. 연유의 양에 따라 단맛을 조절하는데, 오랫동안 진하게 우려낸 커피가 무색할 정도로 부드러운 맛이다. 아이스 커피를 '포장'으로 주문하면 비닐봉지에 커피와 얼음을 가득 담아서 준다. 죽도 인기가 있는데, 왓 마이 사원 앞 죽집보다 맛과 양에서 조금 떨어진다.

## 몽족 샌드위치 노점(여행안내소 앞)

지도 p.174③ 위치 여행안내소 길 건너편 광장과 코너 오픈 07:00~21:00 요금 바게트 샌드위치 10,000K~20,000K, 셰이크 10,000K~

아침에도 여행안내소 앞 공터에서 저녁보다 규모가 작은 몽족 시장이 열린다. 이때 생과일 셰이크와 샌드위치를 파는 몽족 노점들도 함께 문을 연다. 테이블이 있어서 편안하게 앉아서 먹을 수 있다는 것이 장점. 대신 이곳 바게트 샌드위치는 방비엥 샌드위치에 비하면 빵이 작고 들어가는 내용물도 단순하다.
제일 저렴한 '라오 스타일 샌드위치'는 바게트에 마요네즈를 바르고 오이, 양상추, 토마토 같은 기본 채소를 깐 다음, 실 뭉치처럼 포슬포슬하게 말려서 매콤하게 양념한 포그플로스와 채 썬 소시지를 넣는다. 생과일 셰이그 종류에는 물과 얼음이 많이 들어가는 편이니 진한 맛을 기대하지는 말 것.

## 왓 마이 사원 Wat Mai

지도 p.174ⓙ 위치 여행안내소에서 도보 3분 주소 Thanon Sissavongvang 오픈 08:00~17:00 요금 입장료 10,000K

구시가의 중심인 씨싸왕웡 거리로 들어서면 가장 처음 마주치게 되는 사원으로, 옛날 왕궁 건물 바로 옆에 자리한 만큼 중요한 곳이다. 라오스 왕실의 사원이었을 뿐만 아니라 라오스 불교의 최고 고승이 수도 비엔티안이 아닌 이곳에서 머물기도 했다. 씨싸왕웡 거리를 걷다 보면 낮은 담장 너머로 사원의 처마와 건물이 들여다보이는데, 5개 층으로 이어지는 지붕의 선이 유난히 아름다워 자꾸만 눈길이 간다.

온통 황금 칠이 되어 있는 사원 현관의 전면은 아름다운 부조로 장식되어 있다. 부조는 부처의 환생 이야기를 담고 있는데, 마을 사람들의 생활 모습이나 꽃과 나무 장식 등이 아주 생생하다. 코끼리, 황소, 코뿔소, 버펄로, 염소 등 새겨진 동물의 모양까지 모두 구분할 수 있을 정도다. 법당 안으로 들어가면 붉은색 지붕 아래에 모셔둔 황금 불상들을 볼 수 있다. 기둥과 천장 역시 곳곳에 황금색으로 장식을 해놓아 분위기만으로도 이곳이 얼마나 중요한 사원인지를 가늠할 수 있다.

**CHECK** 매년 4월 중순, 라오스의 신년인 삐 마이 Pi Mai 축제 기간이면 3일 동안 호 파 방에 머물던 파방 불상을 왓 마이 사원으로 옮겨온다. 이때 불상에 물을 부어 씻는 관불 의식을 한다.

## 호 파 방 Haw Pha Bang

지도 p.174ⓕ 위치 여행안내소에서 도보 5분 주소 Thanon Sisavangvong 오픈 08:00~16:00 요금 무료

루앙 프라방에서 제일 중요한 사원을 하나만 꼽으라면 단연 호 파 방을 꼽을 수 있다. 라오스 불교 전체를 대표하는 불상을 모시는 곳이기 때문이다. 호 파 방은 왕국 박물관에 있던 파 방 불상을 모셔오기 위해 1969년에 새로 지은 것이다.

건물의 화려한 색깔만으로도 눈길을 사로잡는데, 본당 전면은 황금색과 반짝이는 옥색으로 치장을 하고 올라가는 계단은 용과 뱀(나가 Naga) 모양으로 장식했다. 현관 안쪽부터 파 방 불상이 있는 내부는 온통 붉은색 바탕에다 황금색 부조를 뒤덮어 눈이 부실 지경이다. 안으로 들어갈 수는 없지만, 입구 쪽에서 파 방을 감상할 수 있다.

주의 파 방은 라오스에서 가장 신성하게 여기는 불상으로, 사진이나 동영상 촬영은 절대 금지다. 단, 삐 마이 축제 기간에 파 방 불상을 호 파 방에서 왓 마이 사원으로 옮기는 동안은 가능하다.

### TIP 파 방과 루앙 프라방

전설에 따르면 파 방 불상은 1세기경 스리랑카에서 처음 만들었다고 한다. 1m가 채 안 되지만 90%가 황금이며 무게는 50kg에 달한다. 보석이 박힌 모자와 망토를 쓰고 있으며, 두 손바닥은 앞을 향해 들고 있다. 1359년 크메르의 왕이 라오스의 파 눔 왕에게 선물로 준 이후, 이 도시의 이름은 '황금의 도시'를 뜻하던 씨양 통 Xieng Thong 에서 '황금 불상의 도시'인 루앙 프라방 Luang Prabang으로 바뀌게 된다.

파 방 불상 앞에서 기도하는 사람들

## 왕궁 박물관 Royal Palace Museum

지도 p.174ⓕ 위치 여행안내소에서 도보 5분 주소 Thanon Sissavangvong 오픈 08:00~11:30, 13:30~16:00(목요일은 ~15:00) 마지막 입장은 마감 30분 전 요금 30,000K

한때 라오스를 대표하던 왕궁이 지금은 박물관이 되었다. 푸 씨 산과 메콩 강을 사이에 두고 구시가의 중심을 차지하고 있는 건물은 1904년 씨싸왕웡 왕가를 위해서 건축된 것이다. 박물관 부지의 입구에 들어서면 기다란 야자수 정원 사이로 라오스와 프랑스의 건축 양식을 모두 갖춘 옛 왕궁 건물이 보인다.
건물 안에는 짧았던 라오스 근대 왕조의 역사적 유물들이 전시되어 있다. 건물은 크게 세 부분으로 나뉘는데 전면부의 건물은 대외 접대용, 중앙부는 왕좌가 있는 집무실, 뒷부분은 왕실 가족이 거주하던 곳이다. 박물관 부지는 작은 호수가 있는 공원처럼 꾸며 놓았으며, 그 안에 호 파 방과 국립 극장, 씨싸왕웡 왕의 동상이 있다. 입장권은 박물관으로 들어갈 때만 구입하면 되므로 나머지 부분들은 편한 마음으로 둘러보면 된다.

씨싸왕웡 왕의 동상

짐 보관소

**주의** 루앙 프라방의 볼거리 중에서 가장 제약이 많은 곳이다. 박물관 안으로 들어갈 때 신발을 벗고 들어가야 한다. 내부 사진 촬영은 절대 금지며, 촬영 기기나 휴대폰, 큰 물건은 짐 보관소에 맡겨야 한다. 정문을 바라보고 건물 왼편에 짐 보관소가 있다. 다리가 노출된 옷을 입은 사람은 싸롱을 대여해서 입어야 한다. 짐 보관소에서 대여할 수 있다. 대여료는 5,000K

### TIP 라오스의 상징, 머리 3개 달린 코끼리

건물 현관의 위쪽에는 머리가 3개 달린 코끼리가 그려져 있다. 한때 '백만 코끼리의 나라'라고 불렸던 라오스의 고대 왕국, 란쌍 왕국을 상징하는 것이다. 라오스가 공산화되기 전까지 루앙 프라방과 라오스의 국기에 사용되었다.

## ⊕ ZOOM IN

### 왕궁 박물관 100배 즐기기

**❶ 의전실** Entrance Hall
정문으로 들어가자마자 나오는 방이다. 입구를 제외한 세 방향으로 다른 방들과 연결되어 있다. 중앙에 종교 의식 때 고승이 앉는 의자가 있다.

**❷ 국왕 접견실** King's Reception Hall
의전실에서 오른쪽으로 이어지는 방이다. 정면에는 라오스 인들의 생활상이 담긴 그림이 벽 전체를 덮고 있는데 프랑스 화가 알릭스 드 프트후 Alix de Fautereau의 작품이다. 뒤로 돌면 문 좌우에 금박을 입힌 거대한 병풍이 걸려 있다.

**❸ 북 전시실** Drum Gallery
국왕 접견실에서 북쪽으로 난 문을 나가면 복도가 이어진다. 복도에는 황동으로 만든 북들을 전시하고 있다. 오른쪽 구석에는 코끼리 등에 올리던 왕의 가마가 있다.

**❹ 국왕 집무실** Throne Room
박물관에서 가장 화려하고 중요한 방이다. 온통 붉은색 벽에 반짝이는 채색 거울을 이용해 모자이크 그림을 붙여 놓았다. 특히, 천장 가운데에 있는 커다란 배 모양의 모자이크가 아름답다. 중앙에는 높은 왕좌가 있고, 좌우의 작은 방에는 루앙 프라방의 사원에서 가져온 수정 불상과 금 불상이 전시되어 있다.

**❺ 복도** Corridor
건물 뒤편 왕실 거주 지역의 방들을 연결하는 긴 복도다. 중국과 베트남에서 선물한 병풍이 각각 복도의 끝에 놓여 있다.

**❻ 서재** Library
왕의 서재이다. 인도차이나의 역사서, 호치민 평전, 중국 당나라와 청나라의 역사 등 외국에서 왕에게 선물한 책들을 꽂아놓았다.

**❼ 왕비 침실** Queen's Bedroom
넓은 방안 가운데 침대와 작은 화장대가 있다. 전체적으로 소박한 분위기다.

### ❽ 국왕 침실 King's Room
건물의 가장 북쪽 중앙에 있는 방이다. 왕의 침실인 만큼 매우 넓은 공간이지만 역시 왕비의 침실처럼 단출한 느낌이다. 벽에는 씨싸왕웡 왕의 거대한 초상화가 걸려 있고, 나무 침대에는 3개의 머리를 가진 코끼리와 커다란 뱀 모양의 부조가 새겨져 있다.

### ❾ 전통 악기 전시실 Music Hall
원래는 왕가 자녀들의 침실로 사용하던 방이다. 현재 라오스 전통 공연에 사용되는 악기들을 전시하고 있다.

### ❿ 식당 Dining Room
인도차이나의 식민지 풍 인테리어의 전형을 보여주는 곳이다. 왕실에서 사용하던 것을 생각하면 장식이 화려하지 않고 차분한 편이다.

### ⓫ 복도 Corridor
국왕 집무실을 지나 복도로 들어서면 루앙 프라방이 유네스코로부터 받은 세계문화유산 증서가 전시되어 있다.

### ⓬ 왕비 접견실 Queen's Reception Room
박물관 내부에서 가장 서쪽에 있는 방이다. 방에 들어서자마자 거대한 초상화를 볼 수 있다. 씨싸왕웡 왕의 아들이자 라오스의 마지막 왕인 씨싸왕 왓타나 Sisavang Vattana 왕과 그의 가족 그림으로, 이들은 1975년 공산 혁명 이후 체포되어 유배당한다.

### ⓭ 국왕 비서 접견실 Secretary's Reception Room
의전실과 왕비 접견실을 잇는 방이다. 이곳에는 중국과 베트남에서 보낸 도자기 같은 선물을 전시해놓았다. 왼쪽 벽면에는 베트남 수상 호치민과 라오스의 씨싸왕웡 왕이 함께 춤추는 흑백 사진이 걸려 있다.
라오스 수도 비엔티안의 유명한 불교 탑인 탓 루앙(p.90)의 그림도 걸려 있다.

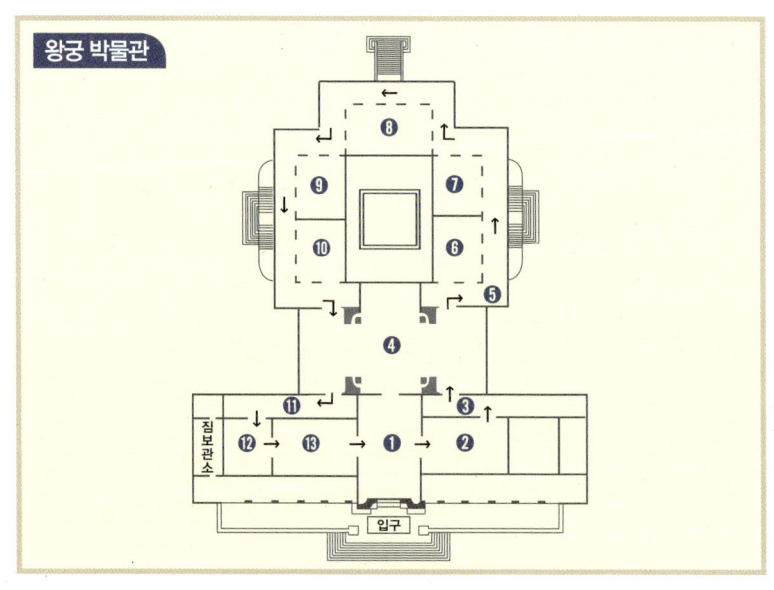

##  전통 공예 & 민속학 센터 Traditional Arts & Ethnology Centre(TAEC)

지도 p.174③  위치 여행안내소에서 도보 5분  오픈 화~일 09:00~18:00  휴무 월요일  요금 25,000K  홈피 www.taeclaos.org

대부분의 여행자들은 비엔티안, 방비엥, 루앙 프라방을 둘러보기 위해 라오스에 온다. 하지만 이 3개 도시 이외의 삶도 라오스에 있다. 바로 라오스 구석구석 퍼져 있는 소수민족들의 삶이다. TAEC는 라오스의 소수민족들을 외부에 소개하고 그들의 활동을 돕는 단체로, 다라 마켓 뒤편에 있는 센터 건물에서 소수민족 관련 전시를 하고 있다. 옛날 식민지 시대 건물을 복원해서 사용하고 있는데, 건물의 1층만 사용하고 있어서 전시물은 많지 않은 편이다.

전시실마다 각 소수민족의 특징을 보여주는 의복, 가방, 바구니 등 생활용품들이 걸려 있다. 그 옆에는 그들의 생활 모습을 담은 다양한 사진들도 함께 전시하고 있다. 특히, 천연 재료와 인공 재료를 방문자들이 직접 비교 체험해 볼 수가 있어서, 소수민족들이 만드는 수공예품의 우수성을 자연스럽게 어필하고 있다. 출구에는 민속학 센터에서 운영하는 공정무역 쇼핑가게 겸 카페가 있다. 이곳에서 구입한 제품 가격의 50%가 물건을 만든 소수민족에게 직접 돌아가는 시스템으로, 구시가에 분점(p.236)도 있다.

**CHECK** 박물관 뒤편 작은 카페에서는 라오 커피와 함께 천연 식물이나 과일로 만든 주스를 판매한다. 한 잔에 10,000K. 오후 3시에 가이드 투어가 있다.

소수민족의 수공예품도 판매

# SPECIAL

오래된 몸의 이야기
# 루앙 프라방의 전통 공연

전통 공연을 관람하는 것은 그 나라의 문화를 체험할 수 있는 가장 쉽고 즐거운 방법 중 하나다. 역사의 도시 루앙 프라방답게 라오스의 다른 도시들보다 훨씬 많은 문화 체험의 기회를 제공한다. 이 아름다운 도시를 결코 잊지 못하게 만들 춤과 음악, 그리고 이야기에 빠져보자.

### 📷 국립 극장 전통 공연 Royal Ballet Theatre

**지도** p.174 ⓕ **위치** 여행안내소에서 도보 5분 **오픈** 월, 수, 금, 토 18:00(4월~9월 18:30) **요금** 좌석에 따라서 100,000K, 120,000K, 150,000K **홈피** http://phralakphralam.com

왕궁 박물관 부지 안의 국립 극장에서 라오스 전통 공연을 볼 수 있다. 공연의 주요 줄거리는 인도의 고대 서사시인 라마야나 Ramayana를 라오스 식으로 해석한 것으로, 요일마다 스토리를 조금씩 나눠서 공연한다. 원숭이의 왕 하누만의 남성적이면서 익살스러운 춤과 원숭이의 움직임을 정교하게 흉내 낸 원숭이 군무가 하이라이트. 여성 무용수들은 라오스에 불교를 들여온 란쌍 왕국의 왕비를 기리는 낭 께오 Nang Keo 춤을 춘다. 인근 동남아시아 국가인 인도네시아나 캄보디아의 전통 공연과 비교하면 춤 동작이 한결 부드럽고 온화하다. 공연자 대부분이 어린 편인데, 특히, 원숭이 군무에는 아이들까지 참여한다. 가면을 벗고 관객 앞에 선 무용수들의 앳된 얼굴과 흐르는 땀을 보면 격려의 박수가 절로 나온다.

**CHECK** 티켓은 낮 동안 국립 극장 로비에서 판매한다. 자리의 위치에 따라서 비용에 차이가 있다. 동작이 크지 않아서 뒷자리에서 보는 것은 별로 의미가 없다. 공연 수준은 높지 않기 때문에 각 나라의 전통 공연 관람에 관심이 많은 사람에게만 추천한다.

# TRADITIONAL SHOW

## 📷 청소년 문화 센터 전통 공연 Children's Cultural Center

지도 p.175ⓒ 위치 여행안내소에서 도보 15분 오픈 12월~3월, 목, 토 17:00~20:30 요금 80,000K 또는 10달러 전화 071-253-732 홈피 cccluangprabang.weebly.com

바시 의식

청소년 문화센터는 루앙 프라방에 사는 어린이들과 청소년의 방과 후 문화 활동을 돕기 위해 일본의 구호 단체 지카 JICA가 만든 곳이다. 라오스의 국립학교에서는 언어와 수학 같은 기본적인 교과 외에는 미술이나 음악을 가르치지 않기 때문에, 아이들이 방과 후에 이곳에 모여서 라오스의 전통 춤과 음악을 배우고 매주 1~2회씩 직접 공연도 한다. 입장객에게 받는 관람 비용은 모두 문화센터의 운영을 위해 사용한다.

라오스 소수민족 복장을 한 소녀들

공연은 관객에게 행운을 빌어주는 의식 바시 Baci, 나무로 만든 꼭두각시 인형극인 에폭 Epok, 라오스 각 지역 민족의 전통 춤 등 다양하게 구성된다. 이중에서 가장 특색 있는 건 바시 의식이다. 공연하는 아이들과 관객들이 센터 건물 2층에 모여서 의식을 치르는데, 소년 소녀들이 하나 둘 다가와서 관객의 손에 행운을 빌어주는 줄을 달아주는 순간은 라오스 여행에서 매우 특별한 기억으로 남는다.

## 📷 전통 이야기 극장 Garavak

지도 p.175ⓒ 위치 여행안내소에서 도보 15분 오픈 티켓 판매 18:00~, 공연 18:30~ 요금 50,000K 전화 020-9677-7300 홈피 www.garavek.com

라오스 전통악기 캔 연주

역사가 긴 도시인 만큼 숨겨진 이야깃거리도 많다. 우리가 지금 보고 있는 프랑스 풍 건물들이 들어서기 이전의 루앙 프라방은 어떤 곳이었을까? 왜 이곳에 도시가 생겼으며 산과 강은 어째서 그런 이름으로 불리게 되었는가? 전통 이야기 극장은 이런 루앙 프라방과 관련된 설화와 우화를 들려주는 곳이다.

구연가 한 명과 음악 연주자 한 명이 20~30명의 관객을 앞에 두고 공연을 진행한다. 구연가는 영어로 설명하는데, 익살스러운 목소리와 표정으로 관객들을 빠져들게 한다. 라오스 전통악기의 유래, 루앙 프라방의 시작, 푸 씨 산 이름의 유래 등 레퍼토리도 다양하다. 대나무 악기인 캔을 연주하는 할아버지는 무심한 듯 즐거운 듯 이야기 도중에 신비스러운 소리를 들려준다. 영어로 설명하지만 속도가 느리고 단어가 쉬운 편. 이야기 자체가 재미있고 퍼포먼스도 좋아서 만족도가 높다.

##  왓 씨양 통 사원 Wat Xieng Thong

<u>지도</u> p.175ⓘ <u>위치</u> 여행안내소에서 도보 17분 <u>오픈</u> 08:00~17:30 <u>요금</u> 입장료 20,000K

'황금 도시의 사원'이라는 뜻의 이름을 가진 왓 씨양 통 사원은 문화적, 역사적, 건축학적으로 루앙 프라방에서 가장 중요한 사원이다. 라오스 왕의 대관식을 비롯해 중요한 의식들을 모두 이곳에서 치렀다. 16세기에 조성된 사원의 넓은 부지 안에는 여러 개의 건물이 자리 잡고 있는데, 모두 우아한 멋을 보여준다. 특히, 장례법당의 왕실 운구 마차와 대법당의 생명의 나무 모자이크는 이 사원의 하이라이트라고 할 수 있다. 예로부터 루앙 프라방을 방문한 외국의 사절들이 가장 먼저 방문했던 곳으로, 최근에는 2016년 미국 버락 오바마 전 대통령이 들러서 유명세를 타고 있다.

**CHECK** 사원은 구시가의 동쪽 끝에 있다. 메콩 강변 쪽에서는 계단으로 올라가야 하며, 사칼린 거리에서는 골목으로 들어가야 입구가 나온다. 입장료를 내는 곳은 사칼린 거리 쪽 입구에 있다. 노출이 심한 옷을 입었을 경우 몸을 가리는 싸롱 Sarong을 빌려야 한다. 대여료는 5,000K.

와불 법당 외벽의 모자이크

왓 씨양 통 사원 대법당

## ZOOM IN

### 왓 씨앙 통 사원의 볼거리

#### 장례 마차 법당
Chapel of Funeral Chariot

장례 마차

사칼린 거리 쪽 입구로 들어가자마자 오른편에 있는 건물이다. 건물 전면이 황금색 부조로 장식되어 있어 대법당보다 더 눈에 띈다. 황금 부조는 인도에서 전래된 라마야나 이야기의 주인공들을 묘사하고 있다. 안에는 7마리의 뱀 머리가 솟아 있는 운구 마차가 있는데, 1959년 씨싸왕웡 왕의 장례 때 사용한 것이다. 마차 주위의 벽면 모자이크와 불상이 마치 왕의 운구를 영원히 지켜보고 있는 것 같다.

#### 대법당
Sim

생명의 나무 모자이크

얼핏 보면 장례 마차 법당이나 호 파 방만큼 화려하지는 않지만, 루앙 프라방에서 가장 아름다운 사원 건물이라고 할 수 있다. 3단으로 올린 지붕의 처마는 마치 땅에라도 닿을 듯이 우아하게 내려 앉아 있다.
입구에서 법당 안까지 검은색 벽 가득히 금박으로 부처를 새겨 놓았는데, 강렬한 색깔 대비 덕분에 화려하면서도 동시에 엄숙한 분위기다. 법당 입구를 나와 뒤로 돌아가면 뒷면 전체를 차지하고 있는 **생명의 나무 모자이크**가 나타난다. 오묘한 녹색과 청색으로 반짝이는 나무는 그 자체로 생명력을 지닌 듯 보인다.

#### 와불 법당
Chapel of Reclining Buddha

대법당의 뒤편에는 작은 법당이 있고, 법당 안에는 작은 와불이 있다. 법당 외벽에는 유리를 이어 붙인 모자이크가 있는데, 장례 마차 법당의 내벽이나 왕궁 박물관의 국왕 집무실과 같은 방식으로 제작한 것이다. 천상의 니라와 땅에서 살아가는 사람들, 동물과 나무들을 아기자기하게 묘사한다.

# SPECIAL

루앙 프라방의 특선 메뉴
# 명물 국수 가게

이른 시간부터 구시가의 아름다운 사원과 거리 풍경에 취해 열심히 돌아다니다 보면 슬슬 배가 고파진다. 여기 루앙 프라방 구시가에 왔다면 꼭 한 번쯤은 들러봐야 할 명물 국수 가게 두 곳을 소개한다. 두 가게 모두 준비한 재료가 떨어지면 그날 영업은 끝! 예정 시간보다 일찍 문을 닫는 경우가 빈번하니 조금 서두르는 것이 좋다.

## 씨양 통 누들 수프 Xieng Thong Noodle Soup

**지도** p.175ⓓ **위치** 여행안내소에서 도보 17분 **주소** Thanon Sakkaline **오픈** 07:00~14:30 **요금** 카오 삐약 무(돼지고기) 10,000K, 카오 삐약 카이(계란) 12,000K, 카오 삐약 무, 카이(돼지고기+계란) 12,000K

어쩌면 바로 옆에 있는 왓 씨양 통 사원보다도 더 유명한 국수 가게다. 이곳 메뉴는 단 한 가지, 라오스 스타일의 칼국수라 불리는 '카오 삐약 쎈'이다. 외국인이나 현지인 가리지 않고 입소문이 난데다, 한국인 여행자들에게도 워낙 유명한 곳이라 한글 메뉴까지 있다. 모두들 에어컨도 없는 야외 테이블에 걸터앉아 겨우 햇빛만 가린 채로 뜨끈한 국수를 먹는다. 다 먹고 나면 땀을 한 바가지쯤 흘리게 되지만, 그래도 오길 잘했다는 생각에 고개를 끄덕이게 되는 마성의 가게다.

쌀가루로 만든 반죽을 칼로 자른 면발은 우동처럼 오동통한 모양이다. 반죽에 타피오카 가루를 더해 더욱 쫄깃해진 면발의 식감 역시 우리나라 여행자들에게 인기가 높은 이유 중 하나.

추가 고명에 따라서 카오 삐약 무(돼지고기)와 카오 삐약 카이(계란)로 나뉘는데, 가급적 둘 다 넣는 것을 추천한다. 수란으로 익혀 나오는 계란은 국물에 풀어먹으면 좋다. 짜지 않고 구수한 국물은 중국식 울면처럼 약간 점도가 있는 스타일이다. 튀긴 마늘 조각이 뿌려져 있고 후추도 잔뜩 들어가 있어서 자극적인 향이 솔솔 풍겨온다.

> **TIP** 라오스식 누룽지 '카오 꼽'을 넣어 먹자
>
>
>
> 국수 양이 부족한 사람은 다 먹은 국물에 카오 꼽 Kao Kopeh을 넣어 먹으면 좋다. 찹쌀밥에 설탕물을 발라서 바싹 말린 다음에 다시 튀긴 것이 카오 꼽. 국물에 불려 먹으면 우리나라의 누룽지탕과 얼추 비슷해진다. 그냥 먹으면 쌀과자처럼 달고 기름지다. 1개 1,000K

# NOODLE SHOP

## 🍴 사칼린 거리 국수 가게

**지도** p.175ⓒ **위치** 여행안내소에서 도보 13분 **주소** Thanon Sakkaline **오픈** 07:30~12:00 **휴무** 일요일 **요금** 카오 쏘이 20,000K, 쌀국수 20,000K, 주스 5,000K

화려하고 아름다운 사원들과 프랑스 식민 시대의 건물들이 늘어서 있는 사칼린 거리, 그 건물들 사이에 있는 작고 소박한 현지인 식당이다. 구멍가게 같은 외관에다 긴 나무 테이블만 몇 개 놓은 것이 가게의 전부. 커다란 국물 냄비는 가게 옆의 골목에서 끓고 있다. 이 집의 대표 메뉴는 <mark>카오 쏘이 Khao Soi</mark>로 우리나라 여행자들에게는 일명 된장 국수로 알려져 있다. 나름 오랫동안 명성을 쌓아온 집이라 라오스 사람들뿐만 아니라 서양인 여행자들과 동양인 여행자까지 모두 함께 테이블을 차지하고 있다.

칼국수처럼 넙적한 면발과 숙주가 들어가 있는 국수 위에 고춧가루를 버무린 된장 같은 소스를 한 국자 그득하게 올려준다. 소스는 콩과 다진 돼지고기, 토마토 등을 섞어 만든 것으로 국물에 풀면 오래된 김치 국물을 넣은 것처럼 살짝 시큼하고 구수한 맛이 난다. 외국 여행자들에게는 고수를 얼마나 넣을 것인지 친절히 물어보니 취향대로 선택할 것. 매운맛이 부족한 사람을 위해 다진 고춧가루와 썰어 놓은 고추도 준비되어 있다.

국수를 다 먹고 나면 이 집에서 만들어 파는 주스로 입가심을 하면 좋다. 생과일을 갈아 만드는 주스는 아니지만 머그 컵 가득 얼음과 함께 담겨 나오는 주스가 달콤하면서도 청량감이 있다. 다들 국수를 시킬 때 함께 먹는 인기 품목이다.

오렌지 주스

---

**TIP 저녁에 열리는 국숫집**

루앙 프라방의 유명한 국숫집들은 아쉽게도 모두 점심시간이 끝나면 문을 닫는다. 그 이후에 카오 삐약 쎈과 까오 쏘이를 맛보고 싶다면 저녁에 문을 여는 가게를 찾아야 한다. 야시장 먹자골목(지도 p.174①) 안쪽 끝에 자리한 솜찬(숨) SomChan(Sum) 국숫집은 맛이 무난하며, 10,000K에 생오렌지 주스를 짜준다. 왕궁 박물관 옆 골목에 일명 '투투 국수집 (지도 p.174ⓕ)'도 한국 여행자들이 종종 찾는 곳으로 조미료 맛이 조금 강한 편이다. 투투 국수집 옆의 라오스식 미약커피로 유명한 곳에 연유가 잔뜩 들어간 아이스커피를 포장해순다. 야시징이 열리는 시간에 왕궁 박물관의 북쪽 코너에 국수 노점(p.174ⓕ)이 열린다. 왁자지껄한 시징 분위기를 즐기며 라오스식 국수로 허기를 달랠 수 있다.

# 푸 씨 산 Phu Si

지도 p.174ⓙ 위치 여행안내소에서 정상까지 도보 15~20분 오픈 07:00~18:00 요금 입장료 20,000K

루앙 프라방의 구시가 한가운데에 솟아 있는 산이다. 불심이 강한 루앙 프라방 사람들은 이 산을 세상의 중심이라고 여기고 신성하게 대해 왔다. 푸 씨라는 이름 역시 '신성한 산'이라는 뜻이다. 상 정상에는 19세기 초반에 만든 황금색 탑(탓 쫌씨 That Chomsi)이 하나 있다. 강 반대편에서 바라보면 28m 높이의 황금 탑이 푸른 언덕 가운데에 우뚝 솟아 있는 모습을 볼 수 있다.

저녁 무렵이 되면 루앙 프라방에 온 여행자들은 하나 둘 일몰을 보기 위해 푸 씨 산의 계단을 오른다. 덕분에 탑이 있는 정상의 작은 공터는 매일 저녁 사람들로 붐빈다. 남칸 강 쪽을 바라보면 루앙 프라방 구시가의 남쪽 풍경이 그림처럼 펼쳐지고, 반대편인 메콩 강 쪽을 바라보면 하늘과 강물이 온통 주황빛으로 물든다. 지는 해를 바라보며 저마다 감상에 빠져드는 여행자들을 보면, 마치 이곳의 일몰이 낯선 이방인의 긴 하루를 축복해주는 것처럼 느껴진다.

탓 쫌씨

남칸 강 풍경

메콩 강 풍경

일몰을 기다리는 사람들

## 푸 씨 산 100배 즐기기

### 정상으로 올라가는 다양한 길

산 위로 오르는 길은 3개가 있다. 사람들이 가장 많이 이용하는 길은 왕궁 박물관 건너편에서 올라가는 길이다. 거리상으로는 가장 짧지만 경

왕궁 박물관 건너편 계단

남칸 강 쪽 남쪽 계단

사가 급한 약 330개의 계단을 올라가야 해서 조금 힘들다. 이와는 반대로 산의 서쪽과 남쪽에서 출발하는 길은 계단은 조금 더 많지만 경사가 완만해서 더 편안하게 올라갈 수 있다. 계단을 따라 볼거리도 있어서 산의 서쪽이나 남쪽에서 올라가서 왕궁 박물관 쪽으로 내려오는 것을 추천한다. 매표소는 각 계단마다 있다.

### 부처님의 발바닥

푸 씨 산의 남쪽 계단 입구는 뱀 모양으로 장식되어 있다. 계단을 올라가면 곧바로 사원 왓 탐모 타야람 Wat Thammo Thayalam으로 이어지는

부처님 발바닥 앞 테라스

러시아제 대공포

데, 이곳에는 부처님의 발바닥 Imprint of Buddha's Foot이라고 부르는 장소가 있다. 마치 설인의 발자국처럼 거대한 구멍이 돌에 나 있는데, 발바닥처럼 보이는 부분에 색칠을 해놓았다. 발바닥 앞 테라스에서 보는 남칸 강 전망도 아주 훌륭하다. 다시 계단을 따라 정상으로 올라가면 각 요일의 이름을 붙인 불상들과 석탑, 그리고 오래된 러시아제 대공포가 있다.

### 푸 씨 산의 전설

라오스 옛 왕국의 한 여왕은 원숭이의 왕 하누만 Hanuman에게 스리랑카의 어느 산꼭대기에서 버섯을 가져오라고 명령한다. 먼 길을 떠난 하누만이 버섯을 가지고 왔지만 여왕은 이게 아니라며 다시 보낸다. 하누만이 두 번째로 버섯을 가져오지만 여왕은 또 아니라고 한다. 세 번째도 허탕을 친 하누만은 여왕에게 버섯의 이름이라도 알려 달라고 하지만 이것도 거절. 사실 버섯의 이름은 '원숭이 귀 버섯'이었는데, 이를 말하면 하누만을 놀리는 줄 알고 화를 낼 거라 생각했기 때문이었다. 다시 스리랑카로 돌아 간 하누만은 이번에는 산꼭대기를 통째로 들고 와서 왕궁 앞에 내려놓고는, "여기 산이 있으니 직접 버섯을 찾으라."고 소리쳤다. 그 산이 바로 푸 씨 산. 여왕의 이름인 '씨'에서 따온 이름이다.

사원 앞의 하누만

##  불발탄 박물관 UXO Lao Visitor Centre

지도 p.172ⓕ 위치 여행안내소에서 도보 20분 오픈 08:00~12:00, 13:00~16:00 요금 자유 기부금 홈피 www.uxolao.org

라오스하면 아름다운 자연과 매혹적인 건축물, 때 묻지 않은 순수한 사람들이 가장 먼저 떠오른다. 하지만 이 박물관을 방문한 후에는 조금 생각이 달라진다. UXO(UneXploded Ordnance)란 수류탄, 지뢰, 폭탄 등 터지지 않은 폭발물을 뜻하는 용어로, 이곳은 라오스의 UXO 현황과 제거 활동을 보여주는 박물관이다. 정원에는 녹슨 폭탄과 포탄들이 장식처럼 세워져 있고, 작은 전시실에는 전쟁 당시의 사진과 제거 작업 설명과 함께 처리된 수류탄, 로켓, 지뢰, 총들이 바닥 가득히 깔려 있다.

놀랍게도 라오스는 1인당 투하 폭발물 숫자가 세계에서 가장 많은 국가다. 베트남 전쟁 당시 베트남군의 수송물자 차단을 이유로 미군이 라오스를 폭격했기 때문이다(당시 라오스는 중립지대였기 때문에 공식적으로 미국은 이 폭격을 인정하지 않는다). 1964년부터 1973년 사이 약 50만 회 이상의 폭격이 있었으며, 그 당시 투하한 폭탄 중 약 8천 만발이 불발탄으로 아직 땅속에 있다. 때문에 라오스에서는 UXO로 인해 매일 1명씩 부상당하거나 죽는데 그 중 상당수가 어린 아이들이다.

현재 세계 각국의 지원을 받은 라오스의 불발탄 제거 단원들은 빈약한 보호 장구를 가지고 작업을 벌이고 있다. 특히, 라오스처럼 더운 나라에서는 매우 힘든 작업으로 일사병과의 사투까지 벌여야 한다. UXO 제거단을 위한 기부 명단 속에 대한민국의 국기가 걸려 있다는 사실이 참으로 반갑다.

**CHECK** 루앙 프라방의 몽족 야시장에도 UXO를 녹여서 만든 액세서리들을 볼 수 있다. 흔하지는 않지만 구시가에는 녹슨 폭탄 껍데기로 장식한 집들도 눈에 띈다.

야시장에 나온 불발탄을 녹여 만든 제품들

## 몽족 야시장 Night Market

지도 p.174ⓙ 위치 여행안내소 앞부터 왕궁 박물관 앞 거리 주소 Thanon Sisavangvong 오픈 17:00~22:00

루앙 프라방 최고의 볼거리는 낮이 아니라 밤에 만날 수 있다. 구시가가 시작되는 씨싸왕웡 거리에서 몽족이 운영하는 대규모의 야시장이 열린다. 오후 5시가 되면 자동차가 다니던 도로를 막고 바닥에 잔뜩 물건을 늘어놓기 시작한다. 몽족이 직접 만든 수공예품부터 저렴한 공장제 기념품까지, 라오스 여행에서 사야 할 것들은 전부 이곳에 다 모여 있다는 말이 과언은 아니다. 한 걸음 걸을 때마다 새롭게 등장하는 살거리에 저절로 눈이 돌아간다.

물건을 파는 사람은 할머니에서 아이까지 다양한데, 물건마다 가격표가 붙어 있지 않아서 하나하나 흥정을 해야 한다. 말이 통하지 않을 때도 있지만 계산기에 숫자를 두드려가며 흥정하기 때문에 큰 문제는 없다. 상인들이 처음 부르는 가격이 결코 싸다고는 할 수 없다. 하지만 물건의 기본 가격 자체가 대부분 저렴하고, 외국의 다른 시장처럼 3~4배 이상 부풀리진 않기 때문에 흥정으로 얼굴을 붉히는 일은 거의 없다.

**CHECK** 왕궁 박물관의 길 건너편, 푸 씨 산으로 올라가는 계단 중턱으로 올라가면 야시장이 한눈에 들어온다. 해질 무렵의 하늘과 야시장의 불빛, 호 파 방의 건물이 서로 어우러지면서 그림 같은 풍경을 볼 수 있다.

**주의** 야시장에서 파는 물건들은 조명 불빛 때문에 예뻐 보이지만 낮에 보면 색깔이 달라 보일 수 있다. 여행안내소 앞 공터에서는 아침에도 작은 시장이 열리고, 낮에도 몇 개의 가판은 나와 있다. 이때 미리 확인해두면 좋다.

## ⊕ ZOOM IN

### 안 사오면 두고두고 후회 할, 몽족 야시장 쇼핑 리스트

라오스 에코백 20,000K~

라오스 냉장고 자석 25,000K~

코끼리 문양 실내화 10,000K~

라오스 전통술 10,000K~

코끼리 문양 지갑(대) 20,000K~

코끼리 문양 지갑(소) 15,000K~

코끼리 긴 바지 35,000K~

물건 주머니 15,000K~

가방 30,000K~

스카프 50,000K~

비어라오 티셔츠 25,000K~

방석 커버 20,000K~

※ 위 가격은 참고용이며 흥정에 영향을 주지 못합니다.

 **TIP 진짜 수공예품을 구별하는 법**

라오스 북부의 중심 도시인 루앙 프라방은 몽족이 만든 수공예품으로 유명한 곳이었다. 하지만 요즘에는 수공예품과 유사한 공장 제품들이 더 많아지고 있는 것이 현실. 진짜 수공예품을 사고 싶다면 '핸드메이드 인 루앙 프라방 Handmade in Luang Prabang'이라는 손 모양의 마크를 찾아보자. 루앙 프라방 수공예 협회에서 지역 장인들의 상품들을 인증하는 스티커이다. 공장제 제품에 비해서는 가격이 좀 더 높은 편이다.

## 가볍게 둘러보면 좋은 쇼핑 아이템

여자 원피스

코코넛 그릇

짚 슬리퍼

승려 그림 책갈피

입체 카드

그림 공책

인형

등 커버

라오스 커피 파우더

아기 옷

휴대폰 주머니

대나무 휴대폰

### TIP 야시장에서 흥정하는 방법

야시장 안에서 몇 발자국만 걸으면 똑같은 물건을 파는 상인을 쉽게 볼 수 있다. 일단 첫 가게에서 가격을 물어본 후, 다른 가게로 이동해서 그보다 낮은 가격을 불러본다. 상인이 제시하는 가격에서 시작하면 깎는 금액에 한계가 있기 때문에, 먼저 원하는 가격을 불러서 흥정을 도모하는 것이 좋다. 아울러 흥정이란 무조건 물건을 싸게 사는 것이 목적이 아니라, 파는 사람과 사는 사람이 모두 행복한 가격을 찾는 과정이라는 점을 명심하자.

## 꽝 씨 폭포 Tat Kuang Si

지도 p.172① 위치 구시가에서 차량으로 편도 45분 소요 요금 입장료 20,000K, 여행사 투어 50,000K(11:30, 13:30 출발)

시내에서 차를 타고 약 45분, 좌우로 라오스 시골집과 푸른 논밭이 펼쳐지는 구불구불한 길 끝에 에메랄드빛 폭포가 있다. 폭포 입구에 들어서자마자 시원한 기운이 밀려오는데, 푹푹 찌는 루앙 프라방의 열기를 식히기에 충분하다. 울창한 나무 뒤편에는 자연이 만든 성역이라고 불러도 될 만큼 아름다운 풍광이 기다리고 있다. 너도나도 달려가 석회암 지대에 생긴 에메랄드빛 천연 수영장에 몸을 담그고 나무 위로 기어 올라가 짜릿한 다이빙을 즐긴다.

공원 안에는 두 개의 폭포가 있다. 하나는 입구에서 길을 따라 쭉 올라가면 나타나는데, 절벽 아래로 떨어지는 커다란 폭포다. 폭포를 가로지르는 다리를 건너면 트레킹을 할 수 있는 산길이 이어진다. 또 하나의 폭포는 아래쪽으로 물줄기를 따라 내려오면 만나게 된다. 높이는 위쪽 폭포의 절반도 안 되지만 폭포 아래에서 수영을 할 수 있다. 옷을 갈아입을 수 있는 공간이 있지만 미리 수영할 수 있는 준비를 해가는 것이 좋다. 짐 보관할 곳은 따로 없어서 벤치나 돌 위에 물건을 올려 두어야 한다. 폭포 출입구 쪽에는 야생 곰 보호센터가 있다. 가슴에 흰 무늬가 있는 반달곰이

꽝 씨 폭포 지도

화장실과 탈의시설이 있다.

위쪽 폭포, 다리 위에서 감상한다.

수영 가능한 아래쪽 폭포

야생 곰을 보호하고 있다.

많은데, 모두 불법 밀렵꾼에게서 구조된 곰들이다.

**CHECK** 여행안내소 주변에는 항상 꽝 씨 폭포로 가는 툭툭 기사들이 호객을 하고 있다. 가는 길의 도로가 좋은 편이 아니라 툭툭을 타고 왕복하면 체력적으로 훨씬 힘들다. 좀 더 편안하게 가고 싶다면 숙소나 여행사의 미니밴 서비스를 이용하는 것을 추천한다. 보통 미니밴 기사가 폭포 입장료를 걷어서 한번에 지불하고, 시간 약속을 한 후에 입구 아래 주차장에서 만나 돌아온다. 밴 모양이 거의 비슷하므로 차 번호를 잘 기억해둘 것.

무리한 다이빙은 사고를 부른다.

**주의** 2017년 5월 한국인 여행자 1명이 꽝 씨 폭포를 다녀온다고 한 후 실종된 바 있다. 산속을 트레킹하거나 폭포에서 다이빙을 할 때 사고가 있을 수 있으므로 주의한다. 혼자보다는 여러 명이 함께 가는 것을 추천한다.

### TIP 꽝 씨 폭포에서 식사하기

꽝 씨 폭포에는 식당이 두 곳 있다. 하나는 주차장 주변에 있는 식당가로 시설은 좋지 않지만 볶음밥 등으로 간단히 배를 채우기에 좋다. 또 하나는 꽝 씨 폭포 안쪽, 두 개의 폭포 중간에 위치해 있다. 야외 테라스에 앉으면 폭포 소리를 들으면서 라오스 요리를 맛볼 수 있다. 폭포에서 더 많은 시간을 보내고 싶다면 간단한 먹을거리를 싸가는 것도 좋은 방법이다.

꽝 씨 폭포 안쪽 식당의 야외 테라스

## 빡우 동굴 Pak Ou Caves

지도 p.173ⓒ 위치 루앙 프라방 구시가에서 강을 따라서 북쪽으로 25km 지점, 선착장은 샤프론 카페 앞에 있다 (p.168ⓓ). 요금 빡우 동굴 투어 80,000K, 동굴 입장료 20,000K

메콩 강의 절벽, 사람들의 발길이 쉬이 닿지 않은 곳에 수천 개의 불상을 모신 동굴이 있다. 생명의 원천인 메콩 강과 남 우 강이 만나는 지점을 바라보는 동굴이라, 예로부터 라오스 사람들은 이곳을 신성하게 여겼다고 한다. 신성한 동굴에 불상을 하나 둘씩 모시기 시작한 것이 계속 늘어나면서 이제는 동굴 안을 불상이 가득 채우고 있다. 크고 작은 불상들 가운데 가장 오래된 건 300년 이상 된 것도 있다. 루앙 프라방에서 배를 타고 1시간 30분이나 가야 하니 찾아가는 길이 만만치는 않지만, 신비한 풍경을 찾는 사람이라면 이 특이한 동굴을 한 번 보기 위해서 그 정도 고생은 마다하지 않는다. 물론 오가는 길에 만나는 메콩 강의 평화로운 풍경도 여행자들이 가질 수 있는 덤이다.

탐 띵에서 바라본 메콩 강 풍경

동굴은 2개가 있다. 아래쪽 동굴인 '탐 띵 Tham Ting'은 선착장 바로 위쪽에 있으며, 동굴이라기보다는 절벽의 움푹 팬 부분에 가깝다. 넓은 바위틈으로 빛이 들어와서 편하게 감상할 수 있다. 동굴 위쪽까지 촘촘하게 앉아 있는 불상들을 다 둘

54m 깊이의 위쪽 동굴

탐 품 동굴로 올라가는 길

러보는 데 그리 오랜 시간은 걸리지 않는다. 아래쪽 동굴 옆으로 이어지는 길을 따라 올라가면 위쪽 동굴이 나온다. 이곳은 문자 그대로 약 54m 깊이의 진짜 동굴인지라 안을 들여다보려면 플래시가 필요하다. 어둡고 깊숙한 곳에 고이 모셔둔 수많은 불상들을 보면, 이곳이 신성하다는 라오스 사람들의 믿음에 고개가 끄덕여진다.

**CHECK** 아래쪽 동굴과 위쪽 동굴을 오가는 길 중간에 작은 매점과 화장실이 있다. 화장실 사용료는 5,000K.

> **TIP** 빡우 동굴을 편하게 다녀오려면
>
>
>
> 여행사 투어를 신청하는 것이 가장 편리하다. 아침에 뚝뚝으로 픽업한 후 강변 선착장 앞에서 집합한다. 폭이 좁고 긴 보트를 타는 경우, 일단 자리를 잡고 앉으면 중간에 자유롭게 이동할 수 없다. 배를 타고 가는 내내 직사광선에 노출되니 모자와 자외선 차단제를 준비한다. 조금이라도 해를 피하려면 배기 출발할 때 정면을 바라보고 왼편에 앉는 것이 좋다. 강을 거슬러 가는 데 약 1시간 30분, 돌아오는 데 1시간 정도가 소요된다. 엔진 소리와 진동이 큰 편이니 마음의 준비를 단단히 할 것.

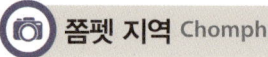 ## 쯤펫 지역 Chomphet

지도 p.172ⓑ 위치 여행안내소에서 루앙 프라방 페리 선착장까지 도보 8분

루앙 프라방 구시가에서 강 하나만 건너가면 또 다른 라오스가 나타난다. 외국인의 손때가 묻지 않은 진짜 라오스 사람들의 마을이다. 구시가에서 메콩 강을 바라보면 강 건너편 중턱을 따라서 집들이 이어져 있는 모습이 보인다. 두 마을을 오고 가는 페리를 타고 직접 건너가 구경을 할 수 있다.

프랑스의 후원으로 마을을 관통하는 길이 깔끔하게 포장되어 있어서 산책하기에도 좋다. 마을길을 따라서 나무와 대나무를 엮어 만든 집들이 나타나는데, 학교를 지날 때면 쉬는 시간에 학교 앞 구멍가게에 모여든 아이들도 만날 수 있다. 길을 따라 풀어놓은 닭들, 햇빛에 말리는 빨래들, 모여서 수다를 떠는 아낙네들, 동네 사람들끼리 벌이는 대낮의 술판 등 정겨운 모습이 이어진다. 언덕 높이 세운 사원까지 올라가면, 강을 건너오지 않고는 결코 볼 수 없는 루앙 프라방의 진짜 모습을 감상할 수 있다.

### TIP 쯤펫 지역 가는 방법

구시가 강변의 선착장에서 쯤펫 지역으로 가는 페리를 탄다. 자동차까지 실을 수 있게 만든 널찍한 배다. 요금은 1인 편도 5,000K, 자전거나 오토바이 포함 10,000K이다. 강은 5분이면 건너며 24시간 운영한다.

## ZOOM IN

### 쫌펫 지역의 볼거리

#### 왓 씨양 멘 사원
Wat Xieng Mene

지도 p.172ⓑ 위치 쫌펫 선착장에서 도보 7분 요금 입장료 10,000K

반 씨양 멘 Ban Xieng Mene은 선착장에서 올라오자마자 나타나는 마을의 이름이다. 길을 따라서 반 씨양 멘 마을로 들어서면 왼편에 사원이 보인다. 마을의 소박한 풍경과는 달리 왓 씨양 멘 사원은 규모가 크고 화려하다. 사원 내부에 있는 황금 무늬를 입힌 검은 기둥들이 인상적이다.

#### 왓 쫌펫 사원
Wat Chompet

지도 p.172ⓑ 위치 쫌펫 선착장에서 도보 15분 요금 입장료 10,000K

이곳에서 바라보는 전망을 위해서라면 사원의 입장료도 아깝지가 않다. 마을길에서 언덕 위 사원을 향해 계단으로 올라가면, 사원의 입구가 보인다. 여기에서 봐야 할 것은 사원 자체가 아니라 건너편 루앙 프라방 구시가의 전경이다. 푸 씨 산 뒤편으로는 산자락이 길게 이어지고, 푸 씨 산의 황금빛 첨탑 아래로는 나무숲에 잠겨 있는 녹색의 도시 루앙 프라방이 보인다.

#### 왓 롱 쿤 사원 Wat Long Khun

지도 p.172ⓑ 위치 쫌펫 선착장에서 도보 18분 요금 입장료 10,000K

예로부터 라오스 왕국의 후계자들이 대관식 전에 3일 동안 머물며, 목욕과 명상으로 정화의식을 치르던 장소다. 숲 속 깊숙이 숨겨진 은둔지인 동시에, 강 건너편으로는 속세인 루앙 프라방을 한눈에 바라볼 수 있는 자리라, 왕위를 이어갈 후계자들이 마음과 몸을 다스리기에는 최적의 장소였다. 사원의 이름은 '축복의 노래'라는 뜻을 담고 있다.

**CHECK** 사원을 보고 나오면 근처의 동굴 사원까지 안내를 자청하는 아이들이 있다. 따라가서 구경하면 소정의 팁을 요구한다.

# SPECIAL

### 여행자들의 든든한 저녁식사
# 루앙 프라방 야시장의 먹을거리

몽족 야시장이 시작하는 오후 5시가 되면, 낮 시간 동안 조용하던 여행안내소 뒤편 좁은 골목은 갑자기 분주해진다. 골목 입구부터 환하게 불을 밝히고 갖가지 먹을거리들이 좌판에 가득 차려진다. 간편하면서도 저렴하게 한 끼를 해결할 수 있는, 맛있는 야시장 음식들을 찾아보자.

### 코코넛 팬케이크
계란빵과 비슷한 식감인데 코코넛의 은은한 단맛이 난다. 작은 크기라 이쑤시개로 하나씩 찍어 먹는다. 5,000K

### 빵
골목입구 오른편, '인디고 카페'에서는 저녁마다 가게 앞에서 빵을 판매한다. 롤, 브라우니, 케이크 등 종류가 다양하다. 10,000K~

### 조각 과일
망고, 파인애플, 수박 등 열대과일을 먹기 좋게 잘라서 한 팩씩 포장 판매한다. 한 가지 과일로 된 것도 있고 여러 종류를 섞은 것도 있다. 10,000K~

### 독일 소시지 핫도그
독일식 돼지고기 소시지를 넣은 핫도그다. 핫도그 빵에 구운 소시지와 채소를 넣고 소스를 잔뜩 뿌려 준다. 18,000K~

### 육포
잘게 잘라서 말린 고기에 양념과 깨를 잔뜩 발라 놓았다. 짭짤하고 고소해서 맥주 안주로는 최고! 100g 20,000K

### 쏨땀
태국식 파파야 샐러드다. 가늘게 채 썬 그린 파파야에 토마토, 샬롯, 고추, 피시 소스, 라임즙을 넣고 절구에 빻아서 양념한다. 15,000K

# NIGHT MARKET

### 미니 교자만두 (인기)
앙증맞은 모양의 미니 교자만두. 집에서 직접 만든 수제 스타일로 프라이팬에 기름을 두르고 지져낸다. 원하면 매운 간장도 비벼준다. 10개 20,000K

### 숯불 꼬치구이
삼겹살, 생선, 소시지, 닭 가슴살, 닭 날개 등 다양한 고기들을 숯불에 구워준다. 그윽한 숯불 향이 맥주를 부르는 별미 안주. 10,000K~

### 쌀국수
골목 끝까지 들어가면 국수집이 있다. 쌀국수와 카오 쏘이를 판다. 자잘한 간식 종류가 마음에 들지 않은 사람들을 위한 가게다. 15,000K~

### 루앙 프라방 소시지
라오스 북부 지방의 소시지. 고기와 허브, 피시 소스가 들어가서 짭짤하고 감칠맛이 강하다.

### 어묵 꼬치
알록달록 다양한 어묵 꼬치. 주문 즉시 기름 두른 프라이팬에 넣고 바로 구워 준다.

### 스프링롤 튀김
안에는 채소뿐이지만 소스를 찍어먹으면 맛있다. 5개 10,000K

### 만오천킵 뷔페 (인기)
골목 최고의 인기 메뉴다. 15,000K으로 한 접시 가득 먹고 싶은 음식을 담을 수 있다. 워낙 다양한 요리가 있어 고민이 되기도 하지만, 잘 고르기만 하면 저렴하고 풍성한 한 끼 식사를 즐길 수 있나(자세한 설명은 다음 페이지 참고).

## ZOOM IN

**루앙 프라방의 명물**
# 만오천킵 뷔페, 어떤 요리가 맛있을까?

만오천킵 뷔페는 루앙 프라방에 온 여행자들에게 가장 인기 있는 저녁식사다. 예전에는 일명 '만킵 뷔페'라고 불렸지만 지금은 가격이 조금 올랐다. 좌판에 가득 차려진 형형색색의 요리들을 보면 어떤 것을 집어야 할지 살짝 고민부터 된다. 맛있어 보여서 담았다가 생각과는 다른 맛에 남기는 경우도 많다. 한 사람이 담을 수 있는 분량은 딱 한 접시! 어떤 음식을 골라야 후회가 없을까? 그 의문을 풀기 위해 뷔페에 나오는 요리들을 전부 먹어보았다.

한 접시 가득 담아보자

### 국수
라면, 넙적한 면, 녹색면, 당면 등 종류가 많지만 대부분 유사한 맛이고 양념도 거의 없다. 밥이나 마카로니가 낫다.

### 마카로니
국수 종류보다 덜 풀어져서 쫄깃하다. 소스는 거의 없이 식감으로 먹는다.

### 감자볶음
감자를 노르스름하게 볶아낸 요리는 감칠맛이 있다. 밥과 함께 먹으면 좋다.

### 채소볶음
청경채, 시금치, 호박, 콩 껍질 등 채소 종류를 볶은 것이다. 채소 본연의 맛에 짠맛만 더했다.

### 채소 양념볶음 추천
양념을 넣은 채소볶음이다. 색깔이 없는 채소볶음보다는 조금이라도 불그스름한 색깔을 띤 요리로 고를 것.

### 양배추 샐러드
재료로 쓰는 양배추 종류가 달지 않고 쓰다. 볶음이든 절임이든 양배추가 들어간 요리는 추천하지 않는다.

### 가지 샐러드

기름에 볶지 않고 식초에 절인 요리다. 가지 특유의 맛을 좋아하는 사람에게만 권한다.

### 두부볶음

두부와 채소를 볶은 것인데, 우리나라 두부와는 달리 시큼한 맛이 난다.

### 바나나 튀김

달콤하고 기름진 후식으로 좋다. 비슷한 모양인데 크기가 조금 작은 건 가지 튀김이다.

### 튀긴 스프링롤

당면만 가득 든 스프링롤이 기름에 절어 있다. 배를 채울 뿐 맛을 느끼기는 힘들다.

### 계란 프라이

만오천킵 뷔페에서는 거의 유일한 동물성 단백질 메뉴다. 1인당 1개로 제한한다.

### 과일

후식용 과일이 있다. 과일이 없는 가게도 있으니 미리 체크하는 것이 좋다.

### 새우 크래커

음식을 다 담은 후 마지막으로 위에 더 얹을 수 있다. 짭짤하고 고소한 간식거리다.

### 음료

별도로 판매한다. 물 5,000K, 청량음료 캔 7,000K, 비어라오 캔 10,000K

**TIP 만오천킵 뷔페 맛있게 즐기는 법**

- 저녁에는 테이블이 모두 차서 합석은 기본이다. 국숫집이 있는 골목 안쪽으로 들어가면 조금 한산하다.
- 같은 골목에서 파는 쏨땀이나 꼬치구이, 찹쌀밥을 곁들이고 뷔페 음식은 반찬으로 먹으면 좋다.
- 비 오는 날은 골목이 습하고 복잡하니 가지 않는 것이 좋다.

붐적이는 테이블에서 합석은 기본

## 강변 신닷 뷔페 Riverside Barbecue Restaurant

지도 p.174ⓒ 위치 여행안내소에서 도보 4분 주소 Thanon Chunkham 오픈 18:00~22:00 요금 신닷 까올리 뷔페 1인 60,000K 전화 020-5599-9945

신닷 까올리는 한국의 불고기를 라오스 방식으로 재해석한 고기요리다. 한 불판 위에서 고기도 굽고 동시에 샤브샤브도 먹을 수 있어 만족도가 높다. 다른 가게들은 보통 1인분씩 계산해서 고기를 내주는데, 이곳은 1인당 60,000K에 무제한으로 먹을 수 있다는 게 장점이다. 닭고기, 소고기, 돼지고기는 물론이고 새우를 포함한 해산물 종류와 과일까지 마음껏 먹을 수 있다. 저녁이면 메콩 강변의 넓은 공터에 야외 테이블이 깔리고 각종 재료들이 푸짐하게 준비된다. 방문하는 손님들마다 양껏 먹고 배 두들기다 만족스럽게 돌아가는 분위기다.

다소 질긴 소고기 보다는 돼지고기 종류가 더 인기가 있다. 그 중에서도 추천할 메뉴는 삼겹살 부위. 두께는 얇지만 바깥 껍질 층도 있는 종류라 고소한 맛이 난다. 닭튀김이나 스프링롤, 볶음밥 같은 곁들이 음식도 좋고, 망고나 멜론 같은 열대과일 종류도 다양하다. 은은하게 새콤달콤하면서도 감칠맛이 살아있는 소스도 이 집의 인기 비결이다.

다양한 고기와 해산물이 있다.

> **TIP 돼지비계는 필수**
> 재료 테이블 쪽에 돼지비계만 따로 준비해 놓았다. 고기 굽는 판이 타지 않도록 비계를 계속 올려줘야 한다.

## 🍽 덴 사바이 Dyen Sabai Restaurant

지도 p.175ⓒ 위치 여행안내소에서 도보 10분, 선착장에서 다리나 배로 강을 건넌다. 주소 Ban Phan Louang 요금 신닷(2인 기본) 80,000K, 칵테일 20,000K~ 전화 071-410-185 홈피 dyensabairestaurant.wordpress.com

루앙 프라방뿐만 아니라 라오스에서 제일 분위기 좋은 신닷 까올리 집이라 할 만하다. 특히, 방비엥에서 처음 신닷 까올리를 먹어 본 사람이라면 완전히 다른 이곳 분위기에 놀랄 것이다. 먼저 이 식당으로 가려면 강부터 건너야 한다. 건기에는 대나무 다리로 건너고, 우기나 다리가 없을 때는 보트를 탄다(왕복 비용 5,000K). 높고 넓은 지붕 아래에 깔려 있는 야외 테이블은 대나무 숲 너머로 강변을 바라보고 있다. 에어컨은 없지만, 그저 바라보기만 해도 시원한 풍경이 펼쳐진다.

대표 메뉴인 신닷 까올리는 2인분이 기본. 하지만, 혼자 가서 먹기에도 괜찮은 양이다. 돼지고기를 주문하면 삼겹살이 아니라 비계 없는 살코기 부분으로 나온다. 서비스로 바삭하고 부드러운 가지 튀김도 함께 내준다. 우리나라나 라오스 사람에게는 신닷 집으로 유명하지만, 음료 하나 시켜놓고 노트북이나 책을 보며 방석에 누워서 하염없이 시간을 보내는 여행자들도 있다.

가지 튀김

다리나 배로 남칸 강을 건너간다.

## 쏜 파오 Son Phao Restaurant

지도 p.174Ⓕ 위치 여행안내소에서 도보 10분 오픈 11:00~22:00(공연 19:30 1회) 요금 공연 40,000K, 라오스 플래터(소) 60,000K 전화 071-253-489

라오스 전통 공연을 보면서 라오스 전통 음식도 맛볼 수 있는 식당이다. 일본인 주인이 직접 운영하는 가게라 서비스와 음식이 깔끔하다. 공연은 저녁 7시 30분에 시작하는데, 여행자들 사이에서 인기가 많아 좋은 자리를 맡으려면 며칠 전에 예약하는 것이 좋다. 악기 연주와 춤 모두 나이 어린 청년들이 하는 공연의 수준은 식사와 함께 관람하기에 나쁘지 않은 정도다. 소수민족의 춤과 원숭이 춤을 포함해 총 다섯 가지의 전통 춤을 보여주는데, 같은 공연자가 복장만 바꿔 입고 등장한다.
라오스와 일본 요리가 있는데, 주로 세트 메뉴로 팔며 가격대가 싸지 않다. 그중에서 세 가지 라오스 전통 요리를 한 접시에 담고 찹쌀밥까지 먹을 수 있는 라오스 플래터(소)가 가격 대비 좋은 편이다. 접시에 올라가는 세 가지 메뉴는 직접 고를 수 있는데, 국물보다는 고기요리 종류를 추천한다. 전체적으로 달짝지근하면서도 짭짤하고 고소한 맛이라 우리 입맛에도 잘 맞는다.

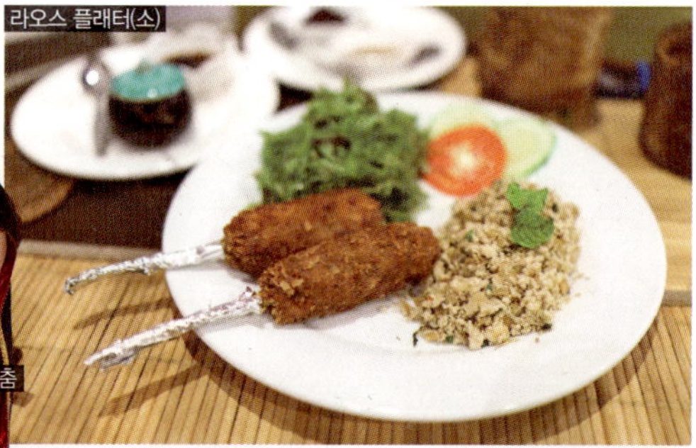
라오스 플래터(소)

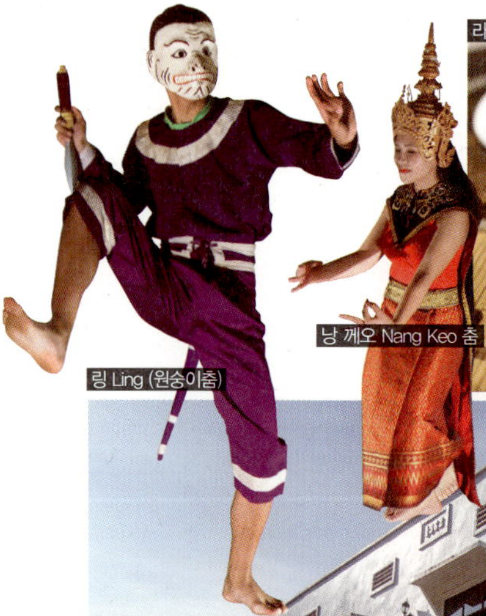
낭 께오 Nang Keo 춤

링 Ling (원숭이춤)

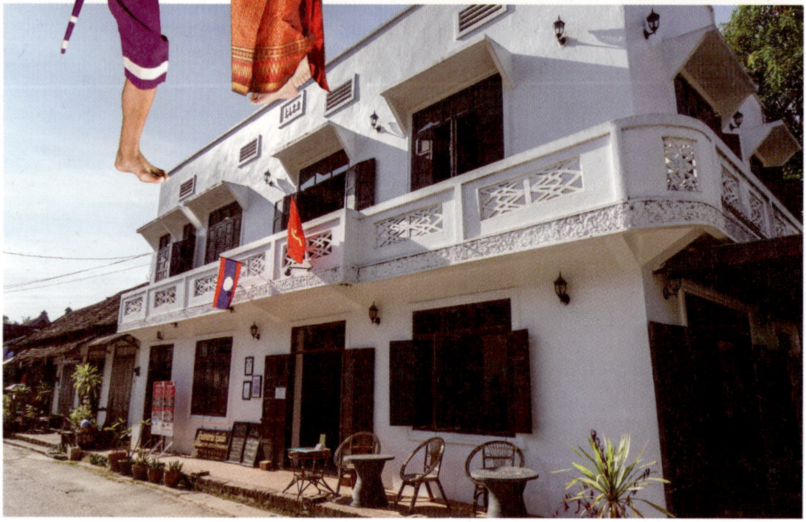

## 카이팬 Khaiphaen

지도 p.174ⓕ 위치 여행안내소에서 도보 11분 주소 100 Sisavang Vatang Road, Ban Wat Nong 오픈 월~토 11:00~20:30 휴무 일요일 요금 오 람 46,000K, 찹쌀밥 5,000K, 망고 다이키리 32,000K 전화 071-254-135 홈피 http://tree-alliance.org/our-restaurants/khaiphaen.php

식당 서비스를 통해 라오스의 청소년들을 훈련시키고 자립을 돕는 목적으로 운영하는 비영리 식당이다. 대표 메뉴는 태국, 베트남, 라오스 등 동남아시아 인근 국가의 재료들을 혼합한 요리들이다. 라오스 북부 지방의 전통 요리인 '오 람 Or Lam'은 돼지고기에 각종 채소와 향신료를 넣고 푹 익힌 요리인데, 완전히 풀어진 부드러운 가지와 쫄깃하고 고소한 돼지고기에 라오스 특유의 채소 향기들이 어우러진다. 질 좋은 칵테일을 잘 만드는 곳으로도 정평이 나 있다. 매장 한편의 수공예품 코너도 구경해 보자.

오 람 Or Lam

망고 다이키리

## 다오 커피 루앙 프라방 Dao Coffee luang Prabang

지도 p.172ⓕ 위치 여행안내소에서 도보 5분 주소 No 56, Ban Viengxay 오픈 월~토 07:30~18:00 요금 라오스 2인 세트 메뉴 140,000~160,000K 다오커피 아이스 18,000K 전화 071-214-444

라오스에서 대표적인 커피 브랜드인 다오 커피 Dao Coffee가 운영하는 카페 겸 식당이다. 구시가 안쪽에 있는 고급 식당의 절반 가격으로 깨끗하고 맛있는 라오스 요리를 맛볼 수 있어 점심시간이면 현지 직장인들이 몰려든다. 2인 세트 메뉴에는 세 가지 이상의 요리와 음료가 포함되어 있다. 요리는 피시 커리, 넴느엉, 라오스식 샌드위치 등 취향대로 선택 가능하다. 식후 커피는 가장 기본 메뉴인 다오 커피를 추천한다. 기억에 남을 정도로 달고 진하고 고소한 맛이다.

넴 카오 크리스피 사우어 포크 50,000K

다오 커피 라떼 아이스

## 🍴 파파야 샐러드 레스토랑 Papaya Salad Restaurant

**지도** p.175ⓒ **위치** 여행안내소에서 도보 13분 **주소** Thanon Kounxoua **오픈** 08:00~15:00 **요금** 파파야 샐러드15,000K, 고기 메뉴 40,000K~, 밥 5,000K

가게 이름 그대로 라오스의 파파야 샐러드인 '탐막홍'이 대표 메뉴다. 가게 옆 야외 테이블에서는 절구에 찧어가면서 샐러드를 만드는 모습을 볼 수 있는데, 손님이 모두 라오스 현지인이나 인근 아시아 국가의 여행자뿐이다. 작은 화분으로 장식한 가게 안으로 들어가면 가정집의 1층을 그대로 식당으로 사용하고 있다. 넓적하게 채 썬 그린 파파야로 만든 샐러드는 고추와 라임, 피시 소스를 아낌없이 넣어서 풍미가 강렬하다. 루앙 프라방 소시지나 말린 돼지 육포에다 찹쌀밥까지 곁들이면 더욱 안성맞춤. 다만 종업원과 영어가 통하지 않으며, 사진과 라오어 이름만 있는 메뉴판에는 가격이 적혀있지 않아 다소 불편하다.

## 🍴 헤우안 찬 헤리티지 Heuan Chan Heritage

**지도** p.174⑤ **위치** 여행안내소에서 도보 8분 **주소** 158 Marion **오픈** 월~금 09:00~17:00, 토일 09:00~21:00 **요금** 입장 무료(전시회 15,000K) 차 15,000K, 과일 10,000K 요리 15,000K~ **전화** 030-549-3632 **홈피** www.heritageluangprabang.com

씨싸왕웡 거리의 뒤쪽, 조그만 골목으로 들어가면 나타나는 이곳은 오토바이와 사람들 소리에서 잠시 벗어나 조용하게 쉴 수 있는 곳이다. 넓은 공터 안에 나무로 지어진 루앙 프라방 전통 가옥이 세워져 있는데 여기서 사진이나 회화 전시회를 연다. 집 아래쪽 공간에서는 전통 수공예품을 팔며, 소수민족 할아버지와 할머니가 전통 공예를 시연한다. 정원에 전통 차를 마실 수 있는 대나무 테이블과 평상이 있는데 차 종류는 판단, 멀베리 등으로 다양하다. 스프링롤을 비롯한 간단한 요리도 맛볼 수 있다. 마치 작은 라오스 전통 마을에 들어와 이것저것 경험하고 가는 분위기다.

**CHECK** 12월에는 이곳에서 루앙 프라방 핸디 크래프트 페스티벌이 열린다. 정원 안에 사람이 바글바글한 가운데 공연도 열리고, 먹거리 장터도 훨씬 큰 규모로 열린다.

## 빅 트리 카페 Big Tree Café

지도 p.174® 위치 여행안내소에서 도보 12분 주소 46 Ban Vat Nong 요금 한식 세트 60,000K 전화 020-7777-6748 홈피 www.bigtreecafe.com

루앙 프라방 구시가에서 편하게 한식을 먹을 수 있는 식당이다. 라오스에 온지 벌써 10년, KBS 〈인간극장〉까지 출연했던 여주인이 운영한다. 강변 도로 바로 앞에 있어서 외국에서 흔히 보는 한식당보다는 훨씬 근사한 카페 분위기가 난다. 내부에는 사진 및 다큐멘터리 작가인 네덜란드인 남편이 찍은 라오스 사진들이 걸려 있다. 건물 안쪽 마당에는 나무 그늘이 진 야외 테이블도 있는데, 대나무 벽 아래로 작은 분수의 물소리가 시원하게 들린다. 한식 메뉴 중에는 8가지 정갈한 반찬이 함께 나오고 뜨끈한 국물이 일품인 찌개 세트가 인기다.

부대찌개 세트

## 김삿갓 Kim Sat Cat

지도 p.173© 위치 여행안내소에서 도보 15분, 픽업 서비스 제공 주소 Vat Meunna 요금 돼지갈비, 제육볶음 70,000K 전화 020-5855-0000 카카오톡 ID laoksc 홈피 cafe.naver.com/ksclaos

소주 한잔 나누면서 왁자지껄하게 대화하는 한국식 저녁식사를 하고 싶다면 루앙 프라방에서는 이곳이 딱 이다. 이름만큼이나 전통적인 분위기의 한식당이다. 실내 공간이 아주 널찍하고 테이블 숫자도 넉넉하다. 구시가 식당에서는 먹을 수 없는 돼지갈비나 오징어덮밥 같은 메뉴도 있다. 여러 명이 간다면 아무래도 푸짐한 닭볶음탕이 좋다. 메인 요리와 함께 13가지 이상의 반찬이 나오는데 모두 기름기가 적고 담백한 맛이다. 주인과 종업원 모두 개별 여행자들에게도 친절하다. 시내에서 걸어가기에는 살짝 멀게 느껴지는데, 무료로 왕복 픽업 서비스를 제공해서 좋다.

# SPECIAL

라오스 전통 요리를 배워보자
## 라오스 쿠킹 클래스

루앙 프라방에는 외국인 여행자를 위한 라오스 쿠킹 클래스가 많다. 하나의 요리에 고기와 채소 모두를 균형 있게 사용하고 감칠맛도 살아있는 라오스 요리는 한국인의 입맛에도 잘 맞는 편이다. 또한, 태국과 베트남 등 인접한 국가들의 영향으로 비슷한 재료들도 많이 사용한다. 쿠킹 클래스를 통해 동남아시아 요리에 대한 이해도 넓힐 수 있고, 라오스 각 지역별 요리의 특징과 함께 루앙 프라방 요리의 특색도 배울 수 있다.

쿠킹 클래스는 강사와 함께 재료를 고르고 요리를 한 후 수강자들과 요리를 나누어 먹는 방식으로 진행된다. 한 나절의 즐거운 일정과 함께 맛있는 식사까지 한 번에 해결할 수 있다. 클래스에 참여하면 레스토랑 고유의 레시피 북도 챙겨준다. 인원 제한이 있기 때문에 사전 예약은 필수. 요리를 통해 라오스 문화를 배우고자 하는 여행자에게 적극 추천한다.

### 쿠킹 클래스 순서

1 강사와 함께 만들 요리를 선정한다.

2 시장에 가서 재료를 고른다 (저녁에는 생략).

3 재료를 손질한다.

4 역할을 분담해 요리를 완성한다.

5 완성한 요리로 식사를 한다.

# COOKING CLASS

## 루앙 프라방의 쿠킹 클래스

### 밤부 트리 쿠킹 스쿨 Bamboo Tree Cooking School

지도 p.175ⓖ 위치 여행안내소에서 도보 13분 주소 Thanon Kingkitsarath 오픈 월~토 09:00~14:00 휴무 일요일 요금 250,000K 전화 020-2242-5499

레스토랑의 오너 셰프인 린다가 직접 가르친다. 요리 재료를 고르기 위해 현지인 시장인 포씨 마켓 Phosy Market을 방문한다. 라오스 전통 요리 레시피 북과 함께 간단한 수료증을 준다.

### 타마린드 쿠킹 스쿨 Tamarind Cooking School

지도 p.175ⓖ 위치 여행안내소에서 도보 13분 주소 Thanon Kingkitsarath 오픈 풀데이 클래스 월~토 09:00~17:00, 이브닝 클래스 월~금 16:30~20:30 요금 풀데이 클래스 285,000K, 이브닝 클래스 215,000K 전화 071-213-128 홈피 www.tamarindlaos.com/cooking-school

최대 인원 12명에 2명씩 조를 짜서 요리를 배운다. 이브닝 클래스에는 장보기 과정이 빠져 있다.

### 탐낙 라오 쿠킹 스쿨 Tamnak Lao Cooking School

지도 p.175ⓖ 위치 여행안내소에서 도보 11분 주소 Thanon Sakkaline 오픈 데이 클래스 10:00~16:00, 이브닝 클래스 17:00~19:00 요금 데이 클래스 250,000K, 이브닝 클래스 160,000K 전화 020-5551-6437 홈피 http://tamnaklao.yolasite.com

데이 클래스는 다섯 가지, 이브닝 클래스에서는 네 가지 요리를 배운다. 최소 인원이 1명이라 혼자 신청해도 수업을 받을 수 있다.

> **TIP 라오스 요리의 특징**
>
> 라오스의 식생활은 찹쌀밥을 기본으로 여러 가지 반찬을 놓고 먹는 스타일이다. 반찬이 되는 요리에는 생강, 고추, 라임과 함께 고수, 타마린드, 레몬그라스 등 동남아시아에서 볼 수 있는 채소의 향신료들을 풍부하게 사용한다. 또한, 닭고기, 돼지고기, 생선 등 다양한 동물성 단백질도 부족하지 않게 들어간다. 감칠맛의 기본 재료로는 피시 소스를 주로 사용한다.

##  조마 베이커리 카페 Joma Bakery Café

**지도** p.174① **위치** 여행안내소에서 도보 2분 **주소** Thanon Chao Fa Ngum **오픈** 07:00~21:00 **요금** 아이스 라테 22,000K, 스모크 살몬 샌드위치 35,000K **전화** 071-252-292 **홈피** www.joma.biz

스타벅스 매장이 없는 라오스에서 그 역할을 대신하고 있는 카페다. 구도심의 한가운데, 고풍스러운 옛 건물에 자리잡은 이곳은 루앙 프라방의 랜드마크이기도 하다. 살짝 삐그덕 거리는 소리를 내는 나무 바닥, 연한 녹색 페인트로 칠한 옛날식 창틀, 편안한 소파와 테이블은 들어서는 순간 마음을 사로잡는다. 여기에 시원한 에어컨과 빠른 와이파이, 커피라는 현대 여행자의 필수품 세 가지를 모두 갖추고 있다. 베이커리를 표방하고 있는 만큼 빵의 퀄리티도 좋다. 특히, 샌드위치는 신선한 채소와 맛있는 치즈를 사용해서 기분 좋은 한 끼 식사가 된다. 단, 커피는 빵보다 만족도가 조금 떨어진다. 비엔티안에도 매장이 있으며, 구시가 남쪽, 남칸 강변에 2호점도 있다.

**CHECK** 1층 카운터에서 주문을 하고 번호표를 받으면 앉은 자리로 가져다 준다. 언제나 붐비는 1층 테이블보다는 여유가 있는 2층의 자리를 추천한다.

2층의 테이블

## 르 바네통 카페 Le Banneton Cafe

지도 p.175ⓓ 위치 여행안내소에서 도보 15분 주소 Thanon Sakkaline 오픈 06:30~18:00 요금 아이스 라테 20,000K, 크루아상 9,000K, 빵 13,000K 전화 020-7777-6269

에어컨도 와이파이도 없는 이 카페에 여행자들이 붐비는 이유는 오직 하나다. 맛있게 구워낸 빵으로 신선한 아침식사를 할 수 있기 때문이다. 비엔티안의 르 바네통(p.109)과 같이 운영하는 가게로, 둘 다 맛있는 크루아상으로 유명하다. 일반적인 크루아상도 좋지만 초콜릿 크루아상이 더 인상적이다. 빵 가격도 다른 베이커리나 카페들에 비해서 합리적이라 포장해 가는 손님들도 많다. 아침 일찍부터 문을 연다는 것도 장점이다. 덕분에 오전 시간대에는 빵과 커피, 샐러드를 포함하는 세트 메뉴를 찾는 사람들로 붐빈다.

 ## 르 카페 반 밧 센 Le Cafe Ban Vat Sene

지도 p.175ⓖ 위치 여행안내소에서 11분 주소 Thanon Sakkaline 오픈 06:30~22:00 요금 아이스 아메리카노 15,000K, 레몬 타르트 28,000K 전화 071-252-482

좋은 카페라면 맛있는 커피와 함께 그에 어울리는 디저트도 있어야 한다. 동네 이름을 따왔다는 카페 반 밧 센은 처음에는 이름을 따라 부르기도 어렵지만, 일단 이곳의 커피와 디저트를 맛보고 나면 이름을 기억해 두게 된다. 산미가 있는 원두를 사용하며, 아이스 아메리카노로 마셔도 맛이 있다. 반드시 먹어봐야 할 추천 메뉴는 상큼한 레몬 타르트다. 말랑거리는 노란 레몬 크림을 한 수저 떠먹으면 눈썹을 찡긋거리게 하는 신맛부터 입안에 퍼진다. 곧 이어 사르르 퍼지는 상큼한 단맛, 저절로 웃음 짓게 만드는 기분 좋은 맛이라 새콤한 디저트를 좋아하는 사람에게 추천한다. 고급 프랑스 레스토랑과 함께 운영하는 곳이라 식사 메뉴들은 가격대가 높은 편이다.

레몬 타르트

# 사프론 카페 Saffron Café

**지도** p.175ⓒ **위치** 여행안내소에서 도보 12분 **주소** Thanon Souvanhnakhamphong **오픈** 07:00~20:00 **요금** 아이스 라테 20,000K, 브라우니 15,000K, 베이컨 에그 베이글 27,000K

라오스에서 여행하다 보면, 라오스를 오기 전에는 생각하지도 못했던 것을 좋아하게 되는 경우가 있다. 라오스 커피가 바로 그 중 하나다. 라오스 중부 볼라벤 고원에서 자라는 라오스 커피 원두는 남미의 커피만큼 첫인상이 강렬하지는 않다. 하지만 기대 이상의 진득한 맛과 향 덕분에 라오스를 여행하는 내내 계속 찾게 된다. 사프론 카페는 공정무역으로 키운 라오스 커피 원두를 전문으로 취급하는 카페다. 매장이 메콩 강변을 바라보고 있어서 아예 강변 앞 의자에 앉아서 마실 수도 있다.

자체 브랜드를 로스팅한 커피는 아메리카노와 라테, 모두 만족스러운 풍미를 느낄 수 있다. 근처의 다른 카페들에 비해 케이크 가격이 저렴하고 양이 많은 것도 장점이다. 아침이라면 커피콩의 껍질을 넣어서 만든 베이글 메뉴를 추천한다. 커피가 마음에 들면 직접 원두를 구입할 수 있다. 11월에서 2월 사이에는 커피농장 투어도 운영한다.

직접 로스팅한 원두를 구입할 수 있다.

## 아이콘 클럽 Icon Klub

지도 p.175ⓖ 위치 여행안내소에서 도보 9분 주소 Thanon Sisavangvatthana 오픈 17:00~23:30 휴무 비정기적 요금 칵테일 50,000~90,000K 전화 071-254-905 홈피 www.iconklub.com

칵테일 한 잔을 마시기에 좋은 클럽이다. 루앙 프라방에 정착한 헝가리인 리사가 이곳의 주인이자 바텐더인데, 친절하면서도 맛있는 칵테일을 만드는 걸로 명성이 자자하다. 리사의 레시피로 만든 아이콘 스페셜 메뉴를 추천. 바닐라와 사과, 계피의 향이 어우러진 '바닐라 스카이'는 여자들이 좋아할 만한 달콤하고 로맨틱한 칵테일이다.

**CHECK** 주인이 여행을 가는 동안에는 문을 닫는다.

바닐라 스카이 Vanila Sky

## 바라방 II Baràvin II

지도 p.175ⓖ 위치 여행안내소에서 도보 8분 주소 Thanon Sisawangwong 오픈 09:30~22:30 요금 글라스 와인 35,000~70,000K 전화 없음

프랑스어로 바라방이라는 이름 자체가 '와인바'라는 뜻으로, 씨싸왕웡 거리 한복판에 있는 와인 전문점이다. 아주 조그만 가게지만 라오스에서 보기 힘든 유럽산과 남미산 와인 리스트를 가지고 있다. 그중 화이트와 레드 와인 몇 가지를 잔 단위로 판다. 테이블도 몇 개 없어서 대부분 가게 앞 테이블에 앉아서 마신다. 안주는 따로 없으며, 오직 땅콩만 준다. 하지만 저녁 무렵 씨싸왕웡 거리의 따스하고 낭만적인 분위기가 안주가 되어 준다. 나른한 오후에는 시원한 화이트 와인이, 저녁에 야시장을 보다가 지쳤을 때는 레드 와인이 잘 어울린다.

### TIP 씨싸왕웡 거리의 꼬치노점

바라방 가게의 길 건너편 인도에서 오후부터 조그만 꼬치 노점이 문을 연다. 소, 닭, 닭발, 어묵 등 다양한 고기로 된 꼬치를 숯불에 구워 파는데, 한 개에 3,000K~5,000K밖에 하지 않는다. 바라방의 손님들도 술은 바라방에서, 안주는 이곳의 꼬치를 사와서 먹는 분위기. 야시장을 구경하다가 출출하면 들러보자.

# SPECIAL

흐르는 강물처럼 여유로운 곳
## 루앙 프라방의 강변 전망 카페

아늑하고 낭만적인 루앙 프라방 특유의 분위기를 만드는 일등공신은 도시 위로 흐르는 강물이다. 북쪽으로는 메콩 강이, 남쪽과 동쪽으로는 남칸 강이 구시가를 둘러싸듯 흐르고 있다. 그 강변을 따라 수많은 카페와 레스토랑이 포진하고 있는데, 저마다 제일 경치 좋은 자리에 야외 테이블을 마련해 놓고 여행자들을 기다린다. 시간대별로 강변 풍경을 감상하기 좋은 최고의 스팟을 골라서 소개한다.

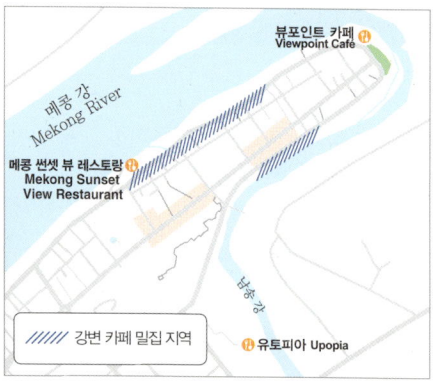

### ☕ 유토피아 Utopia

구시가 남쪽, 남칸 강변
추천 시간대: 아침, 오후, 저녁

**지도** p.175Ⓚ **위치** 여행안내소에서 도보 12분 **주소** Ban Aphay, Thanon Kingkitsarath **오픈** 07:00~24:00 **요금** 덤플링 18,000K, 김 24,000K, 라오 칵테일 15,000K **전화** 020-2388-1771 **홈피** www.utopialuangprabang.com

이곳에서 강변의 전망을 바라보면 '유토피아'라는 이름이 참 그럴 듯하다는 생각을 하게 된다. 마치 절벽에서 내려다보는 것처럼 남칸 강 전망이 시원하게 펼쳐진다. 강변 쪽 좌석에는 완전히 누울 수 있는 쿠션이 놓여 있어서 일단 한번 등을 붙이면 시간 가는 줄 모른다. 낮에는 젊은 여행자뿐만 아니라 가족 여행자들도 방문하기 좋은 곳이지만, 저녁에는 술 마시기 좋은 나이트 스팟으로 변신한다. 버거 같은 식사 메뉴도 있지만 술 한 잔에 가볍게 곁들일 수 있는 안주 종류를 주문하는 게 낫다.

**CHECK** 아침에는 요가 세션이 열린다. 강변을 바라보며 명상 체험을 하고 싶은 사람들은 문의해 볼 것.

# RIVERSIDE CAFE

 ### 뷰포인트 카페 Viewpoint Cafe

구시가 동쪽, 메콩 강+남칸 강
추천 시간대 : 점심 이후부터 해지기 전까지

지도 p.175ⓓ 위치 여행안내소에서 도보 20분 주소 Thanon Khemkhong 오픈 07:00~22:00 요금 비어라오(소) 20,000K, 칵테일 55,000K 전화 071-254-900

루앙 프라방 구시가의 동쪽 끝, 두 강이 만나는 지점에는 뷰포인트 카페가 있다. 테이블에 앉으면 강 건너편의 사원을 바라볼 수 있는데, 주황색 장삼을 입은 승려들이 나무다리를 건너가고 그 옆에는 배들이 지나가는 장면들이 그림처럼 펼쳐진다. 두 강물이 서로 합쳐지면서 생기는 물살 덕분에 강물 소리도 유난히 시원하게 들린다. 나무 그늘 아래로 시원한 바람도 솔솔 불어와 뜨거운 오후 시간에 잠시 더위를 피해가기에는 딱 좋은 장소다. 요리와 술 가격이 다른 식당에 비해 비싼 편이고 와이파이가 없다는 것은 단점.

 ### 메콩 썬셋 뷰 레스토랑 Mekong Sunset View Restaurant

지도 p.174ⓕ 위치 여행안내소에서 도보 9분 주소 Ban Xiengmuane 오픈 08:00~22:00 요금 코코넛 15,000K, 버거 35,000K 전화 020-5577-1144

구시가 북쪽에는 메콩 강을 바라보는 카페와 식당이 아주 많다. 메콩 강 위로 지는 노을을 바라볼 수 있다는 것이 여행자들에게 인기를 누리는 이유다. 메콩 썬셋 뷰 레스토랑도 그중 하나. 가게 앞에는 미국 전 대통령인 오바마가 생 코코넛 주스를 마시고 있는 사진이 크게 붙어 있다. 합성이 아니라 실제로 오바마가 2016년 루앙 프라방을 방문했을 때 이곳에서 코코넛을 마셨다. 그래서인지 코코넛 마시는 현지인이 많이 보인다. 아래쪽 깅변 테이블로 내려가면 오바마가 코코넛을 먹고 있는 입간판이 있는데, 함께 옆에서 사진을 찍으면 제법 그릴듯하게 나온다. 요리 메뉴는 버거나 피자 등 평범한 것이 많아 일부러 맛볼 필요는 없다. 멋진 전망과 함께 비어라오 한 병이나 기분에 맞는 음료 하나면 충분하다.

## 만다 데 라오스 Manda de Laos

**지도** p.172ⓕ **위치** 여행안내소에서 도보 8분 **주소** Ban That Luang, 10 **오픈** 바 12:00~23:00(식당 12:00~14:30, 18:00~22:30) **요금** 라오지토 80,000K **전화** 071-253-923 **홈피** www.mandadelaos.com

문 안으로 들어서는 순간 아름다운 정원에 감탄부터 나온다. 연잎이 가득한 연못 주위에는 야자수와 갈대가 우거져 있고, 그 주위에 야외 테이블이 아름답게 세팅되어 있다. 마치 발리의 신비롭고 아름다운 사원으로 들어가는 듯한 기분이다.
품격 있는 라오스 요리를 내놓는 고급 레스토랑이지만, 칵테일을 마시기 위해서라도 따로 방문할 만한 가치가 있다. 시그너처 칵테일은 모히토를 라오스 방식으로 재해석한 '라오지토'. 라오스의 전통술인 짬파 까오를 베이스로 하며, 브라운 슈거를 넣어서 어두운 빛깔이 난다. 상큼한 라임의 맛 위에 은은하게 감도는 레몬그라스의 향기가 라오스 여행을 행복하게 만들어 준다.

라오지토 Laojito

 ## 탕고르 Tangor

**지도** p.174ⓕ **위치** 여행안내소에서 도보 8분 **주소** 63 Thanon Sisavangvong **오픈** 10:00~24:00 **요금** 타파스 세비체 40,000K, 시그너처 칵테일 60,000K **홈피** www.thetangor.com

탕고르는 씨싸왕웡 거리의 식당 중에서도 눈에 띄는 곳이다. 시선을 끄는 민트 계열 색감의 가게 문을 열고 들어가면 나른한 재즈풍 음악이 들린다. 무엇보다 날카롭고 세밀한 맛의 칵테일과 안주들이 이곳을 더욱 특별하게 만든다. 특히 '세비체'는 가장 인기 있는 요리로 남미의 새콤한 날생선 샐러드에 동남아시아의 향료를 더해 스페인의 타파스 형태로 재구성했다. 화이트 와인에 잘 어울리는 요리다. 카다멈이나 아니스 같은 향신료에 익숙하다면 주저하지 말고 이곳의 시그너처 칵테일을 시켜보자. 물론 거리 풍경이 내려다보이는 테이블에 앉아 생맥주 한잔을 시켜놓고 천천히 시간을 보내도 된다.

칵테일 Pondicherry Slice

## 퍼스트 마사지 First Massage

**지도** p.173ⓖ **위치** 여행안내소에서 도보 25분(픽업 서비스 제공) **오픈** 10:00~22:00 **요금** 바디 마사지 70,000K, 아로마 마사지 90,000K **전화** 020-9721-9499(카카오톡 utopiafirst)

한국인이 운영하는 마사지 가게다. 한국인 취향에 맞는 깨끗한 시설에 마사지사의 실력도 좋다. 위치가 시내에서 떨어져 있어서 구시가에서 왕복으로 차량 서비스를 제공한다. 특히, 마사지를 받은 다음 공항 드롭 서비스를 이용하면, 시내에서 공항으로 가는 뚝뚝 비용을 아낄 수 있어서 일석이조다. 다만 단체 관광객도 방문하기 때문에 시간이 겹칠 경우 서비스가 힘들 수도 있다. 카카오톡을 통해서 미리 원하는 시간을 예약할 것.
**CHECK** 강한 마사지를 선호한다면 남자 마사지사를 부르고 강하게 해달라고 요청하자.

## 프란지파니 스파 Frangipani Spa

**지도** p.175ⓒ **위치** 여행안내소에서 도보 13분 **오픈** 10:30~21:00 **요금** 바디 마사지 1시간 75,000K, 주인 마사지 45분 25달러 **전화** 020-9942-1449

루앙 프라방 구시가 한가운데에 있는 깔끔한 마사지 가게다. 조용한 골목 안쪽, 우거진 나무숲 사이에 있는 깨끗한 독립 건물을 사용한다. 서양인 마사지사가 운영하는 곳이며, 시설의 청결함만큼은 구시가 중심가의 어느 마사지 가게보다도 훌륭하다.

마사지 룸에는 마사지 베드와 함께 넓은 화장실과 샤워 시설을 따로 갖추고 있다. 마사지를 받을 때 갈아입는 옷도 편안하고 깨끗하다. 다만, 현지인 마사지사의 실력은 라오스 마사지 가게의 평균 수준을 크게 능가하지는 않는다. 특별한 마사지를 원할 경우 주인이 직접 하는 세션을 예약할 수도 있다.

## TAEC 부티크 TAEC Boutique

지도 p.175ⓒ 위치 여행안내소에서 도보 11분 주소 Thanon Sakkaline, Ban Vat Sene 오픈 09:00~21:00 요금 스카프 80,000K~, 천연비드 받침 40,000K, 방석 커버 120,000K~ 전화 020-537-755 홈피 www.taeclaos.org

라오스의 소수민족이 직접 만든 공정무역 수공예품을 파는 가게다. 제품마다 물건을 만든 소수민족의 이름과 지역, 재료가 표시되어 있다. 스카프와 방석 커버, 인형 등 다양한 제품이 있는데, 그중에서 푸른빛으로 염색한 천으로 만든 제품들이 많다. 장신구도 플라스틱 같은 인공 재료가 아니라 말린 곡물의 씨앗 같은 천연 재료만 사용한다. 다른 공정무역 가게에 비해서 가격이 합리적인 편이라는 것도 장점이다. 전통 공예 & 민속학 센터에서 함께 운영하며, 박물관(p.197) 안에도 매장이 있다.

## 옵 폭 톡 더 부티크 Ock Pop Tok The Boutique

지도 p.175ⓒ 위치 여행안내소에서 도보 11분 주소 Thanon Sakkaline, Ban Vat Sene 오픈 08:00~20:00 요금 목걸이 150,000K 홈피 ockpoptok.com 전화 071-253-219

'동과 서가 만나다'라는 뜻의 이름을 가진 옵 폭 톡은 루앙 프라방의 공정무역 가게 중에서도 고급 제품을 파는 곳이다. 가격이 비싼 만큼 마감과 디자인이 우수한 수공예품을 판매한다. 특히, 실크로 만든 의류와 제품들의 색감이 좋다. 수준 높은 라오스 전통 의상이나 기념품을 찾고 있다면 한 번 방문해보자. 루앙 프라방에 3개의 매장이 있으며, 직접 베틀로 옷감을 짜보거나 염색 체험을 할 수 있는 워크숍도 운영하고 있다.

## 아함 백패커스 호스텔 Aham Backpackers Hostel

지도 p.174 ⓙ 위치 다라 마켓에서 도보 1분 주소 Thanon Kingkitsarath 요금 도미토리 6달러, 아침식사 포함 전화 020-2255-7171

다라 마켓과 가까운 호스텔이다. 가격이 저렴한 도미토리인데도 아침식사를 제공한다. 토스트와 달걀 요리뿐만 아니라 국수도 고를 수 있고, 바나나와 망고 같은 과일은 마음껏 먹을 수 있다. 1층 로비의 공용 공간 외에 2층에도 꽤 넓은 공용 공간이 있는데, 콘센트도 충분하고 냉장고가 있으며, 차를 마실 수 있도록 해놓았다. 단, 철제 침대를 쓰는 도미토리는 매트리스는 크지만 이불에서 오래된 흔적이 보인다. 욕실과 화장실도 성수기에는 청결 상태가 나쁠 수 있다. 가성비가 우선인 여행자에게만 추천한다.

## 무궁화 게스트하우스(시리 씨엥무안) MuGungHwa Guesthouse

지도 p.174 ⓕ 위치 여행안내소에서 도보 10분 주소 19, Sotikouman Road, Ban Xiengmuan 요금 도미토리 80,000K 전화 020-5872-0196(카카오톡 sharon) 홈피 lao.modoo.at

도미토리를 원하는 한국인 여행자를 위한 게스트하우스이다. 캡슐형으로 된 도미토리는 나무 벽으로 밀폐되어 프라이버시가 보장된다. 캡슐 안에 콘센트와 작은 거울이 있으며, 타월을 기본으로 제공한다. 에어컨 바람이 작은 구멍을 통해 각 캡슐로 들어와서 답답함이 덜하다. 단 밀폐공포증이 있는 사람에게는 추천하지 않는다. 1층 도미토리는 앉아 있을 수 있는 높이이며 2층 도미토리는 서 있을 수도 있다. 큰 짐을 넣을 수 있는 라커도 바닥에 따로 있다. 지하에는 공용공간이 있는데 부엌에서 요리가 가능하며 여행자들이 정보를 나누기에 좋다.

## 호시양 1 게스트하우스 Hoxieng 1 Guest House

지도 p.174① 위치 여행안내소에서 도보 2분, 조마 베이커리 뒷골목 주소 40, Ban Hoxieng 요금 스탠다드 더블룸 150,000K, 트리플룸 200,000K 전화 071-254-703 홈피 www.hoxiangguesthouse1.com

고급형 호시양 2 게스트하우스

조마 베이커리 뒷골목 숙소 중에서도 오랫동안 여행자들의 사랑을 받아온 곳이다. 객실은 저가 숙소답게 딱 기본적인 시설만 갖추고 있다. 침대와 가구, 에어컨, 텔레비전 모두 오래된 흔적이 남아 있고 냉장고나 헤어 드라이기도 없다. 하지만 침구나 화장실의 청결 상태는 좋은 편이다. 매일 객실도 정돈해주며 수건도 갈아준다. 와이파이 속도는 일부 고급 숙소보다 양호하고, 간식으로 먹을 바나나와 커피도 하루 종일 제공한다.
**CHECK** 길 건너편에는 함께 운영하는 호시양 2 게스트하우스가 있다. 호시양 1보다 좀 더 고급형으로 냉장고와 커피포트도 있다. 가격은 호시양 1보다 50,000K 정도 더 비싸다.

 ## 애플 게스트하우스 Apple Guesthouse

지도 p.174⑦ 위치 여행안내소에서 도보 10분 주소 1/5 Ban Xiengmoun 요금 더블룸 25~45달러, 아침 불포함 전화 071-252-436 홈피 www.appleguesthouselaos.com

라오스인 부부가 운영하는 게스트하우스다. 메콩 강변 뒤편의 좁은 골목 사이에 있는 가정집 같은 목조 건물을 사용하고 있다. 객실 상태가 가격대에 비해서 좋기 때문에, 그냥 찾아가면 거의 빈방이 없을 정도로 항상 인기가 있다. 인테리어를 새로 한지 얼마 되지 않아서 객실 시설 대부분이 깨끗하다. 바닥에는 타일이 깔려 있고 냉장고는 없지만 가구가 오래되지는 않았다. 특히, 침대 매트리스가 편안하다. 1층의 객실은 좀 더 저렴한 편이고 아침식사는 제공하지 않는다.

---

 **TIP** 루앙 프라방에서 숙소 구하기

조마 베이커리 옆 골목으로 들어가면 저가의 게스트하우스들이 모여 있다. 2층으로 된 가정집을 이용하는 곳이 대부분인데, 실내로 들어갈 때 신발을 벗어야 하는 경우가 많다. 그리고 이들 중 상당수는 온라인 숙소 예약사이트에 등록하지 않아서 직접 연락해야 한다. 1층 방의 경우 천장에서 2층의

시내에서 여행자를 내려주는 미니밴

바닥 소음이 잘 들린다는 점도 체크. 여행안내소 동쪽, 강변 지역에는 중·고급 호텔과 빌라가 많다. 저가 숙소를 제외하고는 대부분 아침식사를 제공한다.

## 🏠 마니찬 게스트하우스 Manichan Guesthouse

지도 p.174ⓔ 위치 여행안내소에서 도보 4분 주소 4/143 Ban Bakham 요금 더블룸(공용 욕실) 32달러, 더블룸(개인 욕실) 42달러 전화 020-5558-0076 홈피 www.manichanguesthouse.com

루앙 프라방에 정착한 외국인 앤디가 가족과 함께 운영하는 게스트하우스다. 숙소 가격에 포함된 아침 식사가 다른 비슷한 가격대의 숙소보다 잘 나오는 것이 장점. 크루아상, 바게트, 곡물식빵 등 조마 베이커리에서 사온 다양한 종류의 빵을 따뜻하게 데워서 준다. 잼도 타마린과 망고 등 다른 숙소에서는 보기 힘든 고급스러운 종류. 과일 샐러드도 마음껏 먹을 수 있고, 오믈렛과 팬케이크도 평이 좋다. 대신 객실은 가격대에 비해 특별한 점이 없다. 공용 욕실을 이용하는 저렴한 더블룸에는 가전제품이 딸려 있지 않고, 일부지만 에어컨이 없는 방도 있으니 확인해야 한다.

## 🏠 문스 하우스 호텔 Moon's House Hotel

지도 p.174ⓘ 위치 다라 마켓에서 도보 4분 주소 Thanon Thon kham, Ban Thong Chaleun 요금 더블룸 30달러, 웰컴 드링크 + 아침 식사 포함 전화 020-9639-7916

가족이 운영하는 중급 규모의 게스트하우스로 숙박객에게 높은 평가를 받는 곳이다. 다라 마켓 큰길에서 골목을 따라 안쪽에 위치해 조용하다. 천장이 높아서 방이 넓게 느껴지며, 타일로 된 방바닥이 반질반질 깨끗하다. 침구도 쾌적하고 매트리스도 편안하다. 헤어 드라이기와 냉장고는 있지만 전기포트는 없는 것이 아쉽다. 전기온수기가 아니라 뜨거운 물이 잘 나오며 수압도 세다. 깔끔한 아침식사와 친절한 스태프도 평가가 좋다.

## 골든 로터스 게스트하우스 Golden Lotus Guesthouse

지도 p.174ⓙ 위치 여행안내소에서 도보 3분 주소 123 Ban Pakham 요금 더블룸(1층) 40달러, 더블룸(2층) 50달러 전화 020-9983-9898

가족이 운영하는 작은 규모의 게스트하우스지만, 객실 하나만큼은 전문적인 호텔리어가 운영하는 것처럼 깨끗하고 아늑하다. 탄탄하고 푹신한 매트리스에 커튼과 시트 모두 새것처럼 깔끔하다. 냉장고와 헤어 드라이기를 갖추고 있지만, 대신 TV와 커피포트는 없다. 아침 시장이 열리는 골목에 있어서 명소를 오가기에 매우 편리한 위치라는 것도 장점이다. 아침식사는 오믈렛뿐만 아니라 쌀국수를 선택할 수도 있는데, 고기 고명이 푸짐하게 올라가 있다. 또한, 과일 디저트와 과일 주스까지 함께 먹을 수 있어 만족스럽다. 단, 리셉션에 사람이 없을 때가 많은 것은 단점.

 ## 사이남칸 밧 농 빌라 Saynamkhan Vat Nong Villa

지도 p.175ⓖ 위치 여행안내소에서 도보 11분 주소 Ban Vat Nong, Thanon Khounxoa 요금 스탠다드 더블룸 40달러, 슈피리어 더블룸 47달러 전화 071-213-284 홈피 saynamkhanhotel-luangprabang.com/home-vat-nong

메콩 강변 뒷길에 있는 중급 빌라로, 넓고 깨끗한 방을 찾는 커플에게 추천한다. 숙소로 들어갈 때 신발을 벗지 않아도 되는데, 그럼에도 불구하고 바닥에서 가구 위까지 말끔하게 관리하고 있다. 2층의 슈피리어 룸에는 작은 발코니가 딸려 있고 1층 스탠다드 객실에는 파티오 쪽으로 개별 테이블을 놓아서 편안하게 쉴 수 있다. 객실 공간도 충분히 널찍한 편이고 어두운 색 나무로 된 바닥과 가구들이 중후하고 안정적인 분위기다. 개인 금고, 냉장고, 커피포트, 미니 바 등의 편의시설도 충실하게 갖추고 있다.

슈피리어 더블룸

1층의 파티오

## 루앙 프라방 오아시스 호텔 Luang Prabang Oasis Hotel

지도 p.172Ⓕ 위치 다라 마켓에서 도보 3분 주소 125 Unit 7, Bane Vixoun 요금 더블룸 45달러(웰컴 드링크, 아침식사 포함) 전화 071-212-642

오아시스란 이름이 잘 어울리는 숙소. 좁은 골목을 따라서 100m만 들어오면 큰길에서는 상상하기 힘든 잘 가꾸어진 연못이 나타난다. 연못 주변으로 방갈로를 연상케 하는 숙소 건물이 있으며, 연못을 바라보는 식당 야외 테이블에서 웰컴 드링크와 아침식사를 제공한다. 주변 분위기만 보면 마치 발리 우붓의 빌라 같은 느낌이다. 건물은 호텔보다는 방갈로나 빌라를 연상시키는데 방안 시설은 살짝 낡았지만 공간이 넓고 깨끗해서 만족스럽다. 숙소 건물 뒤편에 작은 수영장이 있다.

## 메리 리버사이드 호텔 Merry Riverside Hotel

지도 p.175Ⓚ 위치 다라 마켓에서 도보 10분 주소 1 Thanon Choxomphou 요금 더블룸 35달러(웰컴 드링크, 아침 식사 포함) 전화 020-5251-2366

이름은 호텔이지만 개인이 운영하는 게스트하우스이다. 방과 숙소의 식당에서 강변 전망으로 유명한 '유토피아'와 같은 뷰를 볼 수 있어서 전망을 좋아하는 사람이라면 호텔 못지않은 만족감을 얻을 수 있다. 강변 전망을 가진 방은 테라스가 강쪽으로 향해 있으며, 누워서 감상할 수 있는 긴 의자도 있다. 티비, 냉장고, 커피포트, 헤어드라이어기가 있으며, 비누 칫솔까지 포함된 어매니티를 제공한다. 전기온수기가 아니라 뜨거운 물이 충분하게 나온다. 비록 개실 뷰가 기대 이하이더라도 아침식사를 먹는 로비 아래쪽 식당에 앉아서 마음껏 경치를 즐길 수 있다.

여행 정보 수집
여권과 비자
여행자 보험 가입하기
면세점 이용하기
라오스 여행 주의사항 TOP 12

# PART 5

# 여행 준비하기

## PREPARATION

# 여행 정보 수집

어떤 여행 정보를 들고 있느냐에 따라 그 여행의 질도 달라진다. 낯선 환경일수록 '아는 만큼 보인다'는 명언은 힘을 발할 터. 별다른 계획 없이 떠나거나 정보가 부족하다면 어렵게 떠난 해외 여행지에서 시간 낭비를 할 수 있다.

## 가이드북 & 인문서

라오스 여행이라는 하나의 주제를 가지고 여행자에게 필요한 핵심 정보들을 정리해 놓은 것이 가이드북이다. 가이드북을 읽으며 라오스 여행에 대한 기본 그림을 그렸다면, 여행 에세이와 인문 서적으로 더 상세한 그림을 그려보자.

### 추천 서적

《라오스가 좋아》 김향미, 양학용 공저, 2016
《꽃보다 라오스》 후지타 아키오 저, 2014
《욕망이 멈추는 곳, 라오스》 오소희 저, 2009

## 인터넷 & 여행사

직접 체험한 생생한 느낌을 전해 들을 수 있는 방법. 단, 주관적인 경험 위주라 검증되지 않는 정보가 유통되는 경우도 많다. 여행 정보를 얻을 수 있는 인터넷 카페에 가입하거나, 여행사가 운영하는 홈페이지와 카페도 방문해 보자.

### 라오스 인터넷 카페

태사랑  www.thailove.net
라오스 등대 쉼터  cafe.naver.com/lighthouseatlaos
티켓 라오  cafe.naver.com/ticketlao

## 지인 & 친구

그곳을 미리 체험한 이들의 조언도 무시할 수 없다. 방금 전에 다녀온 사람일수록 생생한 정보가 많은 것은 당연한 일. 소소하게 놓치기 쉬운 준비 사항들을 즐겁게 대화하면서 발견해보자.

> **TIP** 라오스 여행을 위한 어플리케이션 (구글 안드로이드 기준)

**❶ 구글 지도 Google Map**
구글 지도 없이 여행하는 것은 이제 상상할 수 없다. 목적지 검색, 가고 싶은 곳 저장하기, 내비게이션 기능까지 길치도 여행할 수 있게 만들어주는 어플리케이션. 이제는 오프라인에서도 지도를 저장해서 사용할 수 있다.

**❷ 아큐웨더 Accuweather**
즐거운 여행을 위해서 날씨만큼 중요한 것이 없다. 아큐웨더는 전 세계 각 지역의 날씨를 정확하게 예보하는 어플리케이션으로 명성이 자자하다. 단, 우기에 스콜이 내리는 시간 정보는 지역에 따라서 정확하지 않은 경우가 많다.

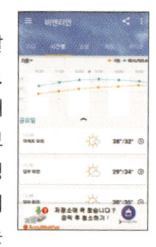

**❸ 라오스어 한국어 영어 길라잡이 7200**
여행자들이 가는 지역을 조금만 벗어나도 영어가 통하지 않는 곳이 라오스다. 라오스에 사는 한국인들이 인정한 어플리케이션. 한국어 발음까지 나와서 편리하다.

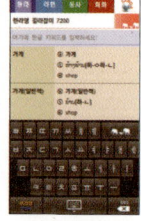

# 여권과 비자

## 어디에서 만들까?

여권은 외교통상부에서 주관하는 업무지만 서울에서는 외교통상부를 포함한 대부분의 구청에서, 광역시를 비롯한 지방에서는 도청이나 시·구청에 설치되어 있는 여권과에서 발급받을 수 있다. 인터넷 포털 사이트에서 '여권 발급 기관'을 검색하면 서울 및 각 지방 여권과에 대해 자세한 안내를 받을 수 있으니 가까운 곳을 선택해 방문하자.

## 어떻게 만들까?

전자여권은 타인이나 여행사의 발급 대행이 불가능하기 때문에 본인이 신분증을 지참하고 직접 신청해야 한다. 단, 18세 미만의 신청은 대행이 가능하다.

여권종류에 따른 필요 서류와 여권 사진을 챙긴다 ➡ 거주지에서 가까운 관청의 여권과로 간다 ➡ 발급신청서 작성 ➡ 수입 인지 붙이기 ➡ 접수 후 접수증 챙기기 ➡ 3~7일 경과 ➡ 신분증 들고 여권 찾기

#### 여권 발급 신청 준비물
- 신분증(주민등록증, 운전면허증, 공무원증, 유효한 여권)
- 여권용 사진 1매(6개월 이내 촬영한 사진, 전자여권이 아니면 2매 필요)
- 여권 발급 신청서
- 여권 발급 수수료

## 여권을 잃어버렸다면?

여권을 분실했을 때는 재발급 또는 신규 발급 중에 선택해서 신청할 수 있다. 재발급의 경우는 비용이 저렴한 대신 기존 여권의 남은 유효기간으로 발급이 되며, 신규 발급은 신청 시점을 기준으로 새로운 유효기간이 산정된다. 재발급 절차는 신규 여권 발급과 비슷하며, 재발급 사유를 적는 신청서와 분실신고서를 작성한다.

## 군대 안 다녀온 사람은?

25세 이상의 군 미필자는 여전히 허가를 받아야 한다. 병무청 홈페이지에서 신청서를 작성하며, 신청 후 홈페이지에서 국외여행허가서와 국외여행허가증명서를 출력할 수 있다. 국외여행허가서는 여권 발급 신청 시 제출하고, 국외여행허가증명서는 출국할 때 공항에 있는 병무신고센터에 제출해야 한다.

## 어린 아이들은?

만 18세 미만의 미성년자는 부모의 동의로 여권을 만들 수 있다. 여권을 신청할 때는 일반인 제출 서류에 가족관계증명서를 지참해 부모나 친권자, 후견인 등이 신청할 수 있다. 만 12세 이상은 본인이 직접 신청할 수도 있는데, 이럴 경우 부모나 친권자의 여권발급동의서와 인감증명서, 학생증을 지참해야 한다.

> **TIP 라오스 입국 비자**
>
> 라오스는 사증면제 협정에 의해, 관광을 목적으로 입국하는 사람은 비자 없이 30일 동안 체류할 수 있다. 단, 여권 유효기간이 6개월 이상 남아 있어야 한다.

# 여행자 보험 가입하기

낯선 곳에서 여행을 하면서 어떤 일을 겪게 될지는 누구도 예상할 수 없다. 외부 활동이 많아지는 만큼 다치거나 아파서 병원에 가게 될 확률도 높아지고, 의도치 않게 귀중품을 도난당하는 일도 생긴다. 이런 경우를 대비하는 것이 바로 여행자 보험이다.

## 보험 가입하기

여행자 보험은 손해보험사의 홈페이지나 여행사를 통해 신청할 수 있다. 출발 직전 공항에서 가입할 수도 있지만, 같은 내용이라도 **공항에서 가입하는 보험료가 제일 비싼 편**이다. 가능한 출발 전에 미리 가입해 놓도록 한다. 환전 시 이벤트로 제공하는 무료 여행자보험은 보장 내역을 잘 살펴볼 것. 꼭 필요한 내역이 빠져 있는 경우도 있다.

## 증빙서류 챙기기

보험증서에 첨부해주는 진단서 양식과 비상연락처는 가방 안에 잘 챙겨둔다. 여행 도중 이용한 병원과 약국에서 받은 진단서와 치료비 계산서, 처방전, 영수증 등은 잘 보관해 두어야 한다. 휴대품을 도난당했다면 담당 경찰서에 가서 '폴리스 리포트(도난 증명서)'부터 받을 것. 서류가 미비하면 제대로 보상을 받기가 힘들다.

## 보상금 신청하기

귀국 후에 보험 회사로 연락해 제반 서류들을 보내고 보상금 신청 절차를 밟는다. 병원 치료를 받은 경우 병원 진단서와 처방전, 병원비, 약품 구입비 영수증 등을 꼼꼼하게 첨부한다. 도난을 당했을 경우 '분실 Lost'이 아니라 '도난 Stolen'으로 기재한 폴리스 리포트를 제출해야 한다. 도난 물품의 가격을 증명할 수 있는 쇼핑 영수증을 첨부하면 좋다.

인천국제공항 출발 층에 있는 여행자보험 센터

> **TIP 여행자 보험 가입 시 확인해야 할 것**
>
> **❶ 의료비 보상 내역 확인**
> 여행자 보험이 가장 빛을 발하는 순간은 상해나 갑작스런 질병으로 병원을 가게 되는 경우다. 의료보험에 가입되지 않은 외국인에게 청구되는 병원비는 상상을 초월하는 경우가 많다. 입원, 통원 치료비가 충분하게 보장되는지 확인한다.
>
> **❷ 휴대품 도난 보상 금액**
> 일반적인 여행자가 가장 자주 겪게 되는 사건은 휴대품 도난이다. 3개월 미만의 단기 여행자보험에서 보험비가 올라가는 핵심요소 중 하나가 바로 도난 보상 금액. 이 부분의 상한선이 올라가면 내야 할 보험비도 높아진다.
>
> **❸ 보험 혜택 불가 항목**
> 보험사 정책에 따라서 보험 혜택이 불가능한 항목들이 있다. 특히, 위험한 액티비티 활동(사전 훈련, 자격증이 필요한 활동) 중에 일어난 상해나 모터보트, 오토바이 운전 중 일어난 상해는 보상되지 않으니 미리 확인한다.

## 면세점 이용하기

해외여행을 하는 재미 중의 하나가 면세점 쇼핑이다. 평소 눈여겨보았던 상품들을 세금이 면제된 가격으로 구입할 수 있는 찬스. 시중가보다 20~30% 낮은 가격에다 각종 할인 쿠폰과 적립금까지 적용하면 훨씬 저렴하게 구입할 수 있다.

### 도심 면세점

시내에 위치한 면세점은 출국 31일 전부터 이용할 수 있다. 백화점처럼 매장이 구성되어 있어서 직접 방문해서 쇼핑하기 좋다. 특히, 촉박한 시간 안에 공항 면세점을 즐길 수 없는 이들에게 안성맞춤. 국내 최다 브랜드 및 다양한 상품들을 보유하고 있어 외국인뿐 아니라 내국인도 즐겨 찾는다.

### 온라인 면세점

집에 편하게 앉아서도 면세점 쇼핑을 즐길 수 있다. 각 면세점 홈페이지에는 온라인으로 구매할 수 있는 면세품들이 브랜드별, 품목별, 인기제품별로 잘 정리되어 있다. 쇼핑할 시간이 부족한 여행자나 지방 거주 여행자들에게 추천. 특히, 각종 적립금과 할인쿠폰 혜택이 쏠쏠하다. 일반 인터넷 쇼핑과 비슷한 시스템이며 여권 정보와 항공편명, 출발 시간 등을 입력해야 한다.

### 공항 면세점

출국 심사를 마치고 난 다음부터 공항 면세점 구역이 바로 이어진다. 도심 면세점이나 온라인 면세점을 미처 이용하지 못했다면 이곳의 매장들을 둘러보도록 한다. 직접 눈으로 봐야 하는 패션 소품들, 평소 향기를 맡아보고 싶었던 브랜드의 향수들을 체험해 볼 수 있다.

#### 주요 도심 면세점

**롯데면세점(본점)**
주소 서울특별시 중구 남대문로30 롯데백화점 본점 9~12층 전화 02-759-6600/2 홈피 www.lottedfs.com

**신라면세점**
주소 서울특별시 중구 동호로249 전화 02-2230-3662 홈피 www.shilladfs.com

**동화면세점**
주소 서울특별시 종로구 세종대로149 광화문 빌딩 전화 1688-6680 홈피 www.dutyfree24.com

**롯데면세점(부산점)**
주소 부산광역시 부산진구 가야대로772, 롯데백화점 부산점 7~8층 전화 051-810-3880 홈피 www.lottedfs.com

**신세계면세점(부산점)**
주소 부산광역시 해운대구 센텀4로 15 신세계 센텀시티몰 R1/1F 전화 1661-8778 홈피 www.ssgdfm.com

**TIP 여권 번호 확인**

온라인 면세점을 이용할 때는 여권 번호를 정확히 입력해야 한다. 특히, 여권 재발급 등으로 여권 번호가 바뀌었을 때에는 새로운 정보로 업그레이드해야 한다. 동일인이라 할지라도 여권 번호가 다르면 물건을 찾을 수 없다.

# 라오스 여행 주의사항 TOP 12

### 01 불교문화를 존중해주세요.
라오스를 여행한다는 것은 라오스의 불교와도 만나는 일입니다. 사원에 들어갈 때, 승려를 마주 대할 때, 특히, 루앙 프라방에서 탁발을 구경할 때 그들의 문화를 존중해주세요. 무엇보다도 복장과 태도가 중요합니다.

### 02 머리를 만지면 안 돼요.
라오스 사람들은 머리가 제일 중요하다고 생각합니다. 특히, 귀여운 아이들을 만났을 때 무심코 머리를 쓰다듬지 않도록 주의하세요. 이성과의 접촉도 마찬가지로 조심해야 합니다.

### 03 버스에서 발을 올리지 마세요.
차를 탈 때 앞좌석에 발을 올리는 행위는 특히 조심하셔야 합니다. 사원에서도 불상을 향해 발을 뻗지 않습니다.

### 04 음주는 적당히
술을 잘 마시기로 유명한 한국 사람들입니다만, 라오스에 여행을 오면 자유로운 분위기에 취해 더 과음을 하기 쉽습니다. 라오스 맥주가 아무리 맛있어도 음주는 적당히 해주세요.

### 05 오토바이는 익숙한 사람만
대중교통이 발달하지 않아서 오토바이나 스쿠터를 빌리면 아주 편리한데요. 포장되지 않은 도로가 많고 산길도 있어서 운전 경험이 많은 사람만 대여하는 것이 좋습니다.

### 06 병원에 갈 일은 만들지 않도록 하세요.
라오스의 병원이나 의료 기술은 낙후한 편입니다. 큰 사고가 일어나면 수도인 비엔티안의 병원에서도 감당이 안 되어서 태국 방콕의 병원까지 후송하는 경우가 많다고 하네요.

### 07 환전할 때 주의하세요.

어느 국가나 환전을 할 때 가장 조심해야 합니다. 환전한 돈은 그 자리에서 액수를 꼭 확인하세요. 오토바이를 이용한 날치기도 많으니 혼자보다는 다른 사람과 함께 움직이는 것이 좋습니다.

### 08 우기에는 교통편 주의

라오스의 도로 사정은 그다지 좋지가 않습니다. 포장이 안 된 곳도 있고 파손된 도로도 많아서 우기에는 사정이 더 안 좋아집니다. 특히, 이때 사고 위험이 높아지는 야간 버스는 권하지 않습니다.

### 09 우기에는 플러그를 빼 두세요.

라오스의 전압은 불안정한 편입니다. 마을이나 도시의 일부가 불시에 정전이 되는 경우도 많습니다. 우기에 벼락이 칠 때는 플러그를 제거해두는 편이 안전합니다.

### 10 신용카드는 안 쓰는 것이 좋아요.

라오스에는 아직 신용카드가 대중화되지 않았습니다. 신용카드를 안 받는 숙소와 식당이 많고, 받더라도 최소 금액이 있던가, 아니면 수수료를 고객이 부담해야 합니다. 비상용으로만 가져가세요.

### 11 숙소와 버스에서 일어나는 도난 사고를 조심하세요.

인심 좋기로 유명한 라오스 사람들이지만, 외국인 여행자들을 노리는 자잘한 도난 사고는 자주 일어납니다. 숙소에 둔 귀중품이 사라지거나 버스 짐칸에 둔 짐을 뒤지는 일이 제일 많이 보고됩니다. 없어지면 속상할 귀중품은 언제나 여행자와 한 몸처럼! 도난 방지의 제1수칙입니다.

### 12 흥정은 달러보단 킵으로

라오스 킵과 함께 달러화나 태국 바트화도 통용됩니다. 시장이나 가게에서 달러로 가격 흥정을 하는 분들도 있는데요. 소소하게 가격을 깎을 수 있는 킵이 흥정하기에는 더 유리합니다.

# 찾아보기

## 볼거리

| | |
|---|---|
| (구)라오스 국립박물관 | 86 |
| 국립 극장 | 198 |
| 꽝 씨 폭포 | 210 |
| 남푸 분수 | 86 |
| 대통령 궁 | 91 |
| 딸랏 꾸아 딘 시장 | 87 |
| 딸랏 싸오 몰 | 87 |
| 라오스 국립 문화회관 | 87 |
| 루앙 프라방 | 176 |
| 메콩 강변 | 93 |
| 메콩 강변 야시장 | 94 |
| 몽족 야시장 | 207 |
| 방비엥 | 130 |
| 부다 파크 | 98 |
| 불발탄 박물관 | 206 |
| 블루 라군 3(시크릿 라군) | 144 |
| 블루 라군(탐 푸캄) | 140 |
| 비엔티안 | 72 |
| 빠뚜싸이 | 88 |
| 빡우 동굴 | 212 |
| 아침 시장 | 189 |
| 왓 롱 쿤 사원 | 215 |
| 왓 마이 사원 | 192 |
| 왓 씨 무앙 사원 | 95 |
| 왓 씨 싸켓 사원 | 91 |
| 왓 씨양 멘 사원 | 215 |
| 왓 씨양 통 사원 | 200 |
| 왓 쫌펫 사원 | 215 |
| 왕궁 박물관 | 194 |
| 전통 공예 & 민속학 센터 | 197 |
| 전통 이야기 극장 | 199 |
| 쫌펫 지역 | 214 |
| 청소년 문화 센터 | 199 |
| 카이손 대통령 기념관 | 97 |
| 탁발 | 187 |
| 탐 남 동굴(물 동굴) | 142 |
| 탐 쌍 동굴 | 143 |
| 탐 짱 동굴 | 145 |
| 탐 푸캄 동굴 | 141 |
| 탓 담 | 87 |
| 탓 루앙 | 90 |
| 파폭 동굴 전망대 | 145 |
| 포씨 마켓 | 189 |
| 푸 씨 산 | 204 |
| 호 파 께오 박물관 | 92 |
| 호 파 방 | 193 |

## 맛집

| | |
|---|---|
| PVO 비엣나미스 푸드 | 103 |
| 강변 신닷 뷔페 | 220 |
| 김삿갓 | 225 |
| 꾸아라오 | 101 |
| 나PD 카오 삐약 | 157 |
| 노이스 프루트 헤븐 | 111 |
| 다오 커피 | 113 |
| 다오 커피 루앙 프라방 | 223 |
| 덴 사바이 | 221 |
| 도가니 국수 가게 | 104 |
| 돼지 볼살 구이집 | 155 |
| 라오 키친 | 100 |
| 루앙 프라방 베이커리 | 161 |
| 르 바네통 | 109 |
| 르 바네통 카페 | 229 |
| 르 카페 반 밧 센 | 229 |
| 르 트리오 커피 | 113 |
| 린다 레스토랑 | 106 |
| 메콩 썬셋 뷰 레스토랑 | 233 |
| 몽족 샌드위치 노점(여행안내소 앞) | 191 |
| 미타팝 비비큐 앤 핫폿 | 154 |
| 밤부 트리 | 157 |
| 방비엥 샌드위치 | 152 |
| 베이커리 바이 보리스 | 110 |
| 뷰포인트 카페 | 233 |
| 빅 트리 카페 | 225 |
| 사칼린 거리 국수 가게 | 203 |
| 사프론 카페 | 230 |
| 삼센타이 프라이드 누들 | 105 |
| 스위트 무 | 114 |
| 시스터 누이 프루트 셰이크 | 111 |
| 시장 커피집(선착장 앞) | 191 |
| 쌀국수/죽집 | 160 |
| 쏜 파오 | 222 |
| 씨양 통 누들 수프 | 202 |
| 아나벨 카페 | 110 |
| 아침 죽집(왓 마이 사원 앞) | 190 |
| 아페 아이스크림 | 114 |
| 앙고 카페 | 108 |
| 오가닉 팜 | 158 |
| 오키드 레스토랑 | 107 |

| | | | | | | | |
|---|---|---|---|---|---|---|---|
| 완탕 누들 | 107 | 방비엥 물놀이용품점 | 166 | 르 럭스 부티크 호텔 | 122 |
| 위양싸완 | 102 | 방비엥 워킹 스트리트 | 165 | 마니찬 게스트하우스 | 239 |
| 유토피아 | 232 | 버기 카 | 150 | 말라니 빌라 1 | 169 |
| 조마 베이커리 카페(비엔티안) | 109 | 보 뺀 냥 | 115 | 메리 리버사이드 호텔 | 241 |
| | | 샤오반 | 117 | 메이레이 게스트하우스 | 168 |
| 조마 베이커리 카페(루앙 프라방) | 228 | 사쿠라 바 | 163 | 무궁화 게스트하우스 | 237 |
| | | 아이콘 클럽 | 231 | 문라이트 짬파 호텔 | 123 |
| 조선평양식당 비엔티안점 | 106 | 열기구 | 151 | 문스 하우스 호텔 | 239 |
| 조선평양식당 방비엥점 | 159 | 옵 폭 톡 더 부티크 | 236 | 방비엥 센트럴 파크 호텔 | 167 |
| 카이팬 | 223 | 짚라인 | 149 | 비엔티안 럭셔리 호텔 | 123 |
| 카페 씨눅 | 112 | 짬파 스파 | 116 | 사이남칸 밧 농 빌라 | 240 |
| 카페 에에 | 162 | 카약킹 | 148 | 사일로미엔 호스텔 | 124 |
| 킹 박스 | 108 | 케이마트 | 118 | 아발론 비앤비 | 125 |
| 파파야 샐러드 레스토랑 | 224 | 타마린드 쿠킹 스쿨 | 227 | 아함 백패커스 호스텔 | 237 |
| 퍼 쌥 | 105 | 탐낙 라오 쿠킹 스쿨 | 227 | 애비 부티크 게스트하우스 | 169 |
| 푸반 카페 | 161 | 탕고르 | 234 | 애플 게스트하우스 | 238 |
| 피자 루카 | 156 | 튜빙 | 147 | 커 훔 호스텔 | 124 |
| 피핑 솜스 레스토랑 | 154 | 티숍 라이 갤러리 | 117 | 호시양 1 게스트하우스 | 238 |
| 할리스 커피 | 162 | 퍼스트 마사지 | 235 | | |
| 헤우안 찬 헤리티지 | 224 | 프란지파니 스파 | 235 | | |
| | | 홈 아이디얼 슈퍼마켓 | 118 | | |

## 쇼핑 · 엔터테인먼트

| | |
|---|---|
| TAEC 부티크 | 236 |
| 개리스 아이리시 바 | 164 |
| 만다 데 라오스 | 234 |
| 모터 패러글라이딩(파라모터) | 151 |
| 모터보트 | 150 |
| 바라방 II | 231 |
| 밤부 트리 쿠킹 스쿨 | 227 |

## 숙소

| | |
|---|---|
| 골든 로터스 게스트하우스 | 240 |
| 니니 백패커 호스텔 | 125 |
| 라니스 하우스 바이 더 폰즈 | 122 |
| 라오스 헤븐 | 168 |
| 루앙 프라방 오아시스 호텔 | 241 |

## 라오스 100배 즐기기

개정 1판 1쇄 2018년 9월 14일

**지은이** 김준현

**발행인** 양원석
**본부장** 김순미
**편집장** 고현진
**디자인** RHK 디자인팀 이경민, 이재원
**지도** 도마뱀퍼블리싱
**해외저작권** 황지현
**제작** 문태일
**영업마케팅** 최창규, 김용환, 정주호, 양정길, 이은혜, 신우섭, 유가형
　　　　　　조아라, 김유정, 김양석, 임도진, 우정아, 정문희

**펴낸 곳** (주)알에이치코리아
**주소** 서울시 금천구 가산디지털2로 53 한라시그마밸리 20층
**편집 문의** 02-6443-8891　**구입 문의** 02-6443-8838
**홈페이지** http://rhk.co.kr
**등록** 2004년 1월 15일 제2-3726호

ⓒ 김준현 2018

ISBN 978-89-255-6466-1(13980)

※이 책은 (주)알에이치코리아가 저작권자와의 계약에 따라 발행한 것이므로
　본사의 서면 동의 없이는 책의 내용을 어떠한 형태나 수단으로도 이용하지 못합니다.
※잘못된 책은 구입하신 서점에서 바꾸어 드립니다.
※이 책의 정가는 뒤표지에 있습니다.